Inhalt

W0063836

Eckart zur Nieden

Meine *100* *besten* Szenen

für Veranstaltungen & Gemeinde

BRUNNEN

VERLAG GIESSEN · BASEL

© 2008 Brunnen Verlag Gießen
www.brunnen-verlag.de
Lektorat: Petra Hahn-Lütjen
Umschlagfoto: Shutterstock
Umschlaggestaltung: Sabine Schweda
Satz: Die Feder GmbH, Wetzlar
Druck und Bindung: CPI – Ebner & Spiegel, Ulm
ISBN 978-3-7655-2960-3

Vorwort

„Meine 100 besten Szenen"

… zu Entstehung und Verwendung dieser Texte.
Die vorliegenden Sketche und Szenen sind … Ach, wozu ein trockenes
Vorwort schreiben! Wo es doch um Anspiele geht, kann es ja auch ein
„Vorspiel" sein. Also:

Leser: Hundert? So viele?

Autor: Na ja, einige sind nicht nur kurz, sondern sehr kurz.

Leser: Trotzdem.

Autor: Immerhin können es sogar noch mehr werden. Bei einigen Serien habe ich eine Auswahl getroffen. Da ist das Schema erkenn-
bar, und jedem ist es freigestellt, nach diesem Schema ähnliche
Szenen zu schreiben, so wie es zu seinem Thema bzw. zu seinen
Möglichkeiten passt.

Leser: Was heißt „Serie"?

Autor: Die meisten Stücke gehen auf kurze Beiträge zurück, die ich ursprünglich für das Radio verfasst habe. Sie sind im Evangeliums-
Rundfunk gelaufen. Das waren dann Serien von zwanzig, vierzig
oder gar achtzig einzelnen Szenen. Die wollte ich nicht alle hier
abdrucken. Aber wer an einigen Beispielen erkennt, wie es geht,
kann ja selbst …

Leser: Das sagtest du schon. Aber Radio – da hört man ja nur. Eignen
sich die Stücke denn auch zum Ansehen?

Autor: Warum nicht? Ich habe es übrigens selbst verschiedentlich ausprobiert. Mit entsprechender Kulisse können die Szenen noch eindrücklicher wirken, als wenn man sie nur hört. Ein Beispiel: Bei der Serie „Solo mit Hund" hört man im Radio nur, dass da auch ein Hund in der Nähe ist. In einer Gemeindeversammlung habe ich einen echten Hund mit in den Saal genommen. Das hat mir bei den Besuchern besondere Aufmerksamkeit beschert. Ich musste mir das Tier allerdings ausleihen, da ich selbst keinen Hund besitze. Als ich mit ihm auf die Bühne wollte, gehorchte er mir nicht und weigerte sich strikt. Um nicht vor dem Publikum minutenlang einen Kampf mit dem großen Tier zu führen, musste ich mich notgedrungen auf die Vorderkante der Bühne setzen und meinen Text von dort aus vortragen. Etwas abgewandelt.

Leser: Abgewandelt? Du hast improvisiert?

Autor: Natürlich. Es ist gut, wenn die Darsteller etwas improvisieren können. Das geht natürlich am besten bei den Stücken, in denen nur einer auftritt. Der bringt dann keinen Mitspieler durcheinander, wenn er mal etwas vom vorgegebenen Text abweicht. Außerdem haben solche Solostücke den Vorteil, dass gestresste Gemeindemitarbeiter nicht noch viele zusätzliche Termine brauchen, um mit anderen zu üben. Der Nachteil ist, dass Stücke mit mehreren Spielern im Allgemeinen lebendiger wirken. Ich habe die Szenen für nur einen Darsteller in diesem Buch an den Anfang gesetzt. Die Stücke für zwei oder mehr Schauspieler folgen später.

Leser: Du sprachst vorhin von Kulissen. Wie soll man es halten mit der Ausstattung, den Kostümen usw.?

Autor: Ich empfehle sparsame Ausrüstung. Wenn etwa biblische Personen auftreten, z. B. in den Stücken eins bis neun, können sie moderne Kleidung tragen. Natürlich kann man sie auch in Kostümen auftreten lassen, aber da sollte man darauf achten, dass es nicht lächerlich wirkt, sonst ist die Wirkung dahin. Manchmal kann man auch eine Kostümierung nur andeuten.

Leser: Aber nicht alle Stücke sind ursprünglich für den Rundfunk geschrieben?

Autor: Nein, ich habe auch verschiedene Anspiele gesammelt, die ich für unterschiedliche Anlässe geschrieben und dort vorgetragen habe – Gottesdienste, Jahresfeste, Konferenzen ...

Leser: Also alles in der Praxis erprobt?

Autor: Genau. Meistens freuen sich die Besucher, wenn außer Predigt und Gesang noch ein anderes Element die Zusammenkunft bereichert. Das ist selbst dann hilfreich, wenn so ein Bühnenstück keine eigene geistliche Aussage enthält, sondern nur ein Thema anreißt, das dann in der Predigt weiterbehandelt wird. Aber in diesen Szenen ist jeweils – mehr oder weniger deutlich – eine eigene Botschaft enthalten.

Leser: Also gewissermaßen so eine Art optisches Sahnehäubchen auf den sonst nur akustischen Genüssen ...

Autor: So könnte man sagen. Warum hat Jesus seinen Zuhörern eine Münze gezeigt, als er ihnen sagen wollte, dass sie dem Kaiser geben sollten, was dem Kaiser gehört? Sie wussten doch alle, dass das Bild des Kaisers darauf war! Warum hat er ein Kind in ihre Mitte gestellt, um zu sagen, dass den Kindern das Himmelreich gehört? Worte hätten doch genügt, denn sie wussten ja, wie ein Kind aussieht! Jesus wusste, dass sich das, was man sieht, besonders einprägt.

Leser: Das leuchtet ein. Also – versuchen wir's!

1 Verteidigungsrede des Wirts von Bethlehem

Thema: Weihnachten

Dekoration: Tisch, Krug, Becher

Ich will, dass das ganz klar ist! Ich bin ein Wirt, der seine Arbeit tut wie tausend andere auch! Und der ordentlich seine Steuern zahlt.

Und überhaupt – was fällt den Leuten eigentlich ein, mich wie so ein Monster darzustellen, nur weil mein Gasthaus voll war und alle Zimmer belegt! Kann ich was dafür? Was hätte ich denn machen sollen, als das jung Paar kam? Sie hochschwanger, das habe ich wohl gesehen – aber, du meine Güte, eine Tante von mir hat auch mal ein Kind auf freiem Feld gekriegt, und was für'n Prachtbursche ist mein Cousin geworden! Man darf doch auch nicht zu pingelig sein!

Gut, es war in den Straßen alles voller Leute. Verstehe ich, dass sie da nicht … Aber darum habe ich sie ja in meinen Stall gelassen. War unter den gegebenen Umständen das Beste, was ihnen passieren konnte. Und das Einzige, was ich für sie tun konnte.

Sie haben sich ja auch gar nicht beschwert, die beiden. Im Gegenteil, sie waren dankbar und zufrieden. Nur später, da haben alle auf mir rumgehackt. Da galt ich als kalt und herzlos und brutal und was noch alles. In tausenden von Weihnachtsgeschichten und Krippenspielen bin ich der Inbegriff einer mitleidlosen Kreatur, als hätte ich einen Stein, wo andere ein Herz haben. Das ist eine Beleidigung! Das verletzt mich zutiefst! Rufschädigung ist das, üble Nachrede, infame Lügen, um einen fertigzumachen, der sich nicht mehr wehren kann.

11

Dabei sind die Römer eigentlich die ... *(leiser)* die hartherzigen Egoisten, die brutalen Unterdrücker ... *(laut)* Na ja, heute kann man's ja laut sagen. Ja, die haben das Herz aus Stein, nicht ich, denn sie haben schließlich tausende von Familien in die Heimatstädte ihrer Sippe geschickt, damit das mit der Volkszählung einfacher geht, damit sie uns noch mehr Steuern abpressen können. Sie haben auch diesem Josef mit seiner Frau so übel mitgespielt, nicht ich!

Und außerdem – ich konnte schließlich nicht wissen, dass das Neugeborene der versprochene Retter werden sollte, von dem die Propheten geredet hatten. Ja, sogar Gottes Sohn, also irgendwie auch Gott selber, der als Mensch auf die Erde ... Mann, wenn ich das gewusst hätte! Ich hätte den Oberst aus seinem Zimmer ... Ach was, ich hätte ihnen mein eigenes Zimmer angeboten und wäre mit meiner Frau in den Stall gegangen! Ehrlich! Ich hätte mir seidene Bettwäsche geliehen und ... Ach, ist ja auch egal. Aber ich wusste es eben nicht. Hinterher ist man immer schlauer.

Und – mal ehrlich – wenn das Kind nicht der Gottessohn geworden wäre ... oder gewesen wäre, oder wie ... kein Aas hätte sich drum gekümmert! Niemand hätte mir Vorwürfe gemacht, weil ich sie abgewiesen habe. Weil das eben tausendfach vorkommt. Aber keiner wusste es damals. Wer denkt denn auch, dass Gott, wenn er denn schon als Mensch kommt, ausgerechnet in so ärmlichen Verhältnissen ... Aber sauber war mein Stall! Der ist immer sauber – äh, relativ. Also, da muss ich alle Vorwürfe weit von mir weisen! Entschieden!

Nehmen Sie noch einen Krug Karmelwein?

2 Verteidigungsrede des Kaiphas

Thema: Passion

Sie haben gut reden! Sie wissen, wie das alles ausging, und wer dieser Jesus war. Aber ich musste entscheiden, bevor das klar war.

Immer musste ich entscheiden. Kaiphas hier, Kaiphas da. Immer erst: Was sagt der Hohepriester, und dann: Was sagt der Hohe Rat. Da darf man keine Führungsschwäche zeigen. Nicht mal zögern darf man. Es gilt, die Meinungsführerschaft zu übernehmen. Und zwar sofort und ohne sich Zweifel anmerken zu lassen!

Natürlich habe ich die Argumente abgewogen – dafür und dagegen. Und es gab nur dafür oder dagegen bei Jesus. Neutral konnte man da nicht sein. Entweder war er der Christus, der Gesalbte, der von Gott Gesandte, oder er war ein Betrüger, ein Scharlatan, mehr noch, ein Gotteslästerer.

Natürlich habe ich auch seine Taten zu seinen Gunsten auf die Waagschale gelegt. Heilungen und so was alles. Aber, du liebe Zeit, was heißt das schon? Vielleicht hat er die Teufel durch Beelzebub ausgetrieben. Vielleicht war auch alles nur Schau. Vielleicht ist uns auch nur alles verfälscht berichtet worden. Wer kann das mit Sicherheit sagen? Mancher Kranke bildet sich nur ein, geheilt zu sein, im Überschwang der Gefühle. Und wenn er nachher wieder zusammenklappt, ist keiner mehr da, der davon berichtet.

Und selbst wenn die Wunder echt gewesen sein sollten – der Pharao hat auch Moses Schlangenwunder nachmachen lassen. Ein Wunder beweist gar nichts.

Aber in die andere Waagschale – da hatte ich ziemlich gewichtige Argumente zu werfen. Er lästerte Gott, als er sagte, er könnte den heiligen Tempel in drei Tagen abreißen und wieder aufbauen. Wer soll denn so einen Unsinn glauben! Er stellte sich gegen die geistliche Führung. Und wer so was macht, stört die gottgegebene Ordnung. Er legte die Heiligen Schriften eigenwillig aus. Und widersprach damit aller anerkannten Theologie!

Da musste ich dagegen sein. Und … na ja, Sie wissen doch, wie so was geht. Wer in der Öffentlichkeit steht, legt sich irgendwann fest, und dann muss er dabei bleiben. Man hätte mich als Umfaller verunglimpft, wenn ich plötzlich für ihn statt gegen ihn gewesen wäre. Das konnte ich mir nicht leisten. Er musste verurteilt werden.

Gut, ich gebe zu, ich wollte es auch. Er hat mich einfach zur Weißglut gebracht. Steht einfach da und sagt nichts! Als wenn er nie gehört hätte, dass man dem Hohepriester Ehrfurcht zu erweisen hat! Steht da und schweigt, wie eine einsame Palme in der Oase. Keine Reaktion auf alle Anschuldigungen.

Ja, die Zeugen waren bestochen, das stimmt. Aber was wollte ich machen? Ohne Schmiermittel läuft nichts.

Jetzt kommen Sie mir nicht mit Ihrer Vorstellung von Gerechtigkeit! So war das eben bei uns. Sie können nicht Ihre Maßstäbe anlegen! Nach unseren Maßstäben habe ich Recht gesprochen. Und nach meinem damaligen Wissensstand. Ich hatte doch keine Ahnung, dass er nach drei Tagen aus dem Grab auferstehen würde!

Hat uns eine ziemliche Stange Geld gekostet, die Wachsoldaten zum Schweigen zu bringen. Die waren ja nicht aus unserem Volk, da konnte man ihnen nicht mit religiösen Pflichten und so etwas kommen. Das ging wieder nur mit Geld.

Und nachdem ich einmal gegen Jesus gewesen war, musste ich auch dabei bleiben. Bekehrung ist nichts für Leute in der Öffentlichkeit und in hohen Ämtern. Das Argument mit der Auferstehung kam einfach zu spät. Wenn ich das vorher gewusst hätte – Sie können mir glauben, ich hätte es zu seinen Gunsten auf die Waage gelegt. Aber ich habe es doch nicht geahnt! Wer rechnet denn damit, dass ein Toter wieder lebendig wird! Wer rechnet denn damit, dass einer von Gott gesandt sein könnte, der gegen den Hohepriester ist! Glauben Sie etwa, dass einer von Gott gesandt sein könnte, der Sie massiv kritisiert? Sagen Sie nicht, Sie hätten an meiner Stelle anders gehandelt! Sie wissen eben, dass er auferstanden ist. Ich wusste das damals noch nicht. Was machen Sie mit Ihrem Wissen?

Und dass sich meine Entscheidung hinterher als falsch herausgestellt hat – ich habe sie aus selbstlosen Motiven getroffen. Gut, vielleicht habe ich Schuld auf mich geladen. Aber ich habe damit mein Volk vor dem Chaos gerettet! Das hätten nämlich die Römer über uns gebracht, wenn Jesus zu viele Anhänger gesammelt hätte. Bedenken Sie, ehe Sie mich verurteilen: Ich nehme Schuld auf mich, um mein Volk zu retten! Wo hat es so was jemals gegeben!

Der ganze Hohe Rat war auf meiner Seite – außer Josef von Arimathäa und Nikodemus und vielleicht noch so'n paar Außenseitern.

Es musste Jesus doch klar sein, dass er mich provozierte! Hätte er nicht ein bisschen nachgeben können? Eine kleine Unterwerfungsgeste hätte die Gemüter besänftigt. Aber er steht da, als stände er über dem allen, als wäre er der Hohepriester, oder gar ein König. Und dann diese dreiste Behauptung, Christus zu sein! Ich musste ihn verurteilen! Wut oder nicht – kein Richter hätte an meiner Stelle anders entschieden! Wie er sich verhalten hat – man könnte ja bei seinem Stolz und seiner Unbeugsamkeit fast meinen, er wollte verurteilt werden! Er wollte ans Kreuz! Aber das ist natürlich undenkbar für einen normalen Menschen.

3 Verteidigungsrede des Pilatus

Thema: Passion

Pilatus kann mit Feder und Papyrusrollen beschäftigt sein. Evtl. auch mit Händewaschen, sodass der Zuschauer den Eindruck hat, das habe ihn an die Ereignisse erinnert.

Es ist wahrhaftig kein Vergnügen für mich, dass mein Name sogar in Ihrem Glaubensbekenntnis vorkommt: „Gelitten unter Pontius Pilatus". Damit habe ich doch mein Negativ-Image weg. Abgestempelt für alle Zeit. Pilatus, der Schurke.

Dabei wüsste ich gern, was Sie an meiner Stelle gemacht hätten! Auf der einen Seite die Anordnung des Kaisers, Frieden zu halten in dieser aufmüpfigen Provinz Judäa. Auf der anderen Seite die Anordnung, Recht zu sprechen. Was sich ja auch mit meinem Wunsch deckte. Schön und gut – aber wenn nun die beiden Ziele sich widersprechen? Wenn nur eins geht?

Verurteilte ich Jesus zum Tode, hatte ich ein Unrechtsurteil gefällt. Aber das Volk gab wenigstens Ruhe. Ließe ich ihn frei, gäbe es eine Revolution. Was hätte ich gewonnen, wenn ich zwar den unschuldigen Jesus gerettet hätte, aber viele andere Unschuldige kämen in den folgenden Kämpfen um?

Außerdem ging's um meinen eignen Kopf. Ein Unrechtsurteil kommt jeden Tag vor, das übersieht der Kaiser und das vergisst die Nachwelt. Außer in meinem Fall, mir wird es wohl ewig anhängen. Aber einen Bürgerkrieg ausgelöst zu haben ist unverzeihlich. Und die eigene Karriere aufs Spiel zu setzen ist einfach dumm.

Sagen Sie selbst – hätte ich eine Wahl gehabt? Was hätten Sie an meiner Stelle getan? Sagen Sie nicht, Sie stünden immer und bedingungslos auf der Seite der Wahrheit, auch gegen die eigenen Interessen!

Also insofern könnte ich ein gutes Gewissen haben. Ich hatte von zwei Übeln das geringere gewählt. Wenn da nicht dieses merkwürdige Gefühl gewesen wäre, das ich beim Gespräch mit dem Angeklagten hatte. Wirklich wie ein König stand er da. Hoheitsvoll, seiner Sache sicher. „Mein Reich ist nicht von dieser Welt." So wirkte er, wie ein König aus einer anderen Welt.

Aber was sollte ich mit dieser Aussage anfangen? Ich meine, wir leben nun mal in dieser Welt. Und das Römische Reich, dem ich diente, war von dieser Welt. Wo kämen wir hin, wenn Politiker anfangen würden, nach einer anderen Welt zu fragen! Wir müssen mit beiden Beinen auf dieser Erde stehen! Wenn ich von einem Wolkenkuckucksheim träumen wollte, hätte ich nicht Politiker werden dürfen.

Andrerseits sehe ich natürlich in meiner Position überdeutlich die Mängel eines Reiches auf dieser Erde: Korruption, Intrigen, Lügen, Machtmissbrauch ... Da ist es schon ein verlockender Gedanke: Wenn es ein Reich gäbe, das anders ist, nicht von dieser Welt – ich würde ihm gern angehören. Ich würde sogar diesen Jesus als meinen König akzeptieren.

Die Pharisäer haben sich maßlos geärgert, als ich das auf die Tafel am Kreuz schreiben ließ: König der Juden. Ha, es war eine kleine Genugtuung für mich, weil sie mich erpresst hatten. Allerdings nicht nur das ...

Noch ein anderer Satz von ihm ist mir hängen geblieben: „Wer aus der Wahrheit ist, der hört meine Stimme." Er hatte recht. Das sage ich heute. Damals habe ich relativiert: „Was ist Wahrheit?" Gibt es überhaupt absolute Wahrheit? In dieser Welt wird die Wahrheit ausgehandelt. Wahrheit entsteht durch den Ausgleich vieler Interessen. Was sich als zweckmäßig, als sinnvoll, als durchsetzbar erweist, das wird zur Wahrheit erklärt. So läuft das eben in der Politik, in der Gesellschaft, ja, in der Seele jedes Einzelnen.

Aber eben darum hatte er recht. Wir sind nicht aus der Wahrheit. Oder konkreter: Ich bin nicht aus der Wahrheit. Gerade indem ich ihn verurteilte, bewies ich es: Wahrheit war zweitrangig. Tausende andere Überlegungen können sich davorschieben und erstrangig werden. Und weil es mir nicht um die Wahrheit ging, hörte ich seine Stimme auch nicht wirklich. Die Ahnung war da, die Ahnung von einem Großen aus einem anderen Reich, von einer anderen Welt. Aber nicht mehr als Ahnung, kein Hören. Das reichte nicht, um mich zu einer Entscheidung für ihn zu bewegen.

Ich habe alles versucht, aus dieser Zwickmühle herauszukommen. Ich habe Jesus zur Freilassung angeboten, nach der Tradition zum Passahfest. Aber sie wollten Barabbas, einen üblen Verbrecher. Ich habe an ihr Mitleid appelliert: Als meine Leute ihn geschlagen und verspottet hatten, habe ich ihn so vorgeführt: „Seht, welch ein Mensch!" Dumm von mir! Ich hätte wissen müssen, dass aufgepeitschte Fanatiker kein Mitleid kennen.

Da blieb mir nichts anderes übrig, als meine Hände in Unschuld zu waschen. Die waren schuld, nicht ich! Um das deutlich zu machen, habe ich mir öffentlich vor ihnen die Hände gewaschen. Das Volk braucht solche Symbole. Die begreifen sie besser als Worte.
Na ja, ehrlich gesagt, ich habe es auch gebraucht. Dieses Gefühl, du tust hier was Unrechtes – dazu meine Frau mit ihren Träumen … Geholfen hat's nicht viel. Ich meine das Händewaschen hat mein Gewissen nicht beruhigt. Schuld abwaschen geht eben nicht mit Wasser. Aber womit sonst? Was gäbe ich drum, wenn ich das wüsste!

4 Verteidigungsrede des Judas

Thema: Passion

Judas kann am Anfang auf einem Stuhl oder dergleichen sitzen, ohne Utensilien (oder mit einem Strick in der Hand?), und am Schluss durch den Mittelgang mit schweren Schritten fortgehen.

Ich mache Schluss! Ich hänge mich auf!

Ja, ja, ich weiß, das ist auch kein Ausweg, sagen alle. Aber einen Ausweg gibt es sowieso nicht. Nur falsche Wege. Dann lieber eine Sackgasse, als auf verkehrten Wegen immer weiterlaufen.

Ich hab mich verrannt! Ich hab den Karren völlig in den Dreck gefahren! Können Sie sich vorstellen, wie einem zumute ist, wenn man plötzlich erkennt: Du hast alles, aber auch wirklich alles verkehrt gemacht! Und nichts lässt sich wiedergutmachen.

Vor wenigen Stunden habe ich noch geglaubt, ich lande den großen Coup. Die geniale Idee! Jesus zwingen, seine Macht zu beweisen!

Jesus war dabei, einen großen Fehler zu machen. So viele Wunder hat er getan. Aber nie hat er das politisch ausgeschlachtet! Hundert Gelegenheiten hat er verstreichen lassen. Weiß der Kuckuck warum!

Wenn ich nur an das Brotwunder denke. Fünftausend Männer wollten ihn zum König machen, alles gestandene Galiläer. Und er? Verkrümelt sich! Oder vor ein paar Tagen der Einzug in Jerusalem. „Hosianna!" haben sie geschrien und Palmzweige auf den Weg geworfen. Und er hat die ganze Begeisterung ungenutzt verpuffen lassen!

So macht man keine Revolution! Von Demagogie versteht er nichts, rein gar nichts. Redet von Feindesliebe, wo es gilt, Kämpfer zu gewinnen! Nicht zu fassen!

Na, dafür hat er ja mich. Dachte ich jedenfalls. Dafür hat er den Judas. Immer ein bisschen Außenseiter unter den Zwölf, aber das ist ja kein Wunder, wenn der Einzige, der 'ne klare Strategie hat, unter den Trotteln aus dem Rahmen fällt.

Meine Strategie war: Wenn ihm der Tod droht, dann muss der doch endlich auf die Pauke hauen! Dann kann er nicht mehr auf die Macht verzichten, die er ja erwiesenermaßen hat. Das wäre dann der Anstoß zum großen Umbruch.

Darum habe ich ihn verraten. Nur darum. Na ja, gut, das Geld ist auch nicht zu verachten. Dreißig Silberstücke. Aber was ist das schon? Dreißig Silberstücke, der Preis, den man zahlen muss, wenn man den Sklaven eines anderen umgebracht hat. Als wenn er schon so gut wie tot wäre. Vielleicht ist er das auch?

Woher wusste Jesus, dass ich bei den Priestern war? „Einer unter euch wird mich verraten", hat er gesagt. Er wusste es. Warum hat er dann nichts dagegen getan? Vielleicht fand er ja meinen Plan gut, jetzt endlich was zu unternehmen?

Umso schlimmer die Enttäuschung – er unternahm nichts!

Ließ sich gefangen nehmen wie einen gewöhnlichen Verbrecher. Und als Petrus mit dem Schwert dazwischenging und einem das Ohr abschlug, hat er das wieder geheilt. Kann man das verstehen? Lässt sich einfach gefangen nehmen, beweist noch, dass er Wunder tun kann, indem er das Ohr heilt, aber tut kein Wunder, um sich zu befreien! Es ist nicht zu fassen! Nicht zu fassen!

Hab dann vor dem Palast des Kaiphas gelauert. Irgendwann musste Jesus doch mit der Faust auf den Tisch hauen. Dieser machtverliebten Theologensippe mal klarmachen, wo's langgeht. Und was passiert? Nichts! Die ganze Nacht nicht!

Mir wurde immer unwohler in meiner Haut. Was, wenn er nun wirklich nicht die Macht hat, Feuer vom Himmel fallen zu lassen auf den ganzen Hohen Rat auf seinem hohen Ross? Oder wenigstens einfach da rauszumarschieren? Was, wenn er wirklich in Gefangenschaft bleibt und gar ans Kreuz muss? Dann bin ich schuld! Ich habe ihn verraten. Ich habe meinen Rabbi, der mir bis zuletzt, als er schon alles über mich wusste, Freund war – ich habe meinen Herrn und Freund ans Messer geliefert!

Ich begreife das alles nicht. Nur eins begreife ich: Ich bin ganz furchtbar auf dem Holzweg. Es ist alles ganz anders mit Jesus als ich dachte. Aber wie?

Ich kann mich nur an die Tatsachen halten. Und die sind: Sie haben meinen Meister gefoltert und führen ihn zur Hinrichtung, weil ich ihn ausgeliefert habe, und in meiner Tasche klimpert der Verräterlohn.

Das sind die Tatsachen. Ich habe alles vermasselt. Die Pläne des Meisters und mein eigenes Leben.

Dann kam Petrus raus. Es war schon gegen Morgen, der Hahn hatte schon gekräht. Er weinte. Dieser Kerl wie ein Schrank, immer vorne dran mit seinem flotten Mundwerk, ein Mann voller Energie – der weint! Das schwöre ich: Mich wird niemand weinen sehen! Da bringe ich mich doch lieber um!

Und dann brachten sie Jesus. Gefesselt, gequält, gedemütigt. Mein Wundertäter ein Bild des Jammers. Ich sah gleich, sie brachten ihn zu Pilatus, weil die Römer sich die Todesurteile vorbehalten haben. Soll es also so ausgehen?

Alles drehte sich um mich. Ich war wie vor den Kopf geschlagen. Ich rannte los, einfach los. Da stand das Tor noch offen zum Palast des Kaiphas. Ich lief rein. Da saßen sie alle und berieten, was sie Pilatus vorlügen sollten, diese frommen Mörder, diese vornehmen Verräter! Ach was, ich war der Verräter! Ich!

Das muss ich wohl laut herausgeschrien haben, ohne nachzudenken. Und den Beutel mit dem Silber warf ich zwischen sie, auf den Boden.

Da standen und saßen sie alle um mich herum und sahen mich mit leeren Blicken an. Ich wusste längst, was sie dachten, ehe einer es aussprach: „Was geht das uns an? Das ist dein Problem."

Ja, das ist es wohl. Es ist mein Problem, dass ich zum Verräter und Mörder geworden bin. Und meine Schuld. Jetzt weiß ich's genau. Ich war wie verblendet, aber jetzt sehe ich's mit erschreckender Klarheit. Der Gesalbte Gottes, der Heilige, ist gekommen, und ich habe ihn für den Preis eines toten Sklaven verraten.

Langsam, unter den desinteressierten Mienen der hohen Herren, nahm ich das Geld wieder auf. Wie eine Zentnerlast hing der Beutel an meinem Gürtel, als ich zum Tempel hinaufging. Hatte das Geld mich nicht schon immer nach unten gezogen? Und hatten meine Lippen, auf denen mir noch der Verräterkuss von Gethsemane brannte, je etwas Gutes hervorgebracht?

Nun gut, so sind die Dinge. So bin ich. Es hat keinen Sinn, es zu leugnen. Überhaupt nichts mehr hat Sinn. Auch nicht, sich aufzuregen. Oder gar zu weinen wie Petrus.

Ich warf das Geld in den Opferkasten. Nicht, dass das meine Schuld verringert. Aber wenn ich gleich hänge, brauche ich sowieso nichts mehr. Nichts brauche ich mehr, gar nichts.
Höchstens einen gnädigen Richter in der anderen Welt. Aber darauf zu hoffen wäre Irrsinn. Oder?

5 Verteidigungsrede des Hauptmanns unterm Kreuz

Thema: Passion

Eine echt aussehende römische Legionärsrüstung wäre beeindruckend, aber die wird schwierig zu beschaffen sein. Unter Umständen kann man sich mit einem Tuch als Tunika behelfen, wenn man nicht ganz darauf verzichten will.

Ich schwöre Ihnen, ich habe nichts gewusst! Glauben Sie etwa, wenn ich gewusst hätte, dass er Gottes Sohn ist, hätte ich ihn gekreuzigt und vorher noch gefoltert und verspottet? So dumm kann doch niemand sein! Ich auch nicht, und ich bin immerhin ein römischer Centurio, ein Unteroffizier. Nein, nein, wir hatten keine Ahnung, dass er Gottes Sohn ...

Verstehen Sie, ich meine nicht so, wie das in Rom verstanden wird. Da sind die Kaiser auch Götter, heißt es, aber doch sehr menschlich. Ich habe auch noch nie gehört, dass in der Todesstunde eines Cäsaren sich der Himmel verdunkelt hätte, die Erde bebte und Gräber aufbrachen. Nein, nein, die Götter auf Roms Thron leben sehr menschlich und sterben sehr menschlich.

Dieser aber – ja, menschlich war er auch. Er war entkräftet nach der Geißelung und dem Blutverlust. Er hatte Durst. Er starb unter Schmerzen. Aber es war eben doch anders. Da schienen Himmel und Erde sich aufzubäumen, dass diesem Mann das angetan wurde. Darum sage ich: Gottes Sohn.

Der Ausdruck stammt nicht von mir. Die Priester haben ihn benutzt. Sie und die gelehrten Papyrusschnüffler, alle diese Leute standen unterm Kreuz und spotteten: „Wenn er Gottes Sohn ist, soll er doch heruntersteigen!" Daraus habe ich geschlossen, dass er das wohl von sich behauptet haben muss, er sei Gottes Sohn. Die Berufsfrommen glaubten ihm das nicht. Sie haben sich über ihn geärgert und ihn bei Pilatus angeschwärzt. Beziehungsweise, sie haben unseren Chef massiv unter Druck gesetzt, diesen Mann kreuzigen zu lassen. – Wenn ich gewusst hätte, was dann noch kam …

Ich meine, es ist vielleicht auch Unsinn, zu überlegen, was gewesen wäre, wenn … Wir müssen ja gehorchen. Wir sind Soldaten. Und Gehorsam ist die oberste Regel. Eine Armee, in der jeder macht, was er für richtig hält, ist ein Sauhaufen. Und die römischen Legionen sind nur wegen ihrer Disziplin in aller Welt so erfolgreich. Also – wer kann einen einfachen Centurio verantwortlich machen, wenn er einen Befehl ausführt?

Es klagt mich ja auch keiner an. Aber ich selbst klage mich an, verstehen Sie?

Da prügeln und peitschen wir einen – und dann zeigt sich, dass er Gottes Sohn ist! Mir brennt meine Hand, die ihn geohrfeigt hat, noch nachträglich, mehr als sein Rücken von den Striemen gebrannt haben muss. Da verspotten wir einen, weil er gesagt hat, er sei ein König, drücken ihm eine Dornenkrone auf, lachen uns krumm – und dann zeigt sich, dass er tatsächlich so eine Art König ist, nur aus einer anderen Welt. So hat er es nämlich Pilatus gesagt. Da teilen wir seinen ärmlichen Besitz unter uns und werfen das Los, wer den Umhang kriegen soll – und dann ist er ein Sohn des Gottes, dem die ganze Erde gehört!

Darum klage ich mich an. Sicher, ich hab's nicht gewusst, und ich habe nur meine Pflicht getan. Aber diese Entschuldigungen kommen mir ziemlich fadenscheinig vor. Welche Ausrede kann jemanden entschuldigen, der einen Mensch gewordenen Gott getötet hat? Gefoltert, verlacht und dann qualvoll umgebracht!

Wir Legionäre sind nicht sehr zartfühlend. Mein Schwert hat schon manchen Arm und auch manchen Kopf vom Rumpf getrennt. Wer kein Blut sehen kann, sollte kein Soldat werden.

Aber das hier ist doch was anderes! Dieses Blut floss aus dem Körper, in dem sich ein Gott unter den Menschen zeigt. Sein Blut vergossen zu haben ... Kann so eine Schuld vergeben werden?

Moment – da fällt mir ein: Davon sprach er doch, als wir die Nägel durch seine Handballen schlugen! Was sagte er? „Vater", sagte er – ja, damit muss er wohl Gott gemeint haben, wenn er sein Sohn ist – „Vater, vergib ihnen, denn sie wissen nicht, was sie tun!" Ja, stimmt, das sagte er wörtlich. Ich erinnere mich genau. „Vater, vergib ihnen!" Also uns Vieren mit unserem grausamen Handwerk. Also mir.

Ja, geht das denn? Dass Gott vergibt? So eine große Schuld doch sicher nicht! Aber wenn doch sein Sohn ihn darum bittet ... Wenn er, der das Opfer meiner Schuld ist, der Gottessohn, selbst bei seinem Vater ein gutes Wort für mich einlegt ...!

Überhaupt – dass er das mit sich geschehen ließ! Er hätte doch – was weiß ich – vielleicht zwölf Legionen Engel herbeirufen können, aus seinem Reich, das nicht von dieser Welt ist. Aber er nahm das alles auf sich. Warum? Was steckt dahinter?

Er hat es noch nicht einmal verbittert getragen, oder wutschnaubend. Er hatte noch einen Blick für die anderen. Sogar für uns, seine Henker!

Und für den Verbrecher neben sich. Der hat ihn gebeten: „Denke an mich, wenn du in dein Reich kommst!" Und er hat geantwortet: „Heute noch wirst du mit mir im Paradies sein." Verbrecher dürfen mit ihm in sein Reich!

Unglaublich! Ich würde es nicht glauben, wenn ich es nicht selbst gehört hätte! Da tun sich Geheimnisse auf ...

Ein Verbrecher! Schlimmer als ich? Weiß nicht. Ist wohl auch egal. Mit ihm im Paradies! Nur weil er ihn gebeten hat – sonst nichts! Vielleicht … vielleicht sollte ich ihn auch bitten.

6 Gebet des Geheilten

Thema: Gebet, Dank; Bibeltext: Apg 3,1-11

Ich bin so glücklich, Jesus! Wie neu geboren!

Äh – ich weiß, ich sollte ein Dankgebet im Tempel sprechen. Mache ich auch gleich noch.

Meine Beine, Jesus, meine Beine! Sie funktionieren wieder! Siehst du's? Stehen kann ich, ohne mich zu stützen, und laufen! Ganz allein, ohne fremde Hilfe! Pass mal auf, so ... Toll, was? Einfach toll, wie du das gemacht hast!

Ich muss gleich noch ein richtiges Gebet sprechen, wie sich's gehört. Aber erst mal muss ich dir sagen, wie glücklich ich bin. Ich ... ich kann's gar nicht fassen, Jesus, ich ... Träume ich, oder ist es Wirklichkeit?

Seit ich lebe, bin ich lahm gewesen. Kannst du dir das vorstellen? Ich hab nie gewusst, wie das ist, wenn man sich aus eigener Kraft dahin bewegen kann, wo man hinwill. Hab nur immer die anderen laufen sehen. Seit Jahrzehnten schon schleppen sie mich jeden Morgen hierher vor die schöne Tempeltür, damit die frommen Leute Mitleid haben und mir was in den Hut schmeißen. Und da kommen nun diese beiden Männer – wie heißen sie noch? Einer hatte einen Namen, der an einen Stein erinnert – Petrus, ja so hieß er. Und der Schweigsamere hieß Johannes. Die geben mir nichts – sie haben wohl auch nichts – aber sie sagen: Steh auf! Einfach so – steh auf!

Aber was erzähle ich dir das! Du warst ja dabei. Musst du ja, wenn du mich gesund gemacht hast. Ich hab dich zwar nicht gesehen, aber Petrus hat gesagt, du hättest das gemacht, dass ich wieder gehen kann. Du, Jesus! Ich kannte dich ja noch nicht. Bist du mir deshalb böse? Nein, sicher nicht. Aber jetzt kenne ich dich. Du bist großartig, Jesus! Was du alles kannst – ich bin platt vor Staunen!

Weißt du, weil du das so kannst: da sein, wo man dich gar nicht sieht, darum rede ich jetzt auch mit dir. Ich bin sicher, du hörst mich. Meine Verwandten würden sicher denken: Der spinnt!, wenn sie hören könnten, wie ich mit dir rede. Aber irgendwem muss ich einfach sagen, wie happy ich bin. Ehe ich gleich zum Gebet gehe. Weißt du, ich bin innerlich noch so aufgewühlt, da kann ich noch nicht richtig beten. Darum rede ich nur mal eben mit dir.

Du kennst mich doch auch sicher von früher, oder? Völlig aufgeschmissen war ich mit meinen lahmen Beinen. Darum war ich auch nie im Tempel. Nicht aus böser Absicht. Einfach weil's nicht ging. Damit will ich nicht sagen, dass ich ein Vorbild an Frömmigkeit gewesen wäre – eher das Gegenteil. Na ja, halt wie die meisten Leute. Für die meisten ist ja Religion nichts, was einen vom Stuhl reißt.

Aber dann kam das hier. Und das hat mich wirklich vom Stuhl gerissen. Im wahrsten Sinn des Wortes. Da hast du mich gesund gemacht – von einem Augenblick zum anderen – obwohl ich dich nicht gesehen habe. Wie Gott selbst hast du …

Wie Gott? Nein, du bist Gott, wenn du Wunder tun kannst und unsichtbar überall gegenwärtig bist! Ja, sicher, du bist Gott! Nicht nur der Mensch, den sie ans Kreuz genagelt haben. Du bist Gott, zu dem man beten kann … Ach ja, da fällt mir ein, ich wollte ja noch beten. Jetzt, wo ich in den Tempel kann.

Sag mal, Jesus, ich kenne mich da noch nicht so aus: Beten – wie macht man das eigentlich?

7 Gebet des Jona

Thema: Erbarmen Gottes; Bibeltext: Jona 4

Mein Gott – das kann doch nicht wahr sein!

Oh – entschuldige, Gott! Dass sollte jetzt kein Gebet sein. War nur so ein Ausruf des Entsetzens, wie er einem manchmal rausrutscht, wenn man sehr erregt ist. Du warst nicht gemeint, mein Gott.

Andrerseits – wenn ich nun schon mal mit dir im Gespräch bin … ich hätte dir da schon einiges zu sagen, Herr. Ich bin nämlich sehr erregt. Wütend sogar. Sauer. Jawohl, sauer! Weil's denen da so gut geht!

Ach, ich habe mich noch gar nicht richtig gemeldet, entschuldige. Zumal ich hier so ohne Gebetsschal … und weit weg vom Tempel … Ich bin's, Jona, dein Prophet. Aber vermutlich wusstest du das schon. Du hast mich ja immer im Auge. Sogar auf dem fernsten Meer. Sogar in einen Fisch kannst du reingucken, ohne ihn aufzuschneiden, um mich da drin … immer hast du ein Auge auf deinen Propheten.

Vielleicht nehme ich ja den Mund etwas zu voll, wenn ich sage, ich bin dein Prophet. Erst bin ich vor deinem Auftrag weggelaufen. Und du musstest mich in einem ziemlich aufwändigen Verfahren wieder zurückholen. Und jetzt, wo ich mich von dir habe breitschlagen lassen und hergekommen bin und Ninive dein Gericht angekündigt habe – da passiert nichts. Und ein Prophet, dessen Prophezeiung sich nicht erfüllt, der ist kein Prophet.

Aber da bist du dran schuld, dass es nichts geworden ist mit dem Strafgericht! Da lehne ich jede Verantwortung ab! Ich habe getan, was ich konnte! Was ich konnte und was du wolltest.

Kannst du mir sagen, Gott, warum ich überhaupt hierherkommen musste und dein Gericht ankündigen? Wenn du es doch nicht vollstrecken willst! Wozu das Ganze? „Viele Worte und nichts dahinter!", werden sie sagen. Soll man dich zum Lügner stempeln? Oder gar mich?

Der Tag X ist längst vorbei. Keine Feuersbrunst hat die Stadt eingeäschert, der Tigris ist auch nicht über die Ufer getreten, um alles wegzuschwemmen. Kein fremdes Heer ist raubend und mordend über sie hereingebrochen und keine Epidemie hat die Menschen dahingerafft. Nur diese mörderische Hitze. Aber die soll es hier öfter geben, daran sind sie gewöhnt.

Könntest du nicht wenigstens ein kleines Erdbeben schicken? So sechs oder sieben auf der Richterskala, oder meinetwegen auch nur vier? Oder ein Vulkänchen ausbrechen lassen? Oder lass einen Kometen auf Ninive fallen, bitte, Herr! Er muss ja gar nicht groß sein.

Oder lass diese Hitze noch siebenmal so schlimm werden. Dass sie alle vertrocknen, diese Fieslinge in Ninive. Natürlich erst wenn ich weg bin.

Was ... was ist denn das? Meine Rhizinusstaude geht ja ein! Mein einziger Schattenspender! Das darf doch nicht wahr sein! Wie kommt denn das?

Ah – ich sehe – ein Wurm hat die Staude gestochen! Du elender Wurm, ich zertrete dich, wie der Herr Ninive zertreten wird ... Mist! Entwischt! Weg ist er! Und ich bin zu erschöpft in dieser Hitze, um auf ihn Jagd zu machen.

Ach, Herr, warum nun auch das noch! Hättest du das nicht verhindern können? Wenn dir die großen Fische im Meer zu Diensten sind, hätte dir doch so 'n mickriger Wurm keine Schwierigkeiten machen dürfen! Es hat sich aber auch alles gegen mich verschworen! Dich eingeschlossen!

Warum lässt du deinen treuen Diener so im Stich? Äh – „treuer Diener" – damit meinte ich jetzt mich, Herr. Warum lässt du so viel Elend über mich kommen! Hast du kein Erbarmen mit mir?

Wie? Entschuldige, Gott, hast du grad was gesagt?

Ja, ich trauere dem Rhizinusstrauch nach, allerdings!

Und du trauerst um die Menschen von Ninive? Die tun dir leid? Aber Herr, das kann man doch gar nicht vergleichen! Das sind ganz üble Sünder, und der Strauch ist nur … äh … na ja …

Sicher sind da auch viele unschuldige Kinder. Aber die werden groß und bilden dann die nächste Generation von Kriegern. Du musst das ein bisschen vorausschauend sehen, Gott! Die werden dann weiter alle Nachbarvölker unterjochen. Da ist es besser, die werden gleich … Das geht sonst immer so weiter. Die Niniviten ändern sich nie!

Wie? Sie haben sich schon geändert? Äh – nun ja, das stimmt allerdings. Buße haben sie getan. Total. Sodass du deine Gerichtspläne auch geändert hast. Das ist es ja, was mich so auf die Palme bringt! Apropos Palme – es gibt aber auch kein bisschen Schatten hier!

Oder … oder war das etwa Absicht? Ah – jetzt verstehe ich: Du wolltest sie gar nicht umbringen! Jetzt habe ich dich durchschaut, Gott! Du hattest von vornherein das Ziel, sie auf einen besseren Weg zu bringen!

Und mich hast du über dein Ziel völlig im Unklaren gelassen! Nun ja, ich hätte vielleicht auch von allein draufkommen können. Schließlich hattest du auch mit den heidnischen Seeleuten Erbarmen. Und mit mir, der ich ja auch nicht immer so ganz nach deinen Wünschen … Also hattest du wohl auch von Anfang an das Wohl der Niniviten im Auge. Ein Gott voller Erbarmen!

Ehrlich, Herr, so kannte ich dich noch gar nicht. Na ja, so wollte ich dich wohl auch nicht kennen. Ich habe wohl noch viel zu lernen über dich.

Ein erbarmender Gott, dem die Sünder am Herzen liegen ... Nein, so was!

8 Gespräch von Kaiphas mit den Wachen vom Grab Jesu

Thema: Ostern; Bibeltext: Mt 28,1-4; 11-15

Kaiphas beugt sich aus einem Fenster (kann auch die Kanzel sein) und spricht mit den Legionären. Man sieht und hört sie nicht, kann nur aus den Worten des Hohepriesters schließen, was sie sagen. Deshalb muss er zwischen den Absätzen jeweils eine kleine Pause machen.

Ruhe da unten! Was fällt euch ein, so einen Krach zu machen! Mitten in der Nacht! Und dann auch noch vor meinem Haus! Wisst ihr nicht wo ihr seid? Ich bin Kaiphas, der Hohepriester!

Was heißt hier, ihr wolltet mich wecken? Es gibt keine Sache, die wichtig genug wäre, dass man deshalb das geistliche Oberhaupt des Volkes Israel aus dem Schlaf reißt! Also kommt morgen wieder! Oder besser nächste Woche, wenn alle Feiern zum Passahfest abgeklungen sind.

Was untersteht ihr euch! Ihr ... Warum sprecht ihr lateinisch?

Legionäre seid ihr? Römer? Schickt Pilatus seine Legionäre jetzt schon nachts durch die Stadt? Zu Patrouillen?

Ach – ach ihr seid die Wache vom Grab dieses Jesus? Was macht ihr dann hier? Warum seid ihr nicht an Ort und Stelle? Ich habe doch extra angeordnet, dass das Grab rund um die Uhr bewacht werden soll!

Ja, gut, ich habe euch nichts zu befehlen. Pilatus hat es angeordnet, meinetwegen. Aber auf mein Ersuchen hin. Jedenfalls habt ihr den Befehl, das Grab zuverlässig zu bewachen!

Macht keine dummen Scherze mit mir! Natürlich nicht, damit der Tote nicht abhaut! Sondern damit nicht seine Anhänger kommen und ihn stehlen! Das ist euch doch alles erklärt worden! Seid ihr schwer von Begriff? Also noch mal: Dieser Jesus hatte eine Menge Anhänger, die auf seine Irrlehren hereingefallen sind. Die glauben vielleicht, er würde wieder lebendig werden. Vielleicht glauben sie es auch nicht, wollen es aber glauben. Man weiß doch, was in den Köpfen von religiösen Fanatikern so vorgeht. Darum kann es sein, dass einige heimlich kommen, den Leichnam aus dem Grab herausholen und behaupten, er sei wieder lebendig geworden. Und genau das sollt ihr verhindern! Also macht, dass ihr wieder auf euren Posten kommt!

Was ist passiert?

Er ist aufer… Er ist weg? Haben sie ihn schon gestohlen? Und wo wart ihr, ihr Schlafmützen? Ich habe doch ausdrücklich gesagt … Da haben wir nun die Bescherung! Da macht man sich Mühe und überlegt, was eventuell Schlimmes passieren könnte, um es möglichst zu verhindern, und da passen diese Trottel nicht auf! Ich werde mich bei Pilatus über euch beschweren! Eine saftige Strafe gibt das! Ihr werdet in die libysche Wüste strafversetzt, oder zu den Kämpfen mit den wilden Germanen, wo euer Varus neulich schon drei Legionen verloren hat und sein eigenes Leben auch! Wie kann man nur so nachlässig sein! Da rühmen alle immer die Disziplin im römischen Heer und dann …

Was redest du da?

Willst du mich für dumm verkaufen? Nicht gestohlen worden, sondern auferstanden? So was gibt es nicht!

Moment, Moment! Verstehe ich dich richtig? Du behauptest allen Ernstes, er sei wieder lebendig geworden?

In strahlendem Licht?

Vielleicht haben die Diebe euch geblendet, sodass ihr nichts sehen konntet …

Das kann einfach nicht sein, Legionär! Du redest Unsinn! Haarsträubenden Unsinn! Ich weiß nur noch nicht, ob du mir etwas vormachen willst oder ob dir jemand etwas vorgemacht hat und du es selbst glaubst.

Allerdings, das werden wir! Eine Untersuchungskommission einsetzen, die ganz genau prüft, was sich in dieser Nacht zugetragen … Äh, ach nein, das ist nicht gut. Nein, besser nicht. Eine solche Untersuchung wirbelt viel Staub auf. Am Ende wird die Sache dann erst richtig bekannt. Das ist es ja gerade, was diese Jesusfanatiker wollen. Und wenn die Kommission herausfindet, dass der Leichnam gestohlen wurde, werden sie doch behaupten, die hätten sich bestechen lassen. Nein, nein, wir müssen die Sache unterm Teppich halten. Was auch immer passiert sein mag.

Ja, ich weiß, das hast du schon dreimal gesagt – wirklich auferstanden. Aber ich glaube es nicht. Ich glaube nur, was ich sehe. Und was mir einleuchtet. Es kann einfach nicht sein!

Werde nicht auch noch frech, Legionär! Natürlich darf es nicht sein. Aber es kann auch nicht sein! Das hat es noch nie gegeben, dass ein Toter wieder ins Leben zurückkommt.

Das ist hier gar nichts anderes! Ja, ich weiß auch, es wird von ihm erzählt, er habe Tote wieder lebendig gemacht. Aber das ist alles nicht bewiesen. Also, ich meine, nicht unzweifelhaft bewiesen. Und außerdem geht es hier um … Versteh doch! Wir, die geistliche Obrigkeit, die vom Allmächtigen in dieses Amt berufenen Hüter des Glaubens – wir haben ihn verurteilt. Nun soll Gott unser Urteil für ungültig erklären und ihn wieder … Unmöglich! Das ist einfach ganz unmöglich! Denn das hieße ja … Es würde in letzter Konsequenz bedeuten, wir hätten gegen Gott gehandelt! Seinen von ihm gesandten Heilbringer getötet! Das … das wäre furchtbar! Nein, das kann nicht sein!

Es ist mir egal, was du gesehen hast oder gemeint hast zu sehen! Ich weiß es besser, denn ich kenne die Wahrheit der heiligen Schriften und ...

Werde nicht auch noch ironisch! Was hast du schon für eine Ahnung von unsrer Religion! Du bist Römer. Ach, was diskutiere ich überhaupt mit euch über Dinge, die ihr sowieso nicht versteht!

(leiser) Ja, römische Augen sehen nicht schlechter als jüdische, da hast du wohl recht. Aber ... *(lauter)* aber was machen wir jetzt? Warum kommt ihr überhaupt zu mir? Ich meine, es ist schon gut, dass ihr gekommen seid. Aber ich kann doch auch nicht ... ich meine ...

Ja sicher, wenn ihr eurem Vorgesetzten davon erzählt, wird er euch genauso wenig glauben wie ich. Er wird denken, ihr habt geschlafen. Und was für eine Strafe darauf steht, wenn ein Soldat auf Wache schläft, das wisst ihr ja.

Ich soll euch helfen? Ich soll mich bei Pilatus für euch einsetzen? Warum sollte ich das wohl tun?

Um die Sache unterm Teppich zu halten, hm. Hm. Um keinen Staub aufzuwirbeln. Ja, da hast du recht, daran liegt mir. Du bist ein gerissener Hund! Aber du hast recht, wir müssen ... Passt auf! Geht und meldet die Sache! Sagt, ihr wärt eingeschlafen, und da müssten wohl die Jesusleute den Leichnam gestohlen haben. Und ...

Ja, ja, warte doch, ich bin noch nicht fertig! Ich gehe sofort morgen früh zu Pilatus und sage, dass er euch nicht bestrafen soll. Oder noch besser – sagt erst mal gar nichts! Und erst, wenn rauskommt, dass der Leichnam weg ist ...

Ja, meinetwegen, dass er auferstanden ist. Also erst wenn etwas rauskommt und ihr Schwierigkeiten kriegen solltet, dann sagt ihr, ihr wärt eingeschlafen. Und ich lege ein gutes Wort für euch ein.

Geld? Wofür wollt ihr denn nun auch noch Geld?

Meinetwegen. Aber ich muss erst mit dem Hohen Rat darüber reden, das kann ich nicht allein entscheiden.

Bist du verrückt? So viel? Niemals!

Ja, ja, ist ja gut! Ich will sehen, was sich machen lässt. Aber zu keinem ein Wort, ist das klar? Ihr habt geschlafen und wisst nicht, was geschehen ist!

Ja, nun geht wieder zum Grab! Und seht zu, dass es nicht auffällt! Schlaft am besten!

(zu sich) Auferstanden! Lichtgestalten! Ein Toter kommt lebend aus dem Grab! Und dann auch noch er, den wir ... Es darf nicht sein! Wenn das wahr wäre ... wenn das wahr ist, dann ... ja, was dann? Ich darf gar nicht darüber nachdenken!

9 Thomas schreibt an Johannes

Thema: Ostern; Bibeltext: Joh 20,19-29

Der Jünger Thomas steht an einem Pult und schreibt. Was er schreibt und dabei langsam mitspricht, ist der eingerückte Text. Zwischendurch erklärt er seinen Zuhörern und Zuschauern, was er da schreibt und warum. Das ist der nach links gerückte Text.

> Mein lieber Johannes!

Ich schreibe einen Brief. An Johannes. Ein alter Freund, er war mit mir mit Jesus unterwegs, damals, die drei Jahre. Jetzt wohnt er in Ephesus. Und er sorgt für Maria, die Mutter von Jesus. Obwohl da ja auch noch richtige Söhne von Maria sind, die sie versorgen könnten. Aber Jesus wollte es so.

> Nimm einen herzlichen Gruß von deinem alten Freund Thomas.

Wir haben so viel Wunderbares erlebt mit Jesus. Wir zwölf. Nachher waren wir ja nur noch elf, als Judas ... na, das ist ein anderes Thema. Wir hatten solche großen Erwartungen, was noch alles kommen würde, nachdem die Beweise für seine Gottessohnschaft immer deutlicher wurden.
Und dann die Enttäuschung! Jesus tot! Unser geliebter Meister grausam am Kreuz hingerichtet wie ein Verbrecher! Eine Welt brach für uns zusammen.

> Es ist mir zu Ohren gekommen, dass du vorhast, aus deiner Sicht noch einmal aufzuschreiben, was du mit Jesus erlebt hast.

Es gibt schon drei solche Schriften. Evangelien nennt man sie inzwischen. Das erste hat Markus geschrieben, der Vetter von Barnabas. Er war damals noch ein Kind, als das alles passierte. Aber er hat es aus nächster Nähe miterlebt, weil wir uns im Haus seiner Mutter oft getroffen haben. Zum Beispiel beim letzten Abendmahl. Und auch als der Auferstandene in unsere Runde kam. Später hat Markus dann Petrus auf seinen Reisen begleitet, und der wird ihm viel erzählt haben, was er dann aufschreiben konnte.

Dann hat Matthäus einen solchen Bericht geschrieben, einer von uns zwölf. Er hieß auch Levi und war ein Zöllner gewesen.

Der dritte Bericht stammt von einem gewissen Lukas, der gar kein Jude ist. Arzt von Beruf. Er war viel mit Paulus unterwegs. Er kennt natürlich die Geschichten nicht aus eigenem Erleben. Aber er hat viele Leute gefragt und gründlich nachgeforscht.

Ich kenne die Berichte von Markus, Matthäus und Lukas. Ich finde es schade, dass mein Erlebnis mit dem Auferstandenen nicht darin vorkommt.

Nicht, dass ich gern aus Ruhmsucht erwähnt werden wollte! O nein! Im Gegenteil. Es ist ja auch gar nichts zu rühmen. Ich habe eher eine beschämende Rolle gespielt in der Sache. Wie konnte ich nur zweifeln! Aber Jesus, der Auferstandene, hat sich mir gezeigt. Mir, dem ungläubigen Thomas! Welche Liebe zeigt sich darin! Und deshalb möchte ich gerne, dass die Geschichte bekannt wird. Nicht um mich zu rühmen, sondern um Jesus zu rühmen.

Darum, lieber Johannes, wollte ich dich bitten, mein Erlebnis in deinem Bericht nicht auch zu unterschlagen.

Ich verstehe ja, dass die drei es weggelassen haben. Es ist ja viel zu viel passiert, als dass man es alles schildern könnte. Sie mussten eben radikal kürzen. Aber schade finde ich es doch.

Du erinnerst dich doch sicher an die Geschichte?

Beim ersten Mal waren sie zusammen ohne mich. Und natürlich ohne Judas. Also nur zehn von der ursprünglichen Jüngerschar. Da kam Jesus zu ihnen. Er war auferstanden. Durch die geschlossene Tür kam er. Sie waren total verwirrt und wollten nicht glauben, dass er es wirklich war. Obwohl doch schon die Engel am leeren Grab gesagt hatten, dass er auferstanden sei. Und Maria aus Magdala hatte ihn im Garten bei dem Grab gesehen und mit ihm gesprochen. Und zwei andere trafen ihn auf dem Weg nach Emmaus. Trotzdem konnten die zehn nicht glauben, dass es wirklich Jesus war, der da zwischen sie trat. Da zeigte er ihnen seine Wunden. Und er aß gebratenen Fisch vor ihren Augen. Er wollte zeigen, dass er kein Geist war, sondern leiblich auferstanden.

Ihr konntet es zunächst nicht glauben, dass Jesus lebendig vor euch stand. Ich konnte es dann erst recht nicht glauben, als ihr mir davon erzähltet.

Vielleicht hatten sie sich das ja nur eingebildet. Ich hatte nur ihre Worte, keine eigene Erfahrung. Verstehen Sie, ich bin eben skeptisch von Natur aus. Jesus, der tot war, sollte wieder lebendig geworden sein? Er sollte durch verschlossene Türen gehen können, aber wie ein normaler Mensch Fisch essen? Ich konnte es einfach nicht glauben! Unmöglich! Und ich sagte: Solange ich nicht selbst die Finger in seine Wunden gelegt habe – in den Händen und an der Seite – und sehen und fühlen kann, so lange glaube ich das nicht!

Dann aber, eine Woche später, war ich dabei, als Jesus wieder hereinkam. Da konnte ich es selbst erleben.

Wie damals, beim ersten Mal. Die Tür war nicht nur einfach zu, sondern verriegelt und verrammelt, weil wir ja alle Angst hatten. Der Hohe Rat, der dafür gesorgt hatte, dass Jesus getötet wurde, der würde sicher auch Jagd auf uns machen. Und durch diese verriegelte Tür kam Jesus herein! Ich denke, ich sehe nicht recht! Er sagte ganz freundlich: Friede sei mit euch!

Er trat gleich auf mich zu und forderte mich auf, seine Wunden zu fühlen. Aber er sagte auch: „Sei nicht ungläubig, sondern gläubig!"

Ich hätte glauben sollen, ohne zu sehen und mit Händen zu greifen. Ich hätte ja wahrhaftig Grund genug gehabt, ihm zu vertrauen, nach all den vielen Erfahrungen, die ich mit ihm gemacht hatte. Und nach allem, was er vorher gesagt hatte. Ich hätte glauben sollen ohne Beweis. Aber trotzdem lieferte er mir den Beweis! Er hatte meine Zweifel gehört und ging nun direkt darauf ein. Es lag ihm daran, dass ich glaube. Es lag ihm an mir, trotz meiner Zweifel. Ich war so tief bewegt, ich konnte nur stammeln: „Mein Herr und mein Gott!"

„Mein Herr und mein Gott!", sagte ich. Und er antwortete: „Selig sind die, die nicht sehen und doch glauben."

Ich will dem Johannes weiter keine Einzelheiten schildern. Am Ende beeinflusse ich ihn nur. Er soll es nur so schreiben, wie er es in Erinnerung hat. Das Eigentliche kann man sowieso nicht mit Worten beschreiben. Man muss es selbst erleben. Man muss Jesus persönlich begegnen. Wie ich. Und glücklicherweise kann man das ja auch, seit Jesus auferstanden ist.

Lieber Johannes, der Herr sei mit dir, so wie er mit mir sein wird, wenn ich bald nach Indien gehe. Und wie er mit jedem ist, der ihn darum bittet.
Grüße Maria und die anderen!
Es grüßt dich
dein Freund und Bruder Thomas.

10 Ein Telefongespräch

Thema: Gott lässt uns nicht fallen
(Nur Hinführung, die Botschaft muss in der Predigt folgen)

Der Darsteller macht zwischendurch Pausen, damit glaubwürdig ist, dass er auf seinen Gesprächspartner hört. Damit auch etwas zu sehen ist, macht er die Bewegungen nach, von denen im Gespräch die Rede ist. Zum Beispiel steigt er auf Stuhl oder Tisch und reckt den Arm aus, wenn berichtet wird, dass der andere auf die Fensterbank klettert.

(Telefon klingelt) Ja?

Ach, du bist es noch mal, Hans-Jürgen! Ich freue mich doch immer, wenn mein lieber Schwiegersohn anruft! Aber wir haben doch erst gestern Abend …

Ein Problem? Ja, du klingst auch so. Brauchst du Geld?

Na, da bin ich ja beruhigt.

Wie, du stehst auf der Fensterbank? Dann komm doch erst mal da runter, damit wir in Ruhe miteinander reden können!

Warum kannst du nicht?

Ja, ich weiß, ihr habt diese altmodischen hohen Fenster, mit dem Oberlicht, das man extra aufklappen kann.

Natürlich kenne ich eure Katze, beziehungsweise, sie gehört wohl den Kindern. Heißt sie nicht Adelheid, die Katze?

Oben auf dem aufgeklappten Oberlicht?

Moment, Moment! Langsam, damit ich es verstehe! Das arme Tier saß da oben und traute sich nicht runter und maunzte jämmerlich. Darum bist du auf die Fensterbank gestiegen, um sie ... Du hast hoffentlich auch erst die Blumentöpfe weggestellt?

Du bist also auf die Fensterbank gestiegen, über einen Stuhl ... *(macht das nach)*, hast dich gereckt, um die Katze ...

Du musst sie dabei angestoßen haben, sonst wäre sie nicht ...

Na, ist ja auch egal. Jedenfalls ist sie nach außen gefallen, du hast schnell zugepackt ... Löblich! Und hast sie erwischt. Na, dann ist doch alles prima!

Ach so, dabei bist du an das Fenster gestoßen und hast es weiter zugeklappt.

Wie denn, zwei oder drei Zähne? Na, ist schon gut, du musst mir jetzt die Funktion des Schließmechanismus nicht erklären.

Du bist drin und deine Hand ist draußen? Dann zieh sie doch rein!

Ach so, jetzt verstehe ich dein Problem. Du könntest deine Hand nur zurückziehen, wenn du die Katze loslässt. Mit der Katze kriegst du die Hand nicht zurück durch den Schlitz. Ich verstehe. Hm, das ist wirklich ein Problem.

Lass sie doch einfach los! Man sagt doch, Katzen fallen immer auf die Füße.

Ach so, na ja, aus dem dritten Stock ... Da weiß ich natürlich auch nicht, ob das der Gesundheit von Adelheid so zuträglich wäre. Ich habe da keine Erfahrung. Und unten der Straßenverkehr ...

Da ist doch rechts so ein Hebel. Damit kann Christine doch das Fenster richtig öffnen, und dann ...

Wo ist sie denn?

Einkaufen? Oh, das kann dauern!

Und auch noch zum Friseur? Und die Kinder kommen erst in zwei Stunden aus der Schule! O weh!

... glücklicherweise dein Handy in der Jackentasche, und da hast du nur auf Wahlwiederholung gedrückt und hattest mich ... Ich verstehe. Aber wie kann ich helfen? Ich kann mich natürlich ins Auto setzen und zu euch kommen, aber das dauert ja auch mindestens drei Viertelstunden.

Ah – gute Idee! Deine Nachbarn anrufen. Aber warum rufst du sie nicht selbst an?

Du kennst nicht die Nummer von deinen Nachbarn? Na, hör mal, die solltest du aber ...

Nee, ich kenne auch nicht die Nummer von unsern Nachbarn. Na gut, dann rufe ich sie an.
Wie ist denn die Nummer?

Ach so, entschuldige, ich bin schon ganz durcheinander. Dann sag mir mal den Namen, ich rufe die Auskunft an und dann die Leute. Äh – kommen die denn bei euch rein? Ich meine, haben die einen Schlüssel?

Na, siehst du! Da muss ich erst drauf kommen! Habt ihr nicht einen Ersatzschlüssel draußen irgendwo versteckt? Im Blumenkasten, unter der Fußmatte ...

Solltet ihr aber! Wir haben vorne bei den dicken Steinen ... hast recht, das ist im Moment nicht so wichtig. Ja, was machen wir jetzt?

Was ist das denn für ein Geräusch? Dein Akku ist anscheinend bald leer.

Dann musst du wohl die Scheibe einschlagen. Dann kannst du mit der anderen Hand das arme Tier packen und die rechte Hand zurückziehen. Das wird allerdings nicht billig.

Hm. Du hast nicht zufällig einen Hammer in der Tasche?

Entschuldige, nein, ich bin auch nicht zum Scherzen aufgelegt. War nur so eine dumme Bemerkung. Du hast also gar nichts, womit ... Na ja, die Handys werden ja auch immer popeliger.

Und wenn du einfach die Faust nimmst, um die Scheibe einzuschlagen, wirst du dich verletzen. Bestimmt! Und zwar nicht wenig!

Ja, es gibt wohl nur diese Alternative. Entweder du lässt die Katze einfach fallen. Überlässt sie ihrem Schicksal und deine Kinder ihrer Trauer, aber du bist wenigstens einigermaßen unbeschadet aus der Affäre herausgekommen. Oder du bringst das Opfer, dich selbst zu verletzen und rettest damit das Tier.

Da kann ich dir nun nicht raten. Da musst du selbst ... Hallo! ... Na, nun ist auch noch der Akku leer!

11 Auf dem Baum (1)

Thema: Wahrheit, Selbstbetrug

Diese vier Szenen erfordern einen Baum (kann aus Balken nachgemacht sein) als Kulisse, immer den gleichen, weshalb sie für eine Veranstaltungsreihe geeignet sind.
In der ersten Szene hängt der Darsteller mit den Kniekehlen, Kopf nach unten, Gesicht dem Publikum zugewandt, an einem Ast.

He, ihr da! Hallo!

Ihr seid verkehrt! Das geht so nicht! Ihr dürft nicht so rumlaufen, mit den Beinen nach oben!

Merkt ihr nicht, dass euch das Blut in den Kopf schießt? Das kann auf Dauer nicht gut gehen!

Und überhaupt – so was macht man einfach nicht! Das gehört sich nicht. Das ist nicht üblich!

Was grinst ihr denn so? Da gibt es überhaupt nichts zu lachen! Ihr macht euch nur selber lächerlich, wenn ihr lustig findet, was in Wahrheit tragisch ist! Ja, tragisch! Weil ihr euch in falscher Sicherheit wiegt! Wenn ihr nun runterfallt – was dann? Ihr verkennt den Ernst der Lage!

Ich weiß auch, warum. Niemand lässt sich gern sagen, dass er schief gewickelt ist. Oder dass er irrt. Oder dass er Fehler gemacht hat. Das lässt der Stolz nicht zu. Da geht man lieber weiter in die Irre, nur um nicht zugeben zu müssen, dass man auf dem Holzweg ist.

Aber damit schadet ihr euch selbst, glaubt mir! Gebt doch zu, dass ihr auf dem Kopf steht! Habt die Größe, endlich einzugestehen, dass bei euch alles verkehrt ist!

Woher nehmt ihr eure Sicherheit? Etwa aus der Gewohnheit? Wisst ihr nicht, dass schlechte Gewohnheiten eine lange Lebensdauer haben? Aber ihre Zähigkeit macht sie nicht besser. Was man schon immer so gemacht hat, ist damit noch lange nicht richtig.

Oder wiegt ihr euch in falscher Sicherheit, weil die anderen, rechts und links von euch, genauso verkehrt sind? Nach dem Motto: Was so viele tun, kann doch nicht falsch sein! Doch, kann es sehr wohl! Die Wahrheit ist selten bei der Masse. Dafür gibt es genügend Beispiele.

Also fasst euch ein Herz und gebt euren Fehler zu! Kopf hoch! Stellt euch wieder auf die Füße! Nehmt euch ein Beispiel an mir! Lasst oben wieder oben sein und unten auch unten, wo es hingehört!

Niemand macht euch ja einen Vorwurf, dass ihr so verdreht seid. Ihr wusstet es eben nicht besser. Aber jetzt wisst ihr es. Ich habe es euch gesagt. Jetzt kann sich niemand mehr herausreden. Ihr kennt die Wahrheit. Als leuchtendes Beispiel habt ihr mich vor Augen! Orientiert euch daran in den Irrungen unsrer Zeit!

He! Nicht so tun, als ob alles in Ordnung wäre!

Ach, ist das furchtbar! Keiner will die Wahrheit hören!

12 Auf dem Baum (2)

Thema: Unsere Kultur fußt auf dem Christentum

Der Darsteller sitzt auf einem Ast und sägt – scheinbar – mit einer großen Bügelsäge an dem Ast, auf dem er sitzt, auf der dem Stamm zugewandten Seite. Der „Ast" sollte so konstruiert sein, dass er hält, während an einem verborgenen Stück Holz gesägt wird, damit auch sichtbar Sägespäne fallen. Am sinnvollsten auf der dem Publikum abgewandten Seite, sodass sich der Darsteller halb umwendet, wenn er mit ihm redet. Zum Schluss kann sich der Ast, wenn technisch machbar, durch ein Gelenk absenken. Einfacher ist es, schnell den Vorhang zu schließen.

Das Christentum ist doch auf dem absterbenden Ast! Völlig out! Wer glaubt denn heute noch so was!

Ja, früher, da hatte der Glaube noch eine Bedeutung. Das war das finstere Mittelalter. Da fehlte den Leuten einfach noch die wissenschaftliche Erkenntnis, die wir heute haben. Was blieb ihnen anderes übrig, als sich daran festzuhalten, dass irgendein Gott alles gemacht haben soll. Und dass er im Himmel sitzt, über der Käseglocke, und alles unter Kontrolle hat.

Außerdem ging's den Leuten schlecht, damals. Es gab viele Seuchen, und von Medizin hatten sie keine Ahnung – also mussten sie wenigstens beten, wenn sie krank wurden. Sie waren mit ihren Ernten vom Wetter abhängig – also mussten sie beten in Hungerzeiten. Das ist verständlich. Der Mensch braucht so etwas, an das er sich in seiner Hilflosigkeit klammern kann. Für sein seelisches Wohlbefinden.

Aber heute doch nicht mehr! Spätestens seit der Aufklärung wissen wir es doch besser! Wir haben unser Leben auch ohne Gott im Griff. Beten ist überflüssig. Außerdem würde es den Zweck, seelisch zu stabilisieren, ja gar nicht mehr erfüllen, weil wir es ja als Selbstbetrug durchschaut haben. Es gibt keinen Gott! Seit Darwin und seit den Erkenntnissen der Astrophysiker und anderer Wissenschaftler wissen wir, dass wir ihn als Schöpfer nicht brauchen. Die Welt ist auch ohne ihn zu erklären. Also hat er auch als Trostspender ausgedient.

Ich will nicht bestreiten, dass das Christentum in früheren Jahrhunderten auch eine gewisse Bedeutung für die gesellschaftliche Ordnung hatte. Die Leute haben Angst vor einem himmlischen Richter gehabt, der alles sieht und sie dafür drastisch mit der Hölle bestraft. Also haben sie sich anständig benommen. Einigermaßen.

Aber heute ist so was doch überflüssig! Wir haben Gesetze und eine gute Polizei, und überhaupt sind die Menschen einsichtiger geworden. Die meisten sehen doch auch ohne Strafandrohung ein, dass man sich im Miteinander an gewisse Spielregeln halten muss. Also – wozu noch eine himmlische Kontrollinstanz?

Nein, nein, also damit ist es vorbei. Der christliche Glaube sitzt auf einem absteigenden Ast. Und – um im Bild zu bleiben – da grünt auch nichts mehr! Die Zukunft gehört dem autonomen Menschen, der sein Schicksal in die eignen Hände nimmt und … Hu!

13 Auf dem Baum (3)

Thema: Versuchung, Sünde

Der Darsteller sitzt auf einem Ast, etwas entfernt von einigen Äpfeln, die näher am Stamm aus dem Ast „wachsen".

Schön, die Äpfel, nicht? Sehen herrlich aus! Reif und süß. Nein, das ist falsch, süß sehen sie nicht aus, süß schmecken sie. Aber irgendwie sehen sie auch so aus, als würden sie süß schmecken, finden Sie nicht?

Aber ich darf sie natürlich nicht essen. Sie gehören mir nicht.

Die Sache ist nämlich die: Dieser Baum gehört meinem Nachbarn. Der zählt auch seine Äpfel sorgfältig, damit er es merkt, wenn ich einen stibitze. Aber ab hier ragt der Ast über mein Grundstück. Da darf ich die Äpfel abpflücken. Ist in einem Gerichtsverfahren mal verbindlich geklärt worden. Was über mein Gelände wächst, darf ich ernten. Sehen Sie, daher weiß ich, dass sie toll schmecken. Süßlich, mit einem feinen erfrischenden säuerlichen Beigeschmack.

An die da darf ich natürlich nicht ran. O nein, da wäre er mir ziemlich böse. Überhaupt, stehlen ist nicht mein Ding. So was tut man nicht, und ich schon gar nicht.

Obwohl ich so 'nen Apfel jetzt gern hätte. Eine wunderbare Frucht! Hilft gleichermaßen gegen Hunger und Durst. Und ist außerdem noch ein Genussmittel.

(Rückt langsam näher und greift danach, ohne aber zu pflücken)

Ich meine, wo kämen wir hin, wenn jeder sich einfach nehmen würde, was ihm nicht gehört! Das geht natürlich nicht. Man muss einfach gewisse Grenzen achten, wenn man konfliktfrei zusammenleben will. Und dazu gehört als Erstes, dass man das Eigentum des anderen respektiert.

(pflückt einen Apfel und hält ihn sinnend in der Hand)

Obst soll ja viele Vitamine enthalten, heißt es. Und Vitamine braucht man zum Leben. Und zur Gesundheit. Obst macht stark und klug und … Klug? Da fällt mir ein – wie beim Sündenfall von Adam und Eva damals. Sie kennen doch die Story? Die sollten eigentlich auch nicht essen, haben aber doch.

Ich hab mal gelesen, das soll gar kein Apfel gewesen sein, damals. Jedenfalls steht nichts von einem Apfel in der Bibel. Na ja, vielleicht war's 'ne Banane. Weil sie so 'n krummes Ding gedreht haben. Ha, war nur 'n Witz!

(beißt in den Apfel)

Das ganze war ja 'n Witz! Ein Biss, und die ganze folgende Menschheit ist fluchbeladen! Was soll man von so einer Theorie halten? Ich glaube nicht dran!

(beißt erneut)

Ich jedenfalls fühle mich nicht verflucht und mit Sünde beladen. Bin ein anständiger Mensch, ehrlich! Bringe keinen um und nehme niemandem was weg!

Hm, schmeckt …

(hält plötzlich inne, guckt erschreckt den Rest des Apfels in seiner Hand an und lässt ihn fallen)

14 Auf dem Baum (4)

Thema: Jesus liebt jeden. Jeden! (Zachäus)

Der Darsteller sitzt auf dem Baum, spricht zunächst zum Publikum und spielt am Schluss, was er spricht, ohne das Publikum zu beachten).

Ja, da wundern Sie sich, was? Dass ich hier oben im Baum sitze, wie ein kleiner Junge, der Spaß am Klettern hat. Ein vornehmer Zollbeamter! Das sieht man nicht alle Tage.

Aber so ist es nun mal. Ihr könnt es nachlesen, in Matthäus 19. Da steht von mir. Zachäus ist mein Name. Oberzollinspektor Zachäus im Maulbeerbaum. Der kleine Zöllner sitzt wie ein kleiner Junge im Baum und wartet. Was soll ich sonst machen? Ich bin eben klein. Rein körperlich, meine ich. Und keiner lässt mich nach vorn, damit ich was sehen kann, wenn er kommt.

Gut, ich verstehe die Leute. Erstens will jeder selbst gern einen Blick auf den berühmten Mann werfen, unter Umständen sogar ein paar Worte von ihm aufschnappen. Und zweitens – na ja, ich bin nicht gerade beliebt. Muss man auch verstehen. Ich nehme ihnen schließlich ihr Geld ab. Nicht immer nur das, was unbedingt nötig ist, offen gestanden. Das machen ja alle in meiner Position. Gehört einfach dazu. Dafür hat man schließlich so 'nen Job. Der ist wie 'ne Lizenz zum Gelddrucken. Wer dabei nicht reich wird, hat irgendwas verkehrt gemacht. Das ist mir auch bisher ganz gut gelungen, ich meine das Reichwerden.

Da sind die Leute natürlich neidisch. Wütend und neidisch. Wenn die wüssten, dass sie gar keinen Grund haben, neidisch zu sein! Wenn die wüssten, wie unglücklich ich bin trotz Reichtum!

Aber sagen Sie das mal einem Armen! Der lacht Ihnen glatt ins Gesicht. Gib mir deinen Reichtum – wird er sagen – damit ich mal selbst erleben kann, wie unglücklich man sich dabei fühlt!

Okay, ich geb's zu, ich will mein Geld auch nicht hergeben. Reichtum macht nicht glücklich, das stimmt, aber Armut wohl auch nicht. Wenn ich mein Geld weggebe, weil es mich nicht wirklich zufrieden macht – wer sagt denn, dass ich dann zufrieden bin?

Kommt er noch nicht? Da vorne ist allerhand los. Nein, anscheinend ist er's noch nicht.

Vielleicht ist es das Gewissen. Früher habe ich gelacht, wenn jemand vom Gewissen sprach. Geh' mir doch weg mit so was! Ich mache was ich will, nicht was irgendeine moralische Instanz von mir verlangt!

Aber so denke ich jetzt nicht mehr.

Habe viel darüber nachgedacht, wer hinter dieser moralischen Instanz steht. Wer oder was mein Gewissen geprägt hat. Die Erziehung? Gott?

Mit Gott hatte ich nicht viel zu schaffen. Sonst wäre ich kein Zöllner geworden, kein Mensch, der das eigne Volk auspresst, damit die heidnischen Römer ihre Steuern kriegen und für mich noch genug dabei abfällt. Aber wahrscheinlich liegt da der Grund für meine Unzufriedenheit, für meinen Unfrieden – dass ich nichts mit Gott zu schaffen haben wollte.

Ich glaube, jetzt kommt er. War 'ne gute Idee, sich hier oben hinzusetzen. Da kann ich ihn genau sehen.

Ob man ihm das ansieht, was alle von ihm sagen? Dass er voller Güte sein soll? Dass er keinen verachtet? Obwohl er ein Mann Gottes ist. Oder vielleicht sogar gerade deswegen? Dass er sogar die Außenseiter, den Abschaum der Gesellschaft, lieb hat? Dass er sozusagen Gott unter den Menschen ist! Aber nicht ihr Richter, sondern ihr Retter ...

Die Berichte über ihn haben mich fasziniert. Wenn das alles stimmt, was man über ihn erzählt, dann ... Ich muss ihn sehen! Ich muss einfach! Natürlich hilft es nicht, ihn nur zu sehen. Aber wenn ich schon nicht seine Hilfe in Anspruch nehmen kann, damit mein Leben wieder ins Lot kommt, dann wenigstens das!

Entschuldigung, wir können ja nachher weiterreden. Aber jetzt ... ich glaube, er kommt.

Da – das muss er sein! Der da jetzt ... der da steht! Der da unter mir stehen bleibt!

Du kennst mich? Mich? Ich heiße wirklich Zachäus.

Was? Bei mir? In meinem Haus willst du einkehren?

Aber ja doch! Ja! Sofort! Ich komme, Jesus!

(springt herunter)

15 **Solo mit Hund (1)**

Thema: Sorgen

Darsteller redet mit seinem (echten) Hund, versorgt ihn usw., je nach Text.
Unter Umständen können auch zwei dieser Stücke, die thematisch zusam-
menpassen, zusammen gespielt werden. Der Text kann auch den Gegebenhei-
ten bzw. dem Thema angepasst werden.

Na, hat's dir geschmeckt, Kleff, mein Guter?

Ja, du hast's gut! Kriegst immer dein Fressen, pünktlich, nahrhaft,
schmackhaft ...
Denk jetzt aber nicht, dass ich neidisch wäre! Nein, nein, mein lieber
Kleff, du bist ja mein gutes Hundchen! Wie könnte ich da neidisch sein!
Dir gönne ich nur das Beste. Das Allerbeste!

Mir allerdings auch. Ich meine, ich würde mich freuen, wenn ich es auch
so gut hätte. Stell dir mal vor: Irgendjemand sorgte immer für mich,
und ich brauchte mir nicht ständig Sorgen zu machen – wäre schon toll.
Aber bei uns Menschen geht das leider nicht so. Wir müssen uns selbst
um alles kümmern. Da ist keiner mehr über uns, denn ...

Das heißt – wenn meine Oma recht hätte ... Kennst du nicht, die ist
schon gestorben, als du noch nicht geboren warst. Also meine Oma sagte immer: Gott sorgt für uns. Weiß noch, wie mich das als Kind ...
Oma hätte jetzt vielleicht so 'nen Spruch aus der Bibel gebracht. „Die
Vögel unter dem Himmel säen und ernten nicht, und Gott gibt trotzdem jedem blinden Huhn auch mal 'n Korn", oder so ähnlich. Und erst
recht den Menschen, wenn sie ... also, sie können ihm vertrauen oder
so. Schade, dass Oma nicht mehr da ist. Dann könnte ich sie mal fragen,
wie der Spruch genau ging.

16 Solo mit Hund (2)

Thema: Treue

Du bist mein bester Freund, Kleff! Wenn ich dich nicht hätte …!

Schade, dass du nicht lesen kannst! Weißt du, ich habe dir mit dem Gedicht da an der Wand ein Denkmal gesetzt. Soll ich's dir vorlesen?

Dass mir der Hund das Liebste sei,
sagst du, o Mensch, sei Sünde.
Der Hund blieb mir im Sturme treu,
der Mensch nicht mal im Winde.

Schön, was? Trifft haargenau auf dich zu, mein Guter! Ganz genau. Beziehungsweise auf mich, denn es ist ja ein Mensch, der das spricht.

Keiner ist mir treu geblieben. Lena nicht, Moni nicht, die Freunde alle … nur du, Kleff, mein treuer Freund.

Ich weiß noch genau, was Moni gesagt hat, als sie ging. Kann's dir wörtlich wiederholen: „Ich will nicht genau so stumpfsinnig und gehorsam werden wie dein Hund, damit du mich genauso liebst." Frech, was? Sag selbst, Kleff, ist es nicht böse, so etwas zu sagen?

Ich meine, so ganz falsch war es vielleicht nicht. Aber hätte sie mich darum so verletzen dürfen?

Siehst du, und wenn kein Mensch mir treu ist, brauche ich wenigstens deine Treue, Kleff. An wen soll ich mich denn sonst halten?

Meine Oma hat ja immer gesagt: „Gott ist treu." Aber den kann ich doch nicht sehen und nicht in den Arm nehmen und nicht mit ihm reden und … das heißt – geredet hat sie oft mit ihm. Doch, stimmt. Und manchmal – wenn sie so voller Frieden war – hatte ich sogar den Eindruck, ihr treuer Gott hätte sie in die Arme genommen.

17 Solo mit Hund (3)

Thema: Entscheidungen

Setz dich zu mir, Kleff! Platz! So ist es brav! Ja, ist doch gut, dass ich dich habe!

Obwohl du mir auch nicht raten kannst.

Keiner rät mir. Soll ich auf das Angebot aus Bremen eingehen? Was ist besser: Sicherheit in Bescheidenheit oder größerer Wohlstand mit Risiko? Aber was weißt du schon von Risiko, wo ich doch immer für dich sorge! Oder von Entscheidungen.

Ein Mensch muss sich dauernd entscheiden: Kaufe ich dieses oder jenes Waschmittel, nehme ich heute den Regenschirm mit oder nicht, trinke ich ein Bier oder bleibe ich lieber nüchtern, lasse ich mich operieren oder warte ich erst mal ab …? Das Leben ist voller Entscheidungen. Aber davon hast du keine Ahnung. Du handelst instinktiv. Ich wette, du kennst noch nicht mal das Wort Alternative.

Das ist manchmal wirklich schwierig, Kleff. Wenn du zwei Wege vor dir siehst und weißt nicht, wohin sie führen und welcher der bessere … Da fällt mir das Bild ein, das Oma über der Kommode hängen hatte. Vom breiten und schmalen Weg. War wohl irgendwie an die Bibel angelehnt. Ich glaube, es ging darum, dass man sich für den Weg mit Gott entscheiden soll.

Hm. Ist Gott nun in Bremen? Oder eher hier? Weißt du auch nicht, wie? Ach, Kleff, wenn man dich schon mal braucht!

Oma meinte das aber mehr grundsätzlich. Mit Gott gehen. Wenn man das tut, dann ist es letztlich egal, wo man ist. Der ist dann immer bei einem. Oma hatte sich entschieden, Gott entscheiden zu lassen, sozusagen.

Kann eigentlich nicht das Schlechteste sein. Meinst du nicht auch, Kleff?

18 Solo mit Hund (4)

Thema: Gebet, Herz ausschütten

Schön, dass ich dich wieder habe, mein guter Kleff! Ach, weißt du, den ganzen Tag über – komm, setz dich still hin! – den ganzen Tag über freue ich mich schon auf dich.

Du hörst mir wenigstens zu, wenn ich dir was erzähle. Aber im Betrieb – keiner hat Zeit. Keiner interessiert sich für mich! Und wenn mal einer da ist, der was wissen will, hab ich Angst, er will mich nur aushorchen. Und hinterher schwirrt es dann verfälscht als Gerücht durch den Betrieb oder wird gegen mich verwendet.

Du hältst die Schnauze! Und spitzt die Ohren. Darum schätze ich dich so, mein Guter. Wenigstens einer, mit dem ich alles besprechen kann! So was braucht der Mensch. Und wenn er keinen Menschen zum Zuhören findet, dann doch wenigstens einen Hund. Besonders wenn es so ein liebes Tier ist wie du, Kleff.

Wie hieß der Spruch, den meine Oma immer …? Ah – ich weiß es wieder: „Der Herr hört, wenn ich ihn anrufe." Also, damit ist nicht der Herr von nebenan gemeint, Kleff, sondern Gott. Und „wenn ich ihn anrufe" heißt auch nicht per Telefon. Denn Oma hatte gar kein Telefon. Und die Psalmdichter ja wohl erst recht nicht. Und trotzdem haben die Gott angerufen. Da muss es also noch einen anderen Weg … und Gott hat sie gehört!

Eigentlich ist meine Oma zu beneiden. Obwohl sie keinen Hund hatte.

19 Solo mit Hund (5)

Thema: Wahrheit

Mein treuer, lieber Kleff! Auf dich kann ich mich wenigstens verlassen! Hat mich doch dieser Kerl in der Werkstatt glatt belogen! Man muss aufpassen wie ein Schießhund. Dass einer total die Wahrheit sagt, ist heute schon fast die Ausnahme.

Da fällt mir ein, ich muss ja auch noch meine Steuererklärung machen.

Wahrheit – was ist Wahrheit? Ich meine das jetzt mehr grundsätzlich, verstehst du?

Ganze Philosophengenerationen von Sokrates bis heute haben darüber gegrübelt. Und was dabei rauskam, wurde trotzdem von den Nachfolgenden wieder über den Haufen geworfen. Konnte also alles nicht die letzte Wahrheit sein.

Liegt vielleicht daran, dass es mehr Dinge gibt zwischen Himmel und Erde, als unsre Schulweisheit ... – Shakespeare.

Entschuldige, Kleff, dass ich dauernd so meine Bildung raushängen lasse. Ich will nicht etwa angeben damit. Aber dieses Thema Wahrheit kann man eben nicht auf deinem niedrigen Niveau abhandeln, verstehst du? Da muss man schon ein bisschen Gehirnschmalz investieren.

Obwohl ... mit Denken allein ... Oma zum Beispiel hatte so 'ne Antenne für die Wahrheit hinter all den Dingen dieser Welt. Dabei hat sie weder Sokrates noch Shakespeare gelesen. Ich übrigens auch nicht, Kleff.

„Wahrheit ist eine Person", hat sie manchmal gesagt. Da war Jesus mit gemeint. Hm. Das eröffnet vielleicht sogar einem bescheidenen Denker wie mir 'ne Chance, dieser Wahrheit auf die Spur zu kommen.

Dir nicht, Kleff! Ja, es stimmt, man muss keine Intelligenzbestie sein, aber ein gewisses Mindestmaß ... Warte, ich hab 'nen schönen Knochen für dich!

20 Solo mit Hund (6)

Thema: Angst

Du hast es gut, Kleff! Du bist kerngesund und musst nicht morgen zum Arzt. Aber ich gönne es dir natürlich, mein Bester!

Willst du noch ein bisschen aus der Dose?

Weißt du, Kleff, eigentlich hast du es ja noch besser. Weil du keine Angst hast. Als ich mit dir zum Tierarzt gegangen bin, hast du gedacht, wir gingen spazieren. So ahnungslos möchte ich auch sein, wenn ich morgen in die Klinik muss. Angenommen, ich wüsste gar nicht, was alles Schlimmes kommen kann ... verstehst du, dann hätte ich auch keine Angst. Wie du. Dabei ist die Angst das Schlimmste.

Wie meine Oma unter's Messer musste, das war auch nicht leicht. Aber sie hat dauernd so einen Spruch von Jesus gesagt. Der ging ungefähr so: In der Welt habt ihr Angst, aber ... aber ... dann kam noch irgendwas Tröstliches. Das weiß ich aber jetzt nicht mehr.

Ja, Kleff, du hast es gut. Kannst gar keine Angst haben. Weil du einfach nicht schnallst, was alles kommen kann.

Aber Oma hatte es auch gut. Doch, wenn ich mich noch an ihr Gesicht erinnere, wie sie sie geholt haben ... da war die Angst weg.

Moment, jetzt weiß ich's wieder, wie es weiterging: Seid getröstet. Ich habe die Welt ... äh ... Irgendwas hat Jesus mit der Welt ... ist ja auch egal. Aber Omas Angst war weg!

21 Solo mit Hund (7)

Thema: Dank

Bist doch mein treuster Freund, Kleff! Gutes Hundchen! Du bedeutest mir so viel in unsrer kalten Welt, wo jeder nur an sich denkt. Da denkst du an mich! Ich merke es doch, wie du dich immer freust, wenn ich nach Hause komme.

Hab ich mich eigentlich schon mal bei dir bedankt? Na ja, mit Worten nicht. Die verstehst du ja sowieso nicht. Aber in meinem Herzen hab ich schon manchmal gedacht: Wie gut, dass ich meinen Kleff habe!

Und du bist mir doch sicher auch dankbar für meine Fürsorge, oder?

Ja, ja, uns geht's Gott sei Dank sehr gut.

Dass mir bei bestimmten Stichworten immer meine Oma einfällt! Zum Beispiel bei „Gott sei Dank". „Das soll man nicht sagen", hat sie immer gemahnt, „wenn man es nicht meint. Wenn man's aber so meint, dann soll man es oft sagen."

Ich hatte es jetzt – offen gestanden – nicht so – äh – tiefsinnig gemeint. Aber vielleicht kann ich die tiefere Bedeutung noch nachschieben. Die Dankbarkeit zu Gott. Ich meine, wenn Oma recht hatte, kommt ja alles von ihm: Nahrung, Gesundheit, das Leben – alles eben.

Nun weiß ich natürlich nicht mit letzter Sicherheit, ob das so stimmt. Aber was soll's! Gott danke zu sagen, kann eigentlich nicht schaden.

Was meinst du, Kleff? Ach so, von den Dingen verstehst du ja nichts. Aber Oma, die war da Fachmann. Fachfrau.

Ich hab doch manches von ihr gelernt. Ich sollte ihr noch im Nachhinein dankbar sein. Das heißt – wenn schon dankbar, dann besser gleich Gott selber. Das wäre bestimmt in ihrem Sinn. In deinem doch auch, Kleff, oder?

22 Solo mit Hund (8)

Thema: Gebet, Gott hören

Da bin ich wieder, mein guter Kleff! Ja, da freust du dich. Ich auch, mein Lieber!

Ach ja, es war wieder ein saublöder Tag heute. Ich sage dir, Kleff, die Schröder aus der Verwaltung, die hat doch nicht alle Tassen im Schrank. Und Messerschmidt wird immer frecher. Der behandelt einen, als wäre man der letzte Dreck! Ich werde ihn … ach, was erzähle ich dir das alles, Kleff! Du verstehst mich ja doch nicht. Und du antwortest mir nicht. Keinen noch so kleinen Rat kannst du mir geben.

Ich will mich aber nicht über dich beschweren! Da kannst du ganz beruhigt sein. Du kannst es eben nicht besser. Du bist ja auch ein liebes Hundchen, bist immer da, wenn ich einsam bin … nur reden kannst du nicht.

Schlimm, wenn keiner mit einem redet. Oma hörte ja immer Gottes Stimme. Nicht richtig mit den Ohren – ich glaube, sie meinte so mehr innerlich. Besonders nachts. Hab ich noch nie gehört. Ich höre immer nur, wenn du bellst oder knurrst oder jaulst.

Sie hatte so 'n Buch. Oma meine ich. Das war eine Sammlung von Andachten. Da stand drauf: „Selig sind, die Gottes Wort hören und bewahren". Ich sehe es noch vor mir, in so ganz alter Schrift.

Aber gehört habe ich Gottes Worte nie. Schade. Hm. Vielleicht höre ich ja nur darum nichts von Gott, weil er nichts von mir hört. Was meinst du, Kleff?

23 Solo mit Hund (9)

Thema: Geborgenheit

Ja, da freust du dich, dass ich wieder da bin, gell, mein guter Kleff? Ja, ist ja schon gut! Beruhige dich!

Ich bin ja auch froh, dass ich wieder da bin. Mit dir hier zu Hause ist es doch am schönsten. Da wollen wir mal alles vergessen, was draußen ...

„My home is my castle", sagt der Engländer. Also, da du wahrscheinlich der englischen Sprache nicht mächtig bist, mein lieber Kleff, übersetze ich es dir: Mein Heim ist meine Burg. Schön, was? Meine Burg. Da bin ich geborgen.

Da kann der herrische Chef sich an den Türmen die Zähne ausbeißen. Die dämliche Sekretärin in der Arbeitsvorbereitung kann beim Versuch, die Mauern zu ersteigen, von der Leiter fallen. Der Meister kann sich an der Zugbrücke den Kopf einrennen. Und die Kollegen können reihenweise in den Wassergraben stürzen. Ha! Eine schöne Vorstellung! In meiner Burg kann mir keiner!

Ist ja nur ein Bild, Kleff! Nicht, dass du das wörtlich nimmst!

Leider bin ich nur hier zu Hause geborgen. Morgen muss ich wieder raus aus meiner Burg.

Da fällt mir ein Spruch ein, den meine Oma immer ... Moment! Wie war der noch? „Der Herr ist meine Burg und mein Schild" und mein Schwert und mein heiliges Kanonenrohr – ach nee, das war jetzt was anderes. Aber das mit der Burg stimmt. Der Herr ist meine Burg.

Also, damit war Gott gemeint. Hm. Diese Art Burg könnte man sogar mitnehmen, wenn man aus seinem Heim rausmuss. Schade, dass ich Oma nicht mehr danach fragen kann, wie man das macht.

24 Solo mit Hund (10)

Thema: Maß halten

Na, jetzt ist es aber genug, mein lieber Kleff! Du hast schon reichlich gehabt! Du wirst ja immer dicker, wenn du so viel frisst. Wo du auch noch so wenig Bewegung hast.

Versteh mich nicht falsch, mein Lieber! Es ist ja nicht so, dass ich dir dein Fressen nicht gönnen würde. Aber ich muss ein bisschen auf deine Gesundheit achten. Es ist nur zu deinem Besten!

Guck mal, ich darf doch auch nicht einfach drauflosfressen! Na ja, ganz ehrlich, manchmal tue ich's trotzdem. Aber das ist bei mir was anderes. Ich hab ja keinen, der auf mich aufpasst. Ich muss die Verantwortung selber tragen.

Und ich hab oft so viel Frust. Und immer, wenn ich Frust habe, muss ich essen, egal ob Wurst oder Schokolade.

Ich sollte wirklich mehr auf Erhard hören. Kennst du nicht, der war früher mal Wirtschaftsminister. Maß halten, hat er immer gesagt.

Oder auf Oma sollte ich hören. Kennst du auch nicht. Ist auch schon fast so lange tot wie Erhard. Sie hatte so 'nen lustigen Spruch: „Besser ein Gericht Kraut mit Liebe als ein gemästeter Ochse mit Hass". War aus der Bibel. Du glaubst ja nicht, Kleff, was alles für Sachen in der Bibel stehen.

Und wir sollen alles mit Danksagung genießen, hat sie gesagt. Das hat sie auch aus dem Buch. Also Gott dafür danken. Dann bekommt's uns wahrscheinlich besser. Egal, ob Kraut oder gebratener Ochse oder Schappi.

25 Solo mit Hund (11)

Thema: Gnade

Na, was siehst du da? Ja, da freust du dich, was? Wieder eine neue Dose von deinem Lieblingsfutter. Hmmm! Das ist gut!

Da siehst du mal, Kleff, wie ich dir jeden Wunsch von den Augen ablese. Kunert von nebenan meint ja, das sollte ich nicht machen.

„Es muss klar sein, wer Herr im Hause ist!", meint Kunert. Der spinnt doch! Ist doch klar – ich bin der Herr und du bist der Hund! Ich beschenke dich ja freiwillig, weil ich dich mag, aus Gnade sozusagen. Ich muss nicht, aber ich tu's von mir aus.

Na ja, das Wort Gnade klingt jetzt vielleicht ein bisschen – wie soll ich sagen – ein bisschen dick aufgetragen. Oma zum Beispiel … weißt du, meine Oma, früher … die sprach immer von Gnade, wenn sie von Gott sprach. Also das ist mir dann doch … na ja, es ist halt 'ne Etage höher, sozusagen.
Aber irgendwie ist es auch Gnade, wenn ich freundlich mit dir umgehe, auch wenn du mich schon mal ärgerst. Ich könnte dich auch prügeln oder verhungern lassen oder … Haha, guck nicht so erschrocken, Kleff! Würde ich niemals machen! Ich meine doch nur rein theoretisch, ich könnte.

Verstehst du, Gott könnte uns ja auch fallen lassen wie 'ne heiße Kartoffel. Tut er aber nicht. Nimm das mal als Beispiel für Gnade … Ach, ich sehe schon, solche abstrakten Begriffe sind dir zu hoch. Na, dann lass dir's gut schmecken!

26 Solo mit Hund (12)

Thema: Sterben

Kleff, mein Guter, komm ruhig auf meinen Schoß! Ja, so ist es gut! Ich weiß, manche Leute haben immer Angst, dass ein Hund überall Haare verliert. Aber ich bin da nicht pingelig. Lieber zu viele Hundehaare als zu wenig von deiner Anhänglichkeit, mein bester Freund. Das bist du doch, nicht, Kleff?

Wenn's dich tröstet, mein Lieber: Wir Menschen verlieren auch Haare. Guck, hier auf meinem Kopf! He, nicht mit der Schnauze! Wenn du die letzten auch noch ableckst, werde ich ja noch älter!

Aber was beschwere ich mich! Ein Hundejahr sind sieben Menschenjahre, heißt es. Also ich lebe vielleicht sieben Mal so lange wie du. Das ist schon ein Unterschied! Trotzdem – irgendwann ist es halt auch zu Ende.

„Unser Leben währt siebzig Jahre, und wenn's hoch kommt, so sind's achtzig Jahre." Muss aus der Bibel sein. Hat meine Oma immer gesagt.

Ha! Ich weiß noch, wie ich mich mal übergeben musste, da hat mein Vater gelacht: „Du wirst alt! Oma sagt doch immer: Wenn's *hoch kommt*, sind's achtzig." Mein Vater hatte nichts am Hut mit der Bibel und all dem, was Oma immer sagte. Hat das immer verspottet. Als es dann bei ihm soweit war, er war noch keine achtzig, da war sein Gespött nicht mehr so laut.

Trotzdem, Kleff, ob du's glaubst oder nicht – wenn ich mal sterbe, egal, ob mit siebzig oder achtzig oder wann sonst, du bist dann sicher längst nicht mehr da. Also, wenn ich mal sterben muss, dann doch lieber so wie Oma und nicht wie mein Vater.

27 Solo mit Hund (13)

Thema: Vertrauen

Ich hab was Gutes für dich, Kleff! Eine neue Dose. Na, ein bisschen mehr Begeisterung könntest du schon zeigen! Es muss doch nicht immer dein Lieblingsessen sein! Man soll sich auch nicht so einseitig ernähren, hab ich mal gelesen.

Nun los! Ran an den Speck – oder was auch immer es sein mag. Es ist bestimmt nicht giftig.

Verlange nicht von mir, dass ich noch den Vorkoster mache! Nee, da musst du schon vertrauen.

Sieh mal, ich vertraue doch auch darauf, dass mein Brot nicht vergiftet ist, dass aus der Zahnpastatube kein Senf kommt und aus der Senftube keine Zahnpasta, dass mein Braten kein … ach, das wäre jetzt kein so passender Vergleich. Was ich sagen will, Kleff: Ohne Vertrauen kommt man in unsrer komplizierten Welt heute nicht durch.

Es heißt zwar: Vertrauen ist gut, Kontrolle ist besser. Aber wer will das alles kontrollieren? Nee, nee, mein Lieber, es geht nur mit Vertrauen.

Notfalls mit Gottvertrauen.

Was heißt hier „notfalls"? Gottvertrauen ist, glaube ich, immer gut. Konnte ich an meiner Oma sehen.

Komisch eigentlich … na, jetzt schmeckt's dir wohl doch, wie? Was wollte ich sagen? Ach ja, komisch, dass die Leute überall vertrauen – dem Metzger, dass seine Angaben über die Herkunft der Rinder stimmen, dem Busfahrer, dass er nicht zu viele Promille hat, dem Arzt, dem Bankangestellten – nur Gott nicht. Dabei verdient er doch am ehesten unser Vertrauen. Jedenfalls, wenn ich meiner Oma vertraue.

Siehst du, jetzt hast du den ganzen Napf leer – und lebst noch!

28 Solo mit Hund (14)

Thema: Heuchelei, Gott sieht

Na, was hast du denn ausgefressen, Kleff? Da stimmt doch was nicht, wie du angeschlichen kommst!

Ich sehe so was gleich, mein Lieber! Ob du den Schwanz einklemmst oder damit wedelst, ob du dicht am Boden schleichst oder springst – ich durchschaue dich!

Im Gegensatz zu dem Verkäufer im Elektromarkt. Der hat mir vielleicht einen Mist angedreht! Mit überschwänglichen Worten und süßem Lächeln. Oder Isabel Bauer vom Versand, ein scheinheiliges Biest, sag ich dir, und hat es faustdick hinter den Ohren! Aber man merkt es nicht gleich. Man kann eben nicht reingucken in die Menschen.

Jedenfalls ich nicht. Ich denke mal, Gott kann es, wenn meine Oma recht hatte. Die hatte doch immer so Sprüche aus der Bibel. Einer ging so: „Der Mensch sieht, was vor Augen ist, aber Gott sieht das Herz" – oder so ähnlich. Hat sie immer zitiert, wenn ich zum Beispiel von Schulkameraden erzählt hab oder so.

Weißt du, wieso ich mich noch daran erinnere? Weil ich das lustig fand – sie war nämlich schon kurzsichtig. Ich musste ihr die Post vorlesen und alles. Und da sagte sie immer: „Der Mensch sieht, was vor Augen ist". Aber das hab ich behalten: „Gott sieht das Herz."

Na ja, ist eigentlich klar. Was wäre das für ein Gott, der sich was vorheucheln lässt! Ich meine, wenn ich schon deine Gefühle lesen kann – da sind wir Menschen vor Gott doch erst recht wie ein aufgeschlagenes Buch.

Na komm, Kleff, mein Lieber! Ich reiße dir schon nicht den Kopf ab!

29 Solo mit Hund (15)

Thema: Einsamkeit

Wie gut, dass ich dich habe, mein lieber Kleff! Ja, du bist mein Freund, stimmt's? Mein liebes, gutes Hundchen!

Was würde ich nur machen, wenn ich dich nicht hätte? Dann wäre ich ganz einsam, Kleff, sterbenseinsam! Ich wüsste gar nicht, wie ich das aushalten sollte.

Na ja, der Mensch hält schon viel aus. Wenn ich an meine Oma denke ... Wohnte allein in ihrer Stube, aber war nie verbittert. Es kamen allerdings auch Besucher. Später nahm das ab, als sie älter war. Da lag sie stundenlang allein im Bett. Konnte noch nicht mal lesen, wegen der Augen. Wenn ich mir vorstelle, ich müsste ...

Na ja, das kann man wohl nicht ganz vergleichen. Weil sie ja ihren Glauben hatte. Sie hat sich nie verlassen gefühlt. Ihr Gott wäre bei ihr, hat sie immer gesagt.

Das ist ja ein Sonderfall. Bei mir wäre das natürlich nicht so. Darum brauche ich einen Hund gegen die Einsamkeit.

Irgendwie ein etwas spärlicher Ersatz, wenn man mal drüber nachdenkt.

Nimm's mir nicht übel, Kleff, ich mag dich sehr! Das weißt du doch! Nur im Vergleich ...

Na, nun trink noch ein bisschen!

30 Solo mit Hund (16)

Thema: Groß und klein

Ja, Kleff, du bist ein starker Hund! Da brauchst du auch was Kräftiges zum Futtern. Lass dir's schmecken!

Heute habe ich ein Hündchen gesehen, Kleff – du hättest dich kaputtgelacht. So klein nur! Mit Schwanz. Wirklich nur eine Handvoll Hund. Weiß gar nicht, wie die Rasse heißt.

Komisch, dass es bei Hunden solche Größenunterschiede gibt. Gibt's bei Menschen nicht.

Also – ich meine jetzt, so rein äußerlich. Sonst gibt's schon ziemliche Unterschiede. Zwischen der Putzfrau und dem Direktor bei uns im Betrieb – mein lieber Mann! Wenn der Unterschied so auf Anhieb sichtbar wäre – weit mehr als zwischen dir und diesem Miniköter.

Ich bin da eher bei den kleinen Tieren. So auf Dackelgröße vielleicht. Doch, Kleff, das muss man mal ganz ehrlich so sagen! Mehr bin ich nicht.

„Er segnet Kleine und Große." Komisch, dass mir manchmal so Sprüche einfallen bei irgendeinem Stichwort. Wahrscheinlich hat meine Oma die Sätze immer gesagt, und da sind sie mir im Gedächtnis …

Gott segnet Kleine und Große? Nee! Das würde ja heißen, dass es ihm egal ist, ob einer ein armes Würmchen ist oder ein Genie. Ob einer reich und einflussreich ist oder unbedeutend, wie ich.

Das kann doch nicht sein! Oder? Na, vielleicht doch. Weil er ja noch viel größer ... gegen ihn fällt der Unterschied zwischen uns Menschen kaum auf. Wäre schon toll! Irgendwie tröstlich. Findest du nicht, Kleff?

31 Solo mit Hund (17)

Thema: Sünde und Liebe

Setz dich, Kleff! Ja, so ist es schön. Wir machen's uns noch ein bisschen gemütlich. Komm, lehn deinen Kopf an mein Bein!

Was bist du denn dauernd so unruhig mit dem Kopf? Drehst ihn und … willst du deinen Spruch an der Wand lesen? Ich lese ihn dir noch mal vor:

Dass mir der Hund das Liebste sei,
sagst du, o Mensch, sei Sünde.
Der Hund blieb mir im Sturme treu,
der Mensch nicht mal im Winde.

Kann gar nicht verstehen, dass es Menschen gibt, die das anders sehen. Oder die sagen, es wäre Sünde, wenn mir der Hund das Liebste ist und über alles geht …Wie kann man …

Doch, Oma hätte das gesagt. Sünde ist nicht eigentlich, dass einer die Zehn Gebote nicht hält, sondern dass er nicht Gott gehört. So ähnlich. Weißt du, Kleff, sie hatte immer so Weisheiten aus der Bibel. Ein Lieblingssatz von ihr ging etwa so: Gott lieben von ganzer Seele und deinen Nächsten wie dich selbst, das ist der Gipfel … irgendwie so. Kann mich noch halbwegs erinnern. Und Gott nicht lieben und ehren und so weiter – das wäre Sünde.

Ach, Kleff, sei doch mal ganz ruhig!

Dass du mir das Liebste bist, soll Sünde sein? Na, so was! Ausgerechnet du!

Was soll mir denn sonst das Liebste sein? Hm. Was meine Oma da gesagt hätte, weiß ich.

32 **Solo mit Hund (18)**

Thema: Liebe zwischen Menschen

Kraulen, Tätscheln – das gefällt dir, was, Kleff? Zeichen der Zuneigung sind das alles. Und sie sind ehrlich gemeint, mein Lieber. Ich kann dich verstehen, dass du so was gern hast. Ich hab auch gern Zeichen der Zuneigung. Bloß gibt sie mir keiner.

Da ist es gut, dass ich dich habe. Bei dir sehe ich wenigstens, dass du dich freust, wenn ich komme. Ja, so zum Beispiel, wenn du mit dem Schwanz wedelst. Und das freut dann mich wieder.

Wenn mich mal einer anstrahlen würde, statt immer nur zu motzen und zu giften – dann würde ich sicher auch zurückstrahlen. Wie ein Spiegel.

Moment! Wie ein Spiegel? Vielleicht sind ja die anderen auch Spiegel und werfen zurück, was ich ausstrahle! Oh – peinlich! „Was du nicht willst, dass man dir tu, das füg auch keinem andern zu." Zitierte meine Oma immer aus der Bibel. Nein, falsch, das ist ja ein Sprichwort. Der Bibelspruch ging so ähnlich: „Was euch die Leute tun sollen, das tut ihnen auch". So etwa. Ist ja auch logisch.

Nicht nur logisch. Auch lohnend, denke ich. Jetzt brauchte ich nur noch jemanden, der diesen Rückkopplungseffekt zwischen mir und den anderen in Gang setzt.

Gott? Ich komme da drauf, weil Oma immer sagte, sie lebe von seiner Güte. Schade, dass ich sie nicht mehr danach fragen kann. Ich kann nur mit dir reden, Kleff. Aber es gibt eben Dinge, die weißt du auch nicht.

33 Solo mit Hund (19)

Thema: Schutz

Bist meine treue Leibwache, Kleff! War schon toll, wie du den finsteren Kerl angeknurrt hast in der dunklen Gasse! Komm, kriegst noch ein extra Stück Sülze.

Politiker haben ihren Bodyguard – ich hab' dich. Du bist mein treuer Leibwächter, der sich … nein, nicht was du jetzt denkst! Kein Schnaps! Nein, nein, ein richtiger Leibwächter. Allerdings – wenn einer mit 'ner Pistole käme, da könntest du mir wohl auch nicht helfen.

Oma hatte immer so 'n Bild an der Wand, gegenüber vom Bett. Weißt du, so 'n kitschiges aus dem vor-vorigen Jahrhundert. Nee, weißt du nicht, hast du sicher nie gesehen, so was. Jedenfalls, da war ein Kind drauf und ein Engel mit Schwert und Schild, wie ein Ritter. Sollte so 'ne Art Leibwächter sein. Da muss ich grade dran denken, wie wir vom Bodyguard sprechen.

Willst du noch ein Stück, mein treuer Beschützer? Hier!

Drunter stand ein Spruch. „Der Herr ist bei mir wie ein starker Held". Oma war da ganz sicher, dass Gott auf sie aufpasst, oder ein Engel. Hat er ja wohl auch. Hat mich als Kind unheimlich beeindruckt, das Bild. Würde heute keiner mehr so malen. Aber der Spruch muss ja damit nicht überholt sein.

Na ja, ein Engel oder du – ehrlich, da fühle ich mich schon sicherer mit dir. Weil ich dich sehe. Und der Verbrecher auch. Andrerseits – ein Engel ist sicher unempfindlicher gegen Pistolenkugeln.

34 Solo mit Hund (20)

Thema: Stress

Bleib schön still bei mir sitzen, Kleff, mein Guter! Das beruhigt mich nach dem Stress des Tages. Ja, so ist es gut.

Du hattest vielleicht Langeweile und freust dich auf Action. Aber bei mir ist es umgekehrt.

Weißt du, was Stress ist, Kleff? Ich will's dir mal wissenschaftlich erklären. Als du noch ein Wolf warst und ... ach nein, ich erkläre es lieber am Menschen.

Als wir Menschen noch in Höhlen lebten oder auf Bäumen oder wo sonst, und es kam auf einmal ein Mammut oder ein Säbelzahntiger, da gab's massig Adrenalin ... na, die Einzelheiten sind nicht so wichtig. Jedenfalls waren unsere Ahnen bereit zur Flucht oder zum Kampf. Aber wenn heute ein Feind ... zum Beispiel der Chef ... verstehst du, da kann ich weder weglaufen noch draufhauen, was ich am liebsten täte. Der Körper, der noch auf das Mammut eingestellt ist, denkt: Nanu, warum läuft er nicht? Und kommt ganz durcheinander. Das ist Stress.

Meine Oma – kennst du doch, oder? Ich habe dir schon von ihr erzählt. Die hatte keinen Stress. Oder wenn, dann war sie bald wieder ruhig. Die hatte einen Spruch an der Wand beim Bett, da stand: „Ich liege und schlafe ganz mit Frieden, denn du, Herr, hilfst mir." Psalm soundsoviel, Vers soundsoviel. Ich sehe ihn noch vor mir, so dunkles Holz, mit hervorgehobenen Buchstaben.

Vielleicht sollte ich mir auch mal so was über's Bett ... na ja, am Wand-schmuck liegt's ja nicht. Man muss es glauben können. Einfach Gott vertrauen – und Frieden haben.

Na, jetzt bist du wohl über meinem Reden eingeschlafen, Kleff? So stressfrei möchte ich auch mal sein.

35 Hör mal her, liebe Seele! (1)

Thema: Gesundheit

Diese Serie ist für den Rundfunk geschrieben worden, aber es gibt auch Er-
fahrungen mit dem Vortrag als Bühnenstück. Am besten hat es sich dabei
bewährt, dass die Person, die das „Ich" spricht (hier ausgerückt geschrieben),
sichtbar ist – auf einem Stuhl oder Sessel sitzend oder umhergehend, evtl. auch
hinter einem Tisch, wenn sie den Text ablesen will – und die Person, die
die Seele spricht (eingerückt geschrieben), unsichtbar durch eine Lautsprecher-
anlage spricht. Aber auch andere Formen sind möglich.

Lobe den Herrn, meine Seele!

    Halleluja.

Und vergiss nicht, was er dir Gutes getan hat!

    Nein, nein.

Wie? Nein sagst du? Du willst ihn nicht loben?

    Doch, sicher! Das „nein" bezog sich auf das Vergessen.

Ach so.

    Ich will nicht vergessen, was er mir Gutes getan hat.

Dann ist ja alles okay.

    Obwohl ja eigentlich du für Vergessen und Besinnen zuständig
    bist.

Ich? Wieso?

Du hast immerhin ein systematisch geordnetes Gedächtnis zur Verfügung. Bei mir, der Seele, ist die Erinnerung etwas diffus.

Da magst du recht haben. Wir können uns die Aufgabe ja teilen.

Gern. Jeder steuert aus seinem Zuständigkeitsbereich etwas bei. Was Gott uns Gutes getan hat.

Da fällt mir als Erstes die Gesundheit ein.

Hast du nicht vorhin über Kreuzschmerzen geklagt?

Stimmt. Mit dem Rücken gibt es Probleme. Aber lass uns erst mal an das denken, was keine Probleme macht. Die Kniegelenke funktionieren prächtig, wenn ich mich mit Klaus vergleiche. Und das Herz schlägt einwandfrei. Die Lunge fasst noch viele Liter Luft und die Nieren arbeiten auch fehlerlos. Der Magen …

Moment, der Magen gehört eher zu meinem Bereich.

Zu deinem, liebe Seele? Wieso denn das?

Na, weil du oft aus dem Bauch entscheidest. Das ist dann eher eine seelische Angelegenheit. Und wenn dich Kummer drückt, schlägt es dir auf den Magen.

Okay, dann bist du dankbar, dass uns zurzeit nichts auf den Magen schlägt.

Und nichts das Herz schwer macht. Und kein Schreck den Atem stocken lässt. Und nichts an die Nieren geht …

Oh – ich sehe: Du bist wohl überall beteiligt, liebe Seele. Was bleibt denn dann für mich? Füße und Hände und Leber und Milz ... Was macht eigentlich die Milz?

Keine Ahnung.

Ist es nicht großartig, dass sogar das funktioniert, von dem wir keine Ahnung haben?

Stimmt.

Lobe den Herr, meine Seele, und vergiss nicht, was er dir Gutes tut!

Halleluja!

36 Hör mal her, liebe Seele (2)

Thema: Sünde, Vergebung

Lobe den Herrn, meine Seele!

Gern.

Und vergiss nicht, was er dir Gutes getan hat!

Nein, nein, ich denke dran.

Der dir alle deine Sünden vergibt.

Moment! Meine Sünden sind auch deine Sünden! Das wollen wir doch mal festhalten! Ich bin nicht bereit, als arme Seele die Verantwortung dafür allein zu übernehmen!

Reg' dich nicht auf! Ich übernehme ja die Verantwortung. Obwohl ich meine ... ach, lassen wir das!

Sprich's nur aus! Grade beim Thema Sünde, über das die Menschen fast nie miteinander sprechen, sollten wir beide wenigstens offen reden. Unter uns.

Ich meine, du trägst ein gehöriges Maß an Mitschuld, liebe Seele, an allem, was schiefgelaufen ist.

Wer trifft denn hier die letzten Entscheidungen? Das bist du doch! Der souveräne Mensch mit klarem Verstand und freiem Willen ...

Willst du bestreiten, dass du zuweilen massiv Einfluss nimmst auf diese freien Entscheidungen?

Na ja, das kommt mal vor, aber hauptsächlich trägst du …

Aber da sieht man mal wieder, wie du es immer machst: Dauernd mäkelst du an mir rum und bedrängst mich. Und wenn etwas verkehrtgelaufen ist, soll ich die Konsequenzen allein auf mich nehmen!

Das finde ich gemein, dass du so was sagst! Nimm das sofort zurück!

Warum sollte ich?

Sonst quäle ich dich heute Abend, wenn du nicht einschlafen kannst, über das Gewissen!

He – warte mal, Seele! Da fällt mir was ein. Oder auf.

Was?

Wir sind doch blöd! Warum machen wir uns eigentlich gegenseitig Vorwürfe? Ist doch gar nicht nötig!

Erklär mir das!

Warum streiten wir uns über Sünden, die längst weg sind?

Weg?

Ja, vergeben! „Der dir alle deine Sünden vergibt" – steht hier im Psalm 103.

Tatsächlich! Streit um nichts! Aber bist du sicher, dass alles vergeben ist? Ausgelöscht? Ungültig?

Klar! „Wenn wir unsre Sünden bekennen, ist Gott treu und gerecht, dass er alles vergibt."

Bekennen?

Ja, zugeben.

Äh – es stimmt schon, ich habe auch … ich meine, du warst es nicht alleine.

37 Hör mal her, liebe Seele! (3)

Thema: Lobgesang

Lobe den Herrn, meine Seele!

(singt, evtl. nach Händels Melodie) Halleluja, halleluja …

Was machst du denn für einen Lärm?

Ich tue, was du gesagt hast.

Ich? Habe ich etwa gesagt, du sollst singen?

Ich soll den Herrn loben, hast du gesagt.

Hab ich gesagt, ja. Aber es muss doch nicht mit Musik sein.

Muss vielleicht nicht, aber so geht's am besten. Lobet den Herrn mit Posaunen, mit Pauken und Harfen – so ähnlich steht's in den Psalmen.

Ich habe im Prinzip ja auch nichts dagegen. Aber im Moment bin ich nicht so auf Musik eingestellt. Wegen der verschiedenen Probleme, du kennst sie ja. Wenn es da in mir singt und jubiliert – irgendwie beißt sich das.

Dann solltest du dich von mir in eine fröhlichere Stimmung heben lassen. Durch meine Musik. Statt mich in deine Grübeleien hineinzuziehen.

Hast du nicht wenigstens ein etwas ruhigeres Lied? Zum Beispiel „Weiß ich den Weg auch nicht, du weißt ihn wohl". Oder „Warum sollt ich mich denn grämen?" oder so was? Das trifft meine Stimmung besser als ausgerechnet das „Halleluja" von Händel. Und Gott loben kannst du damit auch.

Sicher, kann ich damit auch. Aber mindert es nicht das Lob, wenn ich es deiner Stimmung anpasse?

Nein, bestimmt nicht.

Glaube ich aber doch! Er sollte mit frohen Liedern gelobt werden.

Was ist denn Lob eigentlich?

Wie …? Du stellst Fragen!

Wenn du loben willst, musst du doch wissen, was du da eigentlich tust.

Na ja, ich … Sag du es mir! Wie ich dich kenne, hast du dir darüber schon reichlich Gedanken gemacht.

Loben heißt, etwas Gutes über den anderen sagen. Wenn ich zum Beispiel ein Kind lobe, sage ich ihm: Das hast du prima gemacht.

Und du meinst, ich soll Gott sagen, was er alles gut gemacht hat?

Genau.

Aber das weiß er doch längst!

Er soll aber hören, dass auch wir es wissen.

Okay. Aber nur ihm das sagen, reicht auch nicht. Lob ist doch nicht nur eine Information. Wo bleibe ich dabei, die Seele? Lob muss auch mit einer inneren Haltung verbunden sein.

Ja, da hast du wohl recht. Das hatte ich nicht so bedacht.

Es muss ja nicht gleich überschäumende Freude sein. Es geht auch mit vertrauensvollem Stillewerden. Mit Gelassenheit des Glaubens.

Hm. Ja. Also können wir doch auch singen: „Warum sollt ich mich denn grämen?"

„Hab ich doch Christus noch, wer will mir den nehmen!"

38 Hör mal her, liebe Seele (4)

Thema: Ärger

Was betrübst du dich, meine Seele, und bist so unruhig in mir!

Das kann ich dir genau sagen: Ich ärgere mich, dass die Hersteller solcher Geräte keine klaren und verständlichen Gebrauchsanweisung zustande kriegen.

Allerdings. Es ist wirklich ärgerlich. Aber jetzt sei mal still und störe mich nicht beim Denken. Ich will noch mal ganz systematisch von Anfang an alles durchgehen. Also: „Drücken Sie die Taste B …"

Hast du denn eingeschaltet? Ist Strom da?

Ich bin ja nicht blöd! Solche Bemerkungen sind jetzt wirklich nicht hilfreich, Seele!

Entschuldige! Aber jetzt bist du gereizt, nicht ich.

„Erscheint im Display ‚Enter', speichern Sie …" Ja wie denn speichern? Die setzen einfach als bekannt voraus, was kein Mensch weiß!

„Kein Mensch" ist sicher übertrieben. Irgendjemand wird es wohl wissen.

Halt den Mund, liebe Seele!

Ich schweige. Und leide mit.

„Prüfen Sie, ob die Angabe …" So. Das muss jetzt richtig sein. „Wählen Sie nun die Zeit und …" So. „Wenn Sie das Ergebnis mit der Taste C abrufen, erscheint auf dem Display …" Da erscheint aber nichts. Überhaupt nichts! Das ist doch ein blödes Ding! Und erst recht eine blöde Erklärung!

Oder bist *du* vielleicht blöd? Entschuldige! Ich frage nur, was du dich wohl selbst schon fragst.

Ich bin mein Leben lang in technischen Dingen geschickt gewesen! Ich weigere mich einfach zu glauben, dass mein Verstand plötzlich nicht mehr funktioniert! Oder nur noch mangelhaft.

Recht so!

Meinst du das ironisch? Untersteh dich, mich noch höher auf die Palme zu bringen!

Ganz und gar nicht! Meinst du, ich leide nicht unter diesem Ärger?

Ich würde es am liebsten an die Wand schmeißen!

Weißt du, was das Schlimmste an dem Ärger ist? Der Selbstzweifel. Bin ich vielleicht doch zu doof dafür? Es gibt nur einen Weg, das unter die Füße zu kriegen: Wir halten ganz klar fest: Nicht wir sind blöd, sondern die, die diese sogenannte Gebrauchsanweisung geschrieben haben.

Jawohl! Die sind nicht mal in der Lage, sich in andere Leute hineinzuversetzen! Danke, liebe Seele! Du hast mir sehr geholfen.

Gern geschehen. Jetzt müssen wir nur noch das Ding in Gang kriegen. Wie heißt es weiter? Ich meine nicht auf dem Zettel, sondern im Psalm: Harre auf Gott.

Ja. Wenn er mir vielleicht auch nicht zeigt, wie das hier funktioniert, so hilft er mir doch wenigstens, ruhiger zu werden.

Ja, und mir auch.

39 Hör mal her, liebe Seele! (5)

Thema: Hetze

Was betrübst du dich, meine Seele, und bist so unruhig in mir?

> Ich? Na hör mal! Wer ist denn hier unruhig? Wer hetzt denn von Termin zu Termin? Wer hat denn den Kalender so voll, dass nichts mehr reinpasst? Wer rast denn …

Ja, ja, ist ja schon gut! Ich gebe es zu. Die Hektik geht wohl mehr von mir aus.

> Ich mahne dich ja schon immer, du sollst dir mal etwas Stille gönnen. Du hörst ja nicht auf mich.

Es ist aber auch besonders schlimm in den letzten Tagen und Wochen.

> Allerdings! Und ich, deine arme Seele, muss darunter leiden und kriege dann auch noch Vorwürfe!

Na, nun reg dich mal nicht zu sehr auf, und sei nicht so unruhig in mir! Denke dran, dass zwischen uns ja eine gewisse Wechselwirkung besteht! Es gibt auch Unruhe, die von dir ausgeht.

> Wie kommst du denn darauf? Niemals! … Na gut, es kommt schon mal vor. Aber nur, wenn ich ein schlechtes Gewissen habe. Und nur, solange die Sache nicht geklärt ist.

Oder wenn du Angst hast. Oder dir Sorgen um die Zukunft machst.

Oder wenn mich irgendein Gefühl antreibt. Neid zum Beispiel, oder Ehrgeiz oder Habgier oder …

Siehst du – und weil du solche Gefühle hast, muss ich immer neue Termine annehmen und gerate in Unruhe. Du treibst und machst mich nervös.

Und du trinkst Unmengen Kaffee und machst mich nervös!

Du, Seele …

Ja?

Ich glaube, die gegenseitigen Vorwürfe bringen uns nicht weiter.

Nein, sie machen uns nur noch mehr Unruhe.

Was tun?

Nichts.

Hä? Du willst, dass uns die Unruhe weiter vorwärtspeitscht?

Nein, ganz und gar nicht.

Aber du sagtest gerade, du wolltest nichts ändern!

Nichts tun, habe ich gesagt.

Ach so, ich verstehe. Aber das ist nicht so einfach.

Warum nicht? Es kann doch nichts einfacher sein, als nichts zu tun.

Leere Flächen im Kalender scheinen eine magische Anziehungskraft zu haben. Wie ein Vakuum, das unbedingt gefüllt werden will.

Dann schreib doch was rein, in den Kalender. Aber keine Termine.

Was denn sonst?

„Pause" zum Beispiel. Oder: „Stille". Oder „Familienzeit". Oder „Gebet". Oder auch: „Nichts".

Hm. Keine schlechte Idee. Mal sehen, ob ich für einen dieser Begriffe noch Platz finde.

Du findest. Wenn du wirklich willst.

Hilfst du mir beim Wollen?

40 Hör mal her, liebe Seele! (6)

Thema: Eintracht und Lob

Lobe den Herrn, meine Seele!

Na, na, überleg, was du sagst!

Wieso denn, Seele? Ist es nicht immer gut, den Herrn zu loben?

Grundsätzlich schon. Aber achte auf deine Motive!

Meine Motive? Ich bin fröhlich und will darum den Herrn loben, beziehungsweise fordere dich dazu auf. Was ist daran fragwürdig?

Du bist fröhlich, na schön. Aber warum?

Warum? Na, weil … weil …

Sag's nur, ich weiß es sowieso.

Weil meine Fußballmannschaft gewonnen hat.

Und du meinst wirklich, das wäre ein Grund, den Herrn zu loben? Schäm dich!

Na ja, etwas komisch ist es, ich gebe es zu. Denn dann hätten die Fans der Verlierermannschaft ja keinen Grund zum Gotteslob. Und überhaupt …

Eben!

Aber ich bin ja nicht nur happy wegen des 3:1. Auch sonst. Zum Beispiel weil ich gesund bin. Zum Beispiel weil in meiner Familie Eintracht herrscht …

Aber der Sieg der „Eintracht" auf dem Platz ist der Hauptgrund für deine gute Stimmung.

Ja, stimmt schon.

Versteh mich recht – du kannst dich ja ruhig freuen. Ich glaube, da hat Gott nichts gegen. Aber ihn dafür zu loben …

Heißt es nicht, man soll Gott für alles loben? Und immer?

Nun ja, wenn du ihn auch bei einer Niederlage der „Eintracht" lobst.

Hab ich schon mal gemacht, wenn ich mich richtig erinnere. Da habe ich ihn dafür gelobt, dass es Wichtigeres gibt als Fußball.

Das kann ich bejahen.

Außerdem, wenn ich jetzt Gott lobe …

Wenn du mich aufforderst, ihn zu loben!

Ja, okay, dann muss es ja nicht für den Sieg auf dem Platz sein. Sondern für meine Freude. Auch wenn der Sieg an dieser Freude einen gewissen Anteil hat.

Einen nicht unbeträchtlichen Anteil.

Zugegeben. Aber wir loben ihn auch für … na, wie ich schon sagte: Gesundheit, Friede …

Wir brauchen ja auch gar keinen konkreten Anlass.

Stimmt. Zum Danken braucht man was Konkretes, aber zum Loben nicht. Oder richtiger: Zum Loben haben wir immer Grund, weil Gott der Grund ist.

Trotzdem geht es leichter, wenn man fröhlicher Stimmung ist. Wenn nun allerdings der Grund der Freude …

Jetzt fang nicht noch mal von vorne an! Lobe lieber den Herrn, meine Seele!

41 Hör mal her, liebe Seele! (7)

Thema: Warum betrübt?

Was betrübst du dich, meine Seele?

Das weißt du doch.

Äh – ja, ich weiß es. Es ist wieder keine Post gekommen, die ich erwartet hatte. Auch kein Anruf.

Vielleicht morgen.

Glaubst du's?

Eigentlich nicht.

Siehst du! Als wenn ich nicht da wäre.

Oder zumindest – bedeutungslos.

Ja, sie übergehen mich einfach. Fragen nicht nach mir. Kümmern sich nicht um mich.

Dabei wissen sie doch, dass wir es brauchen!

Sogar an meinem Geburtstag kam nichts.

Nicht mal ein Kärtchen.

Dabei hab ich erst neulich geschrieben. Die drei letzten Briefe zwischen uns gingen alle von mir aus. Einbahnstraße!

Jetzt weißt du's, warum ich betrübt bin.

Wie?

Du hattest doch gefragt: Was betrübst du dich, meine Seele? Das ist der Grund.

Ach so, ja – es war eigentlich keine richtige Frage …

Gibt's auch falsche Fragen?

Nein, aber rhetorische Fragen. Eine rhetorische Frage will nicht vom anderen eine Information haben, sondern sie will ihm etwas besonders deutlich machen.

Ich weiß, was eine rhetorische Frage ist. Und in diesem Fall …

In diesem Fall sollte die Frage besagen: Du musst nicht betrübt sein, liebe Seele! Du musst nicht unruhig sein.

Warum nicht, wenn doch …

Sondern harre auf Gott! Denn … ich werde ihm noch danken, dass er mir hilft.

Hm. Ja. Schon klar.

Also – warum bist du noch betrübt? Und ich auch!

Weil – nun ja, Gott ist viel wichtiger. Dass er uns beachtet und nach uns fragt und so – das ist wunderbar! Aber es wäre auch ganz schön, wenn die Menschen, an denen uns liegt, auch … na, du weißt schon.

Ja, das wäre auch ganz schön.

Was meinst du – ist es Unglaube oder Kleinglaube oder so was, wenn ich nicht nur auf Gott harre, sondern auch auf diesen Brief? Oder Anruf?

Ich denke nicht.

Aber du bist nicht ganz sicher?

Nein. Aber egal – wir müssen ja nicht zu Gott erwartungsvoll aufsehen, weil das von uns gefordert wird, sondern weil es uns tröstet.

Ja, das stimmt. Er vergisst uns nicht. Er ruft uns zwar nicht an …

… aber wir können ihn anrufen.

42 Hör mal her, liebe Seele! (8)

Thema: Schmerz

Lobe den Herrn, meine Seele!

Grundsätzlich gern, mein Lieber. Aber ich habe einen Verdacht.

Sag schon!

Du bist nicht zum Loben aufgelegt, da willst du mir die Sache zuschieben.

Warum sollte ich's leugnen? Mir ist nicht so zum Loben zumute.

Der Zahnschmerz?

Du machst dir keine Vorstellung, wie das zieht!

Du tust mir leid.

Eine Seele hat's gut! Die spürt nichts von den Schmerzen des Körpers.

So einen Unsinn kannst du nur sagen, weil dich der Schmerz offenbar etwas benebelt.

Unsinn? Wieso denn Unsinn?

Weil deine Seele immer in Mitleidenschaft gezogen wird, wenn es dir aus körperlichen Gründen schlecht geht.

Du leidest echt mit mir?

Allerdings! Ehrlich! Meine ganze Lebensfreude ist gelähmt.

Das tröstet mich etwas. Oh, Verzeihung – das klingt zynisch.

Ist schon okay. Du leidest ja auch mit, wenn ich mal Schmerzen habe.

Schmerzen? Du?

Sicher! Trauer zum Beispiel. Depressive Stimmungen. Selbstzweifel. So was in der Art.

Ja, stimmt. Dann bin ich auch nicht so vital wie sonst.

Hast du schon einen Termin beim Zahnarzt?

Morgen. Der muss raus.

Der Doktor?

Nein, der Zahn.

So. Hm. Gehe ich recht in der Annahme, dass diese Vermutung dich gehindert hat, früher zum Zahnarzt zu gehen?

Halt den Mund, meine Seele! Wenn ich schon eine Wunde habe, musst du nicht auch noch drin rumwühlen.

Gut. Ich schweige. Und leide still mit.

Danke.

Und begleite dich morgen.

Es bleibt dir ja auch nichts anderes übrig.

Bis dahin müssen wir durchhalten.

Hm.

Und loben.

Wie?

Na, wolltest du doch. „Lobe den Herrn, meine Seele", hast du gesagt.

Ja, stimmt schon. Mach du das!

Gern. Aber ich glaube, wenn du dich beteiligen würdest, ginge es besser.

Ein Psalm ist keine Spritze und ein Lobgesang kein Lachgas.

Gut, dann loben wir Gott eben nicht, damit es uns besser geht, sondern weil er unser Lob verdient.

Vielleicht geht's uns dann ja trotzdem besser.

43 Hör mal her, liebe Seele! (9)

Thema: Verletzung anderer

Lobe den Herrn, meine Seele!

Ach, ich soll den Herrn loben! Und du?

Was willst du damit sagen, liebe Seele?

Na – denk mal nach! Ich sage nur ein Stichwort: Hans-Peter.

Ach, du meinst, dass ich vorhin den Scherz gemacht habe?

Es war kein Scherz!

Aber klar war es ein Scherz! Du kennst mich doch, ich mache öfter solche witzigen Bemerkungen.

Umso schlimmer! Was du als Scherz empfindest, empfinden andere durchaus nicht immer so. Schon gar nicht die, auf deren Kosten der Witz geht.

Sei nicht so empfindlich, Seelchen!

Sei froh, dass ich empfindsam bin und spüre, wenn du einen anderen empfindlich getroffen hast! Du merkst es ja gar nicht.

Ist es so schlimm?

Du kannst dein freches Mundwerk nicht im Zaum halten!

Na schön, ich höre deinen Rat und gestehe dir zu, dass du empfindsam bist. Das ist vielleicht deine Aufgabe in unserer Kooperation. Aber die Leute sollen nicht so empfindlich sein. Und Hans-Peter auch nicht.

Ist er aber nun mal.

Versteht der keinen Spaß?

Ums Verstehen geht es dabei weniger. Mehr ums Fühlen.

Fühlt der keinen Spaß?

Ich glaube, es war mehr dein Spaß als seiner.

Und es hat den anderen Spaß gemacht, die drumherum standen.

Umso schlimmer für Hans-Peter.

Hm. Und jetzt?

Geh hin und kläre das mit ihm!

Du spinnst, Seele! So eine Kleinigkeit!

Wenn's nur eine Kleinigkeit ist, ist es ja auch schnell aus der Welt geschafft.

Hm. Ich überlege es mir noch.

Tu das! Wenn du nur so gründlich überlegen würdest, ehe du deine aggressiven Scherze machst!

Weißt du, liebe Seele, es gibt mir immer so ein stolzes Gefühl, wenn mir so ein Scherz einfällt. Aber wenn ich ihn dann für mich behalten soll … Schlagfertigkeit und Wortwitz schaffen mir so eine Art Triumph.

Ich weiß.

Wenn du mir allerdings hinterher so ins Gewissen redest, verflüchtigt sich das leider wieder sehr schnell.

Wenn du in deiner Schlagfertigkeit über den anderen etwas originell Gutes sagst, hast du ein gutes Gefühl und er auch.

Stimmt sicher. Und vielleicht sogar Gott. Ich meine, er freut sich dann.

Klar. So würdest du ihn wirklich loben. Und müsstest das nicht nur immer mir überlassen.

44 Hör mal her, liebe Seele! (10)

Thema: Karriere

Lobe den Herrn, meine Seele!

Wegen des Angebots?

Äh – wie kommst du darauf?

Dumme Frage! Ich kenne dich durch und durch.

Ich freue mich. Na und? Ist doch nicht verboten.

Freust du dich, weil du auf der Karriereleiter eine Sprosse höher steigen kannst?

Ich weiß noch gar nicht, ob ich ja sage.

Aber wenn du vielleicht nicht ja sagst, bleibt alles beim Alten. Also warum freust du dich dann?

Allein das Angebot ist doch schon Grund zur Freude. Man traut mir was zu. Das macht mich stolz. Hast du was dagegen?

Nein, nein, ganz im Gegenteil. Ich frage ja nur.

Ich denke, du kennst mich durch und durch. Warum fragst du dann?

Ich frage nicht, um etwas von dir zu erfahren, sondern um dich zu veranlassen, über meine Frage und deine Antwort nachzudenken.

Aha – und was versprichst du dir davon?

> Eine gesunde Skepsis vor dem, was dir jetzt so verlockend erscheint. Und ein sorgfältiges Abwägen von allem, was dafür und dagegen spricht. Und dann eine fundierte Entscheidung.

Es spricht viel dafür, die neue Aufgabe anzunehmen.

> Ja.

Sehr viel.

> Ja.

Na, nun sag schon, was du dagegen sagen willst! Es liegt dir doch schon auf der Zunge!

> Och, nichts weiter … Ich dachte nur daran, dass du dann weniger Zeit hast.

Aber mehr Geld.

> Diese Antwort hätte ich nicht so direkt von dir erwartet.

War auch mehr als Provokation gedacht. Aber du hast doch nichts gegen Geld, oder?

> Natürlich nicht.

Oder gegen erhöhtes Ansehen? Oder mehr Einfluss?

> Nein, aber gegen Hetze und Zeitdruck, gegen Nervenzusammenbruch und Herzinfarkt, gegen zerbrochene Familienbande und Freundschaften …

Na, na, na! Das alles muss ja nicht zwangsläufig die Folge sein.

Nein, muss nicht. Aber kann.

Ich muss eben aufpassen. Ich werde mir den nötigen Freiraum von Anfang an sichern.

Das hört sich jetzt an, als wäre die Entscheidung schon gefallen.

Nein, nein, das will alles gut überlegt sein. Ich meinte es nur im Konjunktiv: Ich würde von Anfang an, wenn ich …

Apropos Konjunktiv – kannst du dich noch an Schulte erinnern, unseren Deutschlehrer?

Klar. Was ist mit dem?

Wie er uns beibringen wollte, das „würde" wegzulassen? Und als Beispiel gebrauchte er immer einen Vers aus der Bibel, obwohl er davon sonst nicht viel hielt.

Was würde es dem Menschen helfen, wenn er die ganze Welt gewinnen würde, und würde doch Schaden nehmen an seiner Seele. Wie viel schöner klingt dagegen der Original-Luthertext: „Was hülfe es dem Menschen, wenn er die ganze Welt gewönne, und nähme doch Schaden an seiner Seele."

Du weißt es noch.

Mal ehrlich, Seele – das hast du jetzt nicht nur ins Gespräch gebracht wegen des Konjunktivs!

Stimmt.

45 Hör mal her, liebe Seele! (11)

Thema: Rache

Was betrübst du dich, meine Seele, und bist so unruhig in mir!

> Unruhig? Das ist gar kein Ausdruck! Ich koche! Ich schäume vor Wut!

Wegen dieses …

> Sag nichts! Sprich seinen Namen nicht aus! Ich könnte …

Sprich du das nicht aus!

> Hä?

Gut. Ausdrücke wie „in den Hintern treten" oder „auf den Mond schie-ßen" – was ja nur symbolisch gemeint ist – würde ich noch hinnehmen, als Ausdruck deines Ärgers. Aber alles, was darüber hinausgeht …

> Hör auf mit deinen mäßigenden Vorträgen! Dafür hab ich kein Ohr. Ich bin stinksauer! Und versuche ja nicht, mich zu beruhi-gen!

Warum nicht? Ist Wut so was Schönes?

> Dem werde ich's heimzahlen, das kannst du glauben! Der wird noch an mich denken! Rache ist süß.

Das stimmt nicht.

Was stimmt nicht?

Dass Rache süß ist. Nur der Gedanke daran kommt dir süß vor. Aber wenn du Rache genommen hast, ist da nichts Süßes mehr. Nur noch ein fader Nachgeschmack.

Woher willst du das wissen?

Erinnere dich, dass solche Gefühle bei uns nicht völlig neu sind, liebe Seele! Ich habe reichlich Erfahrungen. Du übrigens auch. Du willst nur im Moment nicht daran denken.

Nein, will ich nicht. Ich bin wütend! Ich bin beleidigt! Ich glühe vor Zorn!

Ich weiß. Darum ist dein Urteil getrübt, und darum versuche ich ja, dir klarzumachen …

Ich will deine Ratschläge nicht!

Nein, du willst nur Rache.

Jawohl! Der Kerl soll spüren, was er mir angetan hat!

Jawohl! Spüren, wie einem da zumute ist.

Allerdings.

Damit er so was nie wieder tut.

Genau! Äh – bist du jetzt auf einmal auf meiner Seite?

War ich immer.

Du willst auch Rache?

Klar. Ich will sie allerdings Gott überlassen. Er hat ja gesagt: Mein ist die Rache. Darum: Harre auf Gott!

> Hör auf! Ich hab jetzt für so was keine Antenne!

Für Rache?

> Für Rache schon, aber nicht …

Na, siehst du! Wenn Gott sagt: Mein ist die Rache – glaubst du, du kannst es besser als er?

> Äh – steht das wirklich in der Bibel, das mit der Rache von Gott? Ich denke, er vergibt nur.

Oh – er kann auch strafen. Um Menschen zurechtzubringen. Aber er kann auch vergeben, um zurechtzubringen. Je nach dem, was nötig ist. Er weiß, was gut ist.

> Für wen gut? Für den Kerl oder für mich?

Für beide.

> Ich will nicht, dass es ihm gut geht.

Ist dir klar, was du da sagst, Seele? Außerdem – solange du ihm nur Böses an den Hals wünschst, geht es dir auch nicht gut.

> Okay, ich hab mich in meiner Wut wohl etwas vergaloppiert. Ein geistliches Blackout, verstehst du?

In solchen Augenblicken mangelnder Selbstkontrolle ist es besonders wichtig, die Sache aus der Hand zu geben. An Gott.

46 Hör mal her, liebe Seele (12)

Thema: Wie Kinder

Was betrübst du dich, meine Seele, und bist so unruhig in mir?

Ich glaube, du bist unruhiger als ich.

Meinst du?

Wie du während der Sitzung vorhin auf deinem Stuhl hin und her gerutscht bist ...

Ja, und außer dem Hintern vom langen Sitzen tut mir der Kopf weh vom vielen Denken und Reden und Argumentieren und Intrigen spinnen und Strategien entwickeln ...

Und da soll ich ganz still und zufrieden sein?

Wenn möglich, ja, um auch mich wieder zu beruhigen.

Na schön, ich will mir Mühe geben.

Weißt du, liebe Seele, was ich gern möchte?

Nein. Ich könnte höchstens raten. Mit dem Vorschlaghammer auf den Sitzungstisch hauen? Den Chef anbrüllen oder ihm den O-Saft auf den Anzug kippen? Oder zur nächsten Sitzung einen MP3-Player mit auffälligem Kopfhörer mitnehmen?

Nicht schlecht, die Ideen. Aber das alles meinte ich nicht. Ich möchte am liebsten mal wieder Kind sein.

Kind?

Ja. Ohne große Strategiekonzepte und Statistikgrafiken und Zahlenkolonnen einfach spielen. Mit der elektrischen Eisenbahn zum Beispiel.

Hm.

Oder schrecklich viel Zeit vertun mit dem völlig wertlosen Legen eines Puzzles.

Mit 1500 Teilen.

Oder einen Schneemann bauen. Wenn gerade Winter ist.

Oder eine Sandburg im Sommer.

Oder ein Baumhaus. Aber das wäre vielleicht schon zu anspruchsvoll.

Oder Kasperltheater spielen. Die Handpuppen sind in der Kiste auf dem Speicher. Sollen wir sie runterholen? Da sind auch die Rollschuhe drin.

Lass mal!

Warum?

Im Zeitalter der Inlineskates kann ich nicht mit den alten Rollschuhen ... und überhaupt ...

Du traust dich nicht, kindlich zu sein, stimmt's?

Stimmt. Ich bin's eben nicht mehr.

Steht nicht in der Bibel, wir sollen sein wie die Kinder?

Da ist was anderes gemeint. Nicht Schneemann bauen …

Wäre ja auch in Israel schlecht möglich gewesen.

… sondern … ja, was?

Kindlich vertrauen, sicher. Jesus vertrauen.

Ja, ihm nahe sein und sich in seiner Nähe geborgen wissen. In Krisen wie bei Erfolgen zu ihm eilen und ihm alles sagen. Ihn um Hilfe bitten in der festen Zuversicht, dass er weiß, was gut ist und hilft. Sich in seine Arme fallen lassen – eben wie ein Kind bei seinem Vater.

Wäre sicher nicht nur für den Glauben wichtig, sondern auch für die Nerven. Wäre auch eine gute Strategie, um …

Strategie?

… ein guter Weg, solche Sitzungen durchzustehen. Jedenfalls besser, als ein Puzzle auf dem Konferenztisch zu legen.

Hast recht, meine Seele. Und es ist der Weg, der zum Himmel führt, sagt Jesus. Na schön, dann will ich bis dahin Gottes Kind sein und in dieser Welt meinen Mann stehen.

47 Hör mal her, liebe Seele! (13)

Thema: Memory

Was betrübst du dich, meine Seele, und bist so unruhig in mir?

Ja, du hast eigentlich recht, es ist ja nur ein Spiel.

Ein Spiel. Nur mit einem Kind.

Da solltest du nicht „nur" sagen. „Nur" im Zusammenhang mit Spiel ist in Ordnung. Aber nicht im Zusammenhang mit Kind.

Mach kein Drama aus diesem einen Wort! Du weißt doch genau, dass ich Kinder nicht gering schätze. Wenn es so wäre, würde ich mich jetzt nicht hier hinsetzen und mit meinem Sohn „Memory" spielen.

Entschuldige! Sollte kein Vorwurf sein.

Du bist nur ein bisschen verärgert, stimmt's?

Stimmt. Ich kann dir ja doch nichts vormachen.

Warum bist du verärgert? Wir spielen doch nicht „Mensch, ärgere dich nicht!"

Dabei würde ich mich ja auch nicht ärgern.

Weil das so heißt: „ärgere dich nicht!"?

Nein, sondern weil bei dem Spiel jeder Verlust und jeder Erfolg eine Sache des Zufalls sind. Hier aber …

Hier kommt es auf dich an.

> Eher auf dich. Denn das Gedächtnis ist wohl mehr deine Sache. Aber ich schäme mich für dich. Schließlich gehören wir ja nun mal zusammen. Ich schäme mich und ärgere mich. Also nicht sehr, aber immerhin ein bisschen. Dass wir uns von einem Kind übertrumpfen lassen müssen.

Das ist doch kein Grund sich zu ärgern!

> Ich weiß, es ist nur ein Spiel, aber trotzdem …

Das meine ich nicht. Es ist kein Grund sich zu ärgern, weil es ganz natürlich ist, dass ein Kind bei einem Gedächtnistest besser abschneidet als wir.

> Natürlich? Wieso natürlich? Es ist doch nur ein Kind!

Jetzt sagst du selbst „nur" im Zusammenhang mit einem Kind.

> Ach ja, war mir so rausgerutscht. Wieso natürlich?

Weil Kinder eine besondere Merkfähigkeit haben. Das hat der Schöpfer sicher extra so eingerichtet. Ein Kind lernt doch erst die Welt kennen. Das muss am Anfang sehr schnell gehen, sonst würde es viel zu lange brauchen.

> Ach ja, das leuchtet ein.

In drei Jahren lernt das Kind eine Sprache. Dabei muss man fast das erste Lebensjahr noch abziehen. Stell dir vor, wir müssten alle zwei bis drei Jahre eine neue Sprache lernen!

> Ein erschreckender Gedanke! Und du meinst, darum haben die Kinder so ein besonders gutes Gedächtnis?

Dafür und für all das andere, das sie sich aneignen müssen. Ich finde das genial gemacht von Gott. Da muss man sich nicht ärgern, da kann man sich drüber freuen.

Ich brauche also keine Komplexe zu haben, dass es bei uns nicht mehr so gut funktioniert?

I wo!

Es ist keine Alterserscheinung?

Doch!

Na, ich meine in dem Sinn, dass wir schon ... Pass doch auf, Mensch! Der Teddybär lag links oben in der zweiten Reihe!

48 Hör mal her, liebe Seele! (14)

Thema: Schach dem Computer

Lobe den Herrn, meine Seele!

> Es ist nur ein Spiel. Das solltest du nicht theologisch überhöhen.

Wie?

> Na, du betest doch auch nicht um einen Sieg deiner Fußballmannschaft!

Nein, das habe ich noch nie ... Irgendwie scheue ich mich ...

> Siehst du. Also muss ich auch nicht den Herrn loben, wenn du deinen Schachcomputer besiegst.

Hm – warum eigentlich nicht? Sicher, der Anlass ist nicht besonders wichtig. Aber ich freue mich. Und wenn ich mich freue, ist mir nach Gotteslob zumute.

> Oder war die Aufforderung „Lobe den Herrn, meine Seele" vielleicht nur eine leere Floskel, die dir gewohnheitsmäßig über die Lippen kam?

Was mäkelst du denn dauernd? Hast du schlechte Laune?

> Schön, dass du dich nun für mich interessierst.

Ach, das ist es! Du bist beleidigt! Weil ich nicht mit dir geredet habe in der letzten Zeit.

Genau genommen zwei Stunden und siebenunddreißig Minuten.

Du kannst nun mal nicht Schach spielen.

Das ist wohl wahr. Stattdessen bin ich gut geeignet als Auffangbecken für alle Gefühle, die du in dich hineinfrisst: Ärger, Frust …

Aber auch Stolz, Triumph und so. Ich siege ja auch mal.

Was findest du nur dabei, mit dem elektrischen Ding zu kommunizieren statt mit mir?

Man kann das nicht Kommunikation nennen. Er reagiert doch nur nach dem genau festgelegten Programm, das ihm vorher eingegeben wurde. Er kann nichts anderes als das. Er ist nicht frei, verstehst du? Eingezwängt in ein vorgegebenes Schema …

Wenn er so dämlich ist, warum beschäftigst du dich dann nicht besser mit mir?

Weil er etwas kann, was du nicht kannst, obwohl du sonst …

Schach spielen.

Genau.

Und wofür ist das gut?

Das kann nur eine Seele fragen! Das Spiel macht Spaß, weil es mein Denkvermögen auf die Probe stellt. Und es schult. Das ist eine Art Gehirntraining. Man übt sich in strategischem Vorgehen: Was hat es für Folgen, wenn ich dies tue? Wird der Gegner so reagieren, wie ich es mir denke? Was denkt er, dass ich denken würde, und was kann ich tun, um seine Pläne zu durchkreuzen?

Das ist mir zu hoch.

Eben.

Der Computer ist also kein Ersatz für mich?

Für dich schon gar nicht, Seele! Wenn Ersatz, dann für den Verstand.

Wie kommt es, dass mich das nicht beruhigt?

Nun, eine gewisse Beunruhigung ist vielleicht auch angebracht, das gebe ich zu. Nicht beim Schachcomputer. Aber es gibt durchaus Perspektiven für die Zukunft, die beängstigen können. Manche von den Dingern können tatsächlich Menschen ersetzen, nicht nur Schachgegner. Sie können vieles besser als unsere Gattung.

Und das ist dir auch unheimlich?

Manchmal schon. Wo führt das alles noch hin? Aber was soll ich machen!

Ihm Schach bieten.

Das ist leichter gesagt als getan. Manche entwerfen schon eine Erde, die von Computern und Robotern und Maschinenwesen regiert und bevölkert wird.

Eine Erde?

Ja.

Keinen Himmel?

Nein, natürlich nicht.

Da bin ich ja beruhigt.

49 Hör mal her, liebe Seele! (15)

Thema: Kritik

Was betrübst du dich, meine Seele, und bist so unruhig in mir?

Frag nicht so dumm! Das weißt du doch selber!

Ja, ich weiß es selbst. Aber es ist trotzdem nicht dumm, danach zu fragen. Denn die Frage dient dazu, ins Gespräch zu kommen.

Ach so …

Ja, und den Grund für die Betrübnis bewusst zu machen.

Also gut: Ich, deine Seele, betrübe mich und bin so unruhig in dir, weil unser Chef heute diese herabsetzende Bemerkung gemacht hat.

Aber das ist doch kein Grund betrübt zu sein! Denn er hat unrecht. Überhaupt ist er ein … na, man soll über Abwesende nichts Schlechtes sagen.

Sachlich hat er vielleicht unrecht. Aber du weißt ja, wie es in dieser Welt ist: Chefs haben immer recht.

Da hast du recht. Womit ich aber nicht sagen will, dass du mein Chef wärst.

Schon klar. Weil er dein Chef ist, ist sein Urteil wichtig, egal, ob es zutrifft oder nicht.

Allerdings.

Meinst du, dass er dir schaden könnte?

Das vielleicht nicht gerade. So wichtig war die Sache nicht.

Dann frage ich dich jetzt: Was betrübst du dich, du nüchtern denkender und vom Willen gesteuerter Mensch, und warum bist du so unruhig um mich herum?

Weil … hm, lass mich nachdenken!

Bitte!

Vielleicht, weil ich grundsätzlich Kritik schlecht vertragen kann.

Stimmt. Wir sind da wohl ein bisschen empfindlich. Schon das Ausbleiben von Lob empfinden wir als Kritik.

Meinst du?

Wenn wir ganz ehrlich sind …

Wenn ich ganz ehrlich bin, fällt mir noch ein Grund für die Betrübnis ein.

Bring es mir schonend bei!

Es könnte sein, dass der Chef sogar ein bisschen recht hat. Meine Arbeit war vielleicht doch nicht so gut, wie ich gedacht habe.

Hm. Und unsere Betrübnis wäre dann eher Ärger über uns selbst.

Ja. Dass wir's nicht besser hingekriegt haben. Und dass wir es nicht selbst gemerkt haben. Und dass uns stattdessen der Chef mit der Nase drauf stoßen musste. Und es mir unter die Nase halten musste. Ausgerechnet der Chef, der sonst immer …

Vorsicht!

Wieso?

Dass du nicht wieder ein Urteil über andere fällst, das du eigentlich über dich selbst sprechen solltest!

Danke, liebe Seele! Du siehst, so ein offenes Gespräch kann hilfreich sein.

50 Hör mal her, liebe Seele! (16)

Thema: Konsum

Sei nun wieder zufrieden, meine Seele; denn der Herr tut dir Gutes.

Ich bin zufrieden!

Ich fürchte, liebe Seele, du durchschaust das nicht ganz.

Was durchschaue ich nicht? Ach, lass mich mal! Wir können später darüber reden. Ich kann nicht gleichzeitig diese vielen schönen Sachen bewundern und mit dir diskutieren.

Wenn du es nicht gleichzeitig kannst, dann bestehe ich darauf, dass du mir zuerst zuhörst!

Och – muss das sein?

Ja, es muss!

Also, was ist? Beeil dich!

Jetzt bist du nicht mehr zufrieden, stimmt's?

Weil du mich nicht in Ruhe gucken lässt! Zum Beispiel das da hätte ich gerne! Ist es nicht wunderschön?

Ich kann nicht alles kaufen, was du schön findest!

Ooooch …

Sei nicht kindisch, liebe Seele!

Ja, ich weiß, das liebe Geld … Wenn das Problem nicht wäre …

Und die Unzufriedenheit, dann wären wir glücklich.

Wieso Unzufriedenheit? Du unterstellst mir dauernd, ich wäre unzufrieden! Eben schon. Dabei habe ich dir doch gesagt, dass ich zufrieden bin. Beziehungsweise war, ehe du mich gestört hast.

Es war keine wirkliche Zufriedenheit. Du hast deine Unzufriedenheit nur überlagert mit Schauen und Wünschen und Tagträumen.

Woher willst du das wissen?

Wenn du wirklich zufrieden wärst – zutiefst zufrieden, verstehst du? – dann könntest du dich auch an den schönen Sachen freuen, aber du wärst nicht so fasziniert davon.

Du tust ja gerade so, als wäre ich im Konsumrausch.

Wir wären es, wenn ich dir nachgäbe.

Glaube ich nicht.

Hat dein Zustand nicht etwas Rauschhaftes?

Hör auf mit deinen Gardinenpredigten! Was schadet dir meine Kauflust, wenn du doch das Portemonnaie verwaltest?

Das kann ich dir erklären: Ich fürchte, dein Rausch teilt sich mir mit. Und am Ende habe ich mich und das Portemonnaie nicht mehr unter Kontrolle.

Ach so. Du fürchtest, selbst schwach zu werden.

Warum sollte ich's nicht zugeben.

Na gut. Helfen wir uns gegenseitig. Und suchen unsere Zufriedenheit anderswo. Wie ging der Psalmvers weiter?

Sei nun wieder zufrieden. Denn der Herr tut dir Gutes.

51 Hör mal her, liebe Seele! (17)

Thema: Schönheit

Sei nun wieder zufrieden, meine Seele!

  Aber nicht zu sehr!

Wieso nicht?

  Wer vor dem Spiegel steht und mit dem, was er da sieht, sehr zufrieden ist, könnte eitel sein.

Ja, da ist was Wahres dran. Aber keine Sorge! So toll ist das nicht, was ich sehe. Sonst hätte ich dich, meine Seele, ja nicht aufgefordert, zufrieden zu sein. Dann wärst du es schon von alleine.

  Na, also …

Ist doch logisch, oder?

  So sehr wir einerseits eine Person sind, möchte ich andrerseits doch darauf hinweisen, dass ich manches aus einer anderen Perspektive sehe.

Steht mir das Blau?

  Ja. Hörst du mir überhaupt zu?

Natürlich! Sprich!

  Du legst Wert auf Äußerlichkeiten, Schönheit …

Na ja, was davon noch übrig ist.

... gepflegte Erscheinung, beeindruckendes Auftreten ...

Was willst du, Seele? Das alles ist doch wichtig! Und wenn es gelingt, hast du auch was davon. Du kannst auch ein bisschen stolz sein, zumindest musst du keine Komplexe haben, du gewinnst an Stabilität ...

Das bestreite ich nicht. Ich bin dir dankbar für jeden gelungenen Krawattenknoten. Trotzdem fühle ich mich zurückgesetzt.

Zurückgesetzt?

Wenn du so viel Aufmerksamkeit auf deine Schönheit verwendest ...

Bitte gebrauche nicht dieses Wort! Es ist völlig unpassend, und wenn ich es höre, geht mir ein Schreck durch alle Glieder.

... auf dein Äußeres verwendest, aber mit der Schönheitspflege deiner Seele befasst du dich kaum. Dabei heißt es doch immer: Wahre Schönheit kommt von innen.

Wie soll ich das denn machen? Im Spiegel sehe ich dich nicht.

O doch, im Spiegel siehst du mich auch. Guck nur genau hin! Erkennst du nicht manchmal den Stolz, manchmal den Ärger, manchmal Komplexe – das bin ich!

Hm, ja, doch ... Aber wenn ich auf das Äußere achte, tue ich es doch für dich! Was nützte mir zum Beispiel die Bewunderung anderer, wenn sie nicht in meiner Seele die positiven Gefühle auslösten?

Okay, aber ich hätte gern, dass du mir nicht nur über diesen Umweg Gutes tust, sondern auch direkt.

134

Wie denn zum Beispiel?

Wie wär's mit einem guten Buch? Einem tiefgehenden Gespräch? Einem einsamen Waldspaziergang? Einer stillen Zeit fürs Gebet?

Hm. Kein schlechter Tipp, liebe Seele.

Und im Gegensatz zu deinem Äußeren – entschuldige! – ist bei mir vielleicht auch noch mehr zu verschönern.

52 Hör mal her, liebe Seele! (18)

Thema: Sprache

Lobe den Herrn, meine Seele!

Und vergiss nicht, was er dir Gutes getan hat.

So hoch der Himmel über der Erde ist, lässt er seine Gnade walten über denen, die ihn fürchten.

Schön!

Ja, Gottes Güte ist etwas Wunderbares!

Äh – das stimmt natürlich, aber das meinte ich gerade nicht. Ich meinte die Sprache.

Die Sprache dieses Psalms?

Ja, ich habe meine Freude daran. Die treffenden Worte, die Bilder, der Rhythmus …

Darum geht es aber nicht bei einem Bibeltext! Es geht um die Aussage.

Sicher. Aber nicht nur. Ich verstehe ja, dass du hauptsächlich die Botschaft in so einem Text hörst. Aber verstehe auch, dass mich nicht weniger die Form anrührt.

Typisch Seele! Was interessiert mich der Sprachrhythmus, wenn mir Gott seine Gnade zusagt!

Gestern haben sie im Fernsehen gezeigt, wie zwei Präsidenten einen Vertrag zwischen ihren Ländern unterschrieben haben.

Ja und?

Wenn es nur um den Inhalt geht, hätten sie den Vertrag auch auf den Rand einer Zeitung kritzeln können. Aber er war in rotes Leder gebunden ...

Ah – ich verstehe. Du willst sagen: Die Wichtigkeit einer Botschaft schlägt sich auch in der äußeren Form nieder.

Und wird durch sie unterstrichen, ja. Du hast es verstanden und schön ausgedrückt.

Was hast du nur dauernd mit Ausdrücken und Sprache?

Menschen können nur präzise denken, weil sie sprechen können, haben wir mal gelesen.

Ja, mit dem Sprachvermögen entwickelt sich beim Kind das Denken. Man lernt die Welt um sich her zu beschreiben und damit zu verstehen, man nimmt durch Sprache die Erkenntnisse anderer auf und macht sie zu eigenem Wissen, man reflektiert seine Gedanken und bringt sie in eine gewisse Ordnung ... Aber was hat das mit dir zu tun?

Man reflektiert auch seine Gefühle. Im Übrigen hat alles, was du gerade aufgezählt hast, mit der Seele zu tun. Ohne Seele ist alles seelenlos.

Das hast du jetzt aber schön ausgedrückt.

Ich kann das leider nur, indem ich mich deines Sprachzentrums bediene. Wie gern würde ich das auch können!

Sei nicht traurig! Dafür verstehst du manchmal besser, was andere sagen.

Meinst du das ehrlich? Oder willst du mich nur trösten?

Ehrlich! Was einer hinter vielen Worten verbirgt, verstehe ich oft nicht, aber du, meine Seele. Oder was einer wortlos ausdrückt. Oder gar was Gott uns sagen will. Wenn ich es noch nicht mal merke, hast du es längst kapiert. Wenn ich auf Durchzug schalten will – bei dir bleibt es hängen.

Ich liebe eine wohlklingende, bilderreiche, klare Sprache.

Aber die ohne Vokabular und Grammatik verstehst du besser als ich.

53 Hör mal her, liebe Seele! (19)

Thema: Probleme

Was betrübst du dich, meine Seele, und bist so unruhig in mir?

Warum betrübst du dich nicht, Mensch, und bist so ruhig? Haben wir nicht allen Grund, unruhig zu sein?

Die Zeiten sind unruhig und unsre Situation auch. Da hast du recht. Aber ich bin da nicht so pessimistisch.

Ich bin auch nicht pessimistisch, sondern realistisch. Und du bist optimistisch. Ohne Grund.

Von Gründen und Argumenten verstehst du nichts, liebe Seele. Deine Unruhe besteht aus diffusen Emotionen. Außerdem lähmt sie mich. Wenn du meinen Herzschlag verdoppelst und mich nur oberflächlich atmen lässt und machst, dass der Magen sich verkrampft, wie soll ich dann Strategien entwickeln, um die Probleme anzupacken?

Ich sehe ein, dass das ein Handicap für dich ist. Aber du als denkender Mensch musst zugeben, dass das, was du gerade gesagt hast, eine unsachgemäße Antwort war!

Wieso denn das?

Wir sprachen gerade darüber, ob Sorgen begründet sind. Du sagtest, dass sie schädlich sind. Das ist etwas anderes.

Sie sind beides – schädlich und unbegründet.

Weil sie schädlich und unangenehm sind, erklärst du sie für unbegründet, damit du sie verbannen kannst.

Wo hast du denn den Gedanken aufgeschnappt? Ich sehe schon, ich darf nicht so viele psychologische Bücher lesen! Reichlich kompliziert.

So kompliziert ist der Mensch nun mal.

Jetzt aber genug mit den Gedankenspielchen! Ich muss mich den Problemen widmen.

Okay, ich versuche, Herz und Magen ruhig zu halten. Atme mal kräftig durch und sprich beim Ausatmen langsam: „Heuwägelchen".

Du meinst, das nützt was?

Erfahrungswerte!

Optimist!

Ach – jetzt bin ich auf einmal der Optimist.

Lass uns diese Diskussion beenden, wer von uns Optimist und wer Pessimist ist! Wer richtig liegt, können wir sowieso erst sehen, wenn die Probleme entweder gelöst oder uns über den Kopf gewachsen sind.

Nur dass es dann zu spät ist.

Lass endlich deine destruktiven Bemerkungen!

Tut mir leid. Äh ...

Was denn noch?

Ich würde gerne noch was Positives … Der Vers geht doch noch weiter: Harre auf Gott!

Stimmt.

Ich meine, er hat doch zugesagt, dass er da ist, wenn wir ihn um Hilfe bitten. Ich würde mich bedeutend wohler fühlen, wenn wir die Probleme mit ihm besprechen könnten.

Er wird helfen, bestimmt!

Ich hoffe, dass du da nicht zu optimistisch bist!

Nein, realistisch.

54 Hör mal her, liebe Seele! (20)

Thema: Müdigkeit

Lobe den Herrn, meine Seele!

> Später mal.

Später? Warum nicht gleich?

> Ich bin müde. Ich will mich mal baumeln lassen.

Wie – aufhängen?

> Nein! Das sagt man doch so: die Seele baumeln lassen.

Ach so.

> Mich mal gar nicht anstrengen, verstehst du?

Ja, das Gefühl kenne ich. Aber um den Herrn zu loben, musst du dich doch nicht anstrengen!

> Aber ja doch! Ich muss mich konzentrieren, um mich auf ihn einzustellen, um die richtigen Worte zu finden …

Musst du nicht!

> Muss ich doch!

Wer sagt das? Du brauchst doch nur …

Ich bin zu müde, um mit dir zu streiten.

Ich streite doch gar nicht. Ich tausche doch nur ganz einfach Argumente aus.

Ich bin auch zu müde, um Argumente auszutauschen.

Aber du sprichst doch mit mir. Also denkst du, also kannst du auch Argumente verstehen und antworten.

Nein, ich mache nur Smalltalk. Zu mehr bin ich nicht fähig. Heute nicht mehr. Kennst du so was nicht auch, dass einen alle Spritzigkeit des Geistes verlassen hat, die Zunge schwer wird und die Rede langsam zum Blabla ausartet, bis sie schließlich ganz aufhört …

In dem Zustand bist du jetzt?

Ja.

Zu keinem scharfsinnigen Gedanken mehr fähig?

Richtig.

Ohne Willenskraft?

Genau.

Ohne den Wunsch, das beschämende Blabla zu überwinden und zu einem tiefsinnigen Gespräch zu kommen?

Ich schäme mich nicht für mein Blabla. Ich genieße den wohligen Gedanken, dass du mir mit all deinen hochgeistigen und tiefsinnigen Argumenten den Buckel runterrutschen kannst. Bildlich gesprochen, versteht sich.

Prima! Großartig! Da bist du bestens geeignet, meine Bitte in die Tat umzusetzen.

Welche Bitte?

Na, Gott zu loben!

Was redest du da! Soll ich etwa Gott beleidigen mit Blabla?

Nein, sag doch einfach gar nichts!

Ich denke, ich soll Gott loben.

Das geht auch ohne Worte. Mit unaussprechlichem Seufzen zum Beispiel. Lass dich mit all deiner Müdigkeit einfach in seine Arme fallen!

Du meinst …

Bildlich gesprochen, versteht sich.

Du meinst, damit lobe ich ihn?

Das ist kindliches Vertrauen. Und mit kindlichem Vertrauen lobst du ihn mehr als mit … mit … mit zum Beispiel fünfzig Bachkantaten.

Wie kommst du denn darauf? Du hättest mindestens zweiundfünfzig sagen müssen. So viele Sonntage gibt's im Jahr.

He – du denkst ja doch mit!

Was du da über Vertrauen gesagt hast, hat mich elektrisiert.

55 Hör mal her, liebe Seele! (21)

Thema: Ererbte Eigenarten

Sei nun wieder zufrieden, meine Seele, denn der Herr tut dir Gutes!

Dir auch.

Ja, natürlich, mir auch.

Das klingt nicht besonders überzeugt.

Nun ja, er tut mir Gutes, unbestritten. Aber manchmal könnte es noch besser sein.

Sei nicht undankbar!

Bin ich ja nicht. Ich stelle nur fest: Auch wenn es Gründe gibt, zufrieden zu sein, wären noch mehr Gründe denkbar, noch zufriedener zu werden.

Weißt du, was mir immer wieder auffällt? Manchmal bist du wie dein Vater!

Ach – wieso?

So eine mäkelige Halbzufriedenheit, und dann diese haarspalterisch spitzfindigen Wortgefechte …

Vergiss nicht: Mein Vater ist auch dein Vater!

An so eine Binsenwahrheit musst du mich nicht erinnern. Ich will damit sagen: Viele von seinen Eigenschaften haben sich bei dir niedergeschlagen. Während ich wohl mehr vom Erbe unsrer Mutter in mir habe.

Ich bin nicht ein Abbild von Vater! Ich bin ein eigener Mensch!

Empfindest du es etwa als Beleidigung, wenn ich dich mit ihm vergleiche?

Nein, natürlich nicht. Aber trotzdem … Immerhin hast du eben zwei eher negative Eigenschaften angeführt, die ich geerbt haben soll.

Natürlich hast du auch positive geerbt, zum Beispiel die stattliche Erscheinung oder …

Ach, Seele, das Positive kommt spät und wirkt jetzt nur noch nachgeschoben, als wolltest du mich mit dem negativen Erbe versöhnen.

Das hast du klar erkannt. Ich gebe es zu.

Ich frage mich manchmal, ob wirklich stimmt, was ich eben sagte – dass ich ich bin. Oder ob das nur ein trotziger Versuch ist, etwas herbeizuzwingen, was gar nicht stimmt. Bin ich wirklich ganz frei, oder sind mein Leben und mein Wesen unausweichlich vorgegeben durch Gene und frühe Erziehung?

Eine schwierige Frage. Ich fürchte, ich bin als deine Seele überfordert, sie zu beantworten.

Dachte ich's mir doch!

Ich weiß nur eins: Wenn Gott uns anspricht und wenn er auf dich hört, dann meint er nicht deine Familie, dann meint er dich.

Ja, das ist wahr. Und als Jesus starb und auferstand, tat er es für mich persönlich. Mich hat er beim Namen gerufen, und zwar nicht nur beim Familiennamen, sondern auch beim Vornamen. Ich sollte ihm gehören.

Reicht es nicht, das zu wissen?

Doch. Eigentlich … ja, doch, das reicht. Der Herr tut mir viel Gutes. Mir!

Und ganz ehrlich – ich wollte auch nicht die Seele deines Vaters sein. Es ist mir schon recht, dass ich deine bin.

Obwohl du mit ihm sicher auch spitzfindige Wortgefechte hättest führen können?

Trotzdem. Also – sei nun wieder zufrieden!

56 Hör mal her, liebe Seele! (22)

Thema: Erinnerungen

Lobe den Herrn, meine Seele, und vergiss nicht, was er dir Gutes getan hat!

Ich will mir Mühe geben, es nicht zu vergessen. Obwohl mir das nicht leichtfällt bei den Dingen, die schon viele Jahre zurückliegen.

Na ja, die Sachen von ganz früher musst du ja nicht mit allen Einzelheiten in Erinnerung behalten.

Ich denke auch: Es reicht eine grobe Übersicht. Und die Grundmelodie in all den Jahren ist: Der Herr hat uns viel Gutes getan.

Genau.

Obwohl ich mich gern in die Kindheit und Jugend zurückversetze.

Ein bisschen Nostalgie, nicht wahr?

Ist doch nichts Schlimmes.

Nein, ich träume auch manchmal gern von damals.

Es war eine schöne Zeit.

Na ja, unsere Familie war nicht gerade reich damals.

Aber das bemerken Kinder nicht so. Für uns war das Leben sehr reich.

Wir wohnten ziemlich beengt.

Das war heimelig. Und draußen war so viel Platz.

In der Schule gab es allerlei Probleme.

Aber wenn wir mit den Freunden gespielt haben, waren die Schulprobleme vergessen. Was für Abenteuer haben wir da erlebt!

Wir hatten noch nicht mal Fernsehen.

Dafür Live-Erlebnisse und spannende Bücher. Und ich, deine Seele, war voll von bewegten Bildern.

So rosig, wie du die Zeit jetzt im Rückblick siehst, hast du sie damals nicht gesehen.

Das mag sein.

Die Rückschau verklärt alles.

Nimm mir nicht die schönen Erinnerungen! Außerdem wollten wir doch Gott loben für all das Gute, das er uns getan hat. Wenn es nun in der Realität gar nicht so gut war – wofür sollen wir ihn dann loben?

Aber, Seele! Du weißt doch, dass Gott immer zu loben ist, ohne dass es dafür bei uns einen Anlass geben muss!

Na ja, ich weiß schon …

Außerdem kannst du ihn dafür loben, dass du die Kindheit trotz der bescheidenen Verhältnisse in guter Erinnerung hast.

Gute Idee! Das werde ich tun!

Ich mache mit.

Ich finde, es war auch wirklich schön. Ich will mir die schönen Erinnerungen nicht nehmen lassen.

Musst du ja auch nicht.

Für mich war damals alles besser. Sagen doch die Leute immer: Damals war alles besser. Ich finde, da ist was Wahres dran.

Ha! Damals war alles besser, aber heute bin ich besser.

Das war ein schlechter Witz. Immerhin haben wir dazugelernt. Sind reifer geworden.

Auch etwas von dem Guten, das Gott uns getan hat.

So vieles hat sich geändert. Nur er ist gleich geblieben. Immer voller Güte zu uns.

Lobe den Herrn, meine Seele, und vergiss das nicht!

57 Hör mal her, liebe Seele! (23)

Thema: Was bleibt

Was betrübst du dich, meine Seele, und bist so unruhig in mir?

Ach, äh, das … das kann ich schlecht erklären.

Harre auf Gott!

Kannst du dir nicht mal eine zeitgemäßere Sprache angewöhnen?

Meinst du das „harre"? Na ja, stimmt schon, das sagt man heute nicht mehr. Aber es steht nun mal so in meiner Lutherbibel.

Es gibt eine Heilige Schrift, aber keine heilige Übersetzung.

Aber ich kann es doch meinem Gedächtnis so leicht wie möglich machen. Immer neue Ausdrücke kann ich mir nicht so gut merken. Außerdem prägen sich Ausdrücke, die sich von der Alltagssprache unterscheiden, besser ein.

Oder: „Was betrübst du dich" – das sagt doch keiner mehr. Höchstens: Warum bist du betrübt?

Oder: Warum bist du so down?

Genau.

Also – warum?

Wie?

Na – warum bist du down? Du hast die Formulierung meiner Frage kritisiert, aber sie nicht beantwortet.

> Warum … Hm. Es hängt mit diesem Thema zusammen. Plötzlich stehen die alten großen Wahrheiten fast lächerlich da. „Harre auf Gott!" Früher ein Satz wie in Stein gemeißelt oder in Bronze gegossen. In der modernen Welt wirkt er wie eine leere Worthülse. Und nicht nur die Sprache ändert sich, auch sonst vieles.

Du meinst das Denken.

> Ja, und das Lebensgefühl, die Mode, die Weltanschauungen …

Und es beschleunigt sich sogar das Tempo der Veränderungen. Die Halbwertzeit aller Werte wird immer kürzer.

> Die was?

Die Halbwertzeit. Ein Ausdruck aus der Physik. Er besagt … das würde jetzt zu weit führen.

> Siehst du – auch so 'n Beispiel. Neue Ausdrücke, neue Bilder, neue Erkenntnisse – nichts bleibt, wie es war.

Nur wir … sind noch die Alten.

> Das ist noch die Frage! Und ich weiß noch nicht mal, ob ich das will. Bleiben wir der Alte, geht das Leben an uns vorbei und wir sind abgehängt. Versuchen wir aber laufend uns anzupassen, geht uns der Atem aus, und mir ist, als verlören wir den Boden unter den Füßen.

Wahrscheinlich sind Lebensgefühl und Selbstverständnis bei den meisten Menschen ein Kompromiss. Ein bisschen Bewährtes und ein gewisser Prozentsatz Neues.

Auch nicht befriedigend.

Harre auf Gott!

Das Beispiel hatten wir schon.

Ich sage das nicht als Beispiel, der Sprache wegen. Ich meine den Inhalt. Warte auf Gott, verlass dich auf ihn, vertraue ihm!

Aber wieso sagst du ... ich meine, wie kommst du jetzt darauf?

Suchtest du nicht etwas Bleibendes? Er bleibt. Ewig und unveränderlich. Himmel und Erde werden vergehen – er nicht.

Ja, ich will mich wieder daran klammern. Nicht nur an die gewohnten Worte. An ihn.

58 Hör mal her, liebe Seele! (24)

Thema: Schöpfung

Lobe den Herrn, meine Seele!

Gern. Und ich vergesse nicht, was er mir Gutes …

Nein, ich wollte mal Psalm 104 zitieren. Da geht es anders weiter: Herr, mein Gott, du bist sehr herrlich, du bist schön und prächtig geschmückt. Licht ist dein Kleid, das du anhast. Du breitest den Himmel aus wie einen Teppich …

Einen Teppich?

Das ist ein Bild. Wie das mit dem Schmuck und dem Licht.

Da sprichst du aber nicht mehr mich an, deine Seele, sondern Gott. Aber am Anfang hieß es: Lobe den Herrn, meine Seele.

Du sollst das Lob Gottes mitsprechen, meine Seele. Mit Staunen über seine Schöpfermacht, mit Jubeln über seine Größe, mit Danken für seine Liebe …

Mach ich gern, wenn du mir sagst, was ich da mitsprechen soll.

Das ist ein Schöpfungspsalm. So nennt man diese alttestamentlichen Lieder, in denen die Natur in vielen Einzelheiten beschrieben wird. Daraus erwächst dann das Lob.

Zum Beispiel?

Gott hat das Erdreich gegründet, heißt es da. Er hat Berge sich erheben lassen und niedriges Land mit Wasser bedeckt. Er lässt die Bäche fließen und das Wild davon trinken. Er lässt die Vögel zwitschern und das Gras wachsen. Und für den Menschen lässt er Brot und Wein werden. Und dann ist von den verschiedenen Tieren die Rede, und von den Gestirnen ...

Schön! Sich solche Bilder auszumalen tut mir, der Seele, gut.

Du sollst es dir aber nicht nur gut sein lassen, sondern dafür danken und den Schöpfer loben.

Ich lobe dich, großer, guter Gott!

Ich auch. Lobe den Herrn, meine Seele!

Hab ich doch grade!

Ach ja, stimmt.

Du bist dir doch bewusst, dass die Sache mit dem Schöpfer – na, du weißt schon. Manche sehen das anders ...

Natürlich weiß ich das. Ich lese auch, was da heute so gelehrt wird, und sehe entsprechende Fernsehsendungen.

Und – das macht dir nichts aus? Ich meine, das stürzt deinen Glauben an den Schöpfer nicht in Zweifel?

Würde ich ihn sonst loben? Nein, ich glaube auch weiterhin, dass alles, was ist, aus seiner Hand hervorging.

Versteh mich recht – ich freue mich darüber, zumal ich ja als Seele nicht so denkerische Probleme habe. Ich lobe auch lieber Gott als irgendwelche Zufälle. Aber da spricht das Gefühl, wie es eben zu mir gehört. Und du sagst ja immer, in grundsätzlichen Fragen muss der Verstand sprechen.

Der spricht auch, liebe Seele! Sei sicher, dass ich mich an diesem Punkt nicht nur von dir bedrängen lasse. Ich denke auch, bevor ich den Schöpfer lobe.

Prima. Und zu welchem Ergebnis …

Ersparen wir uns die Einzelheiten! Es würde Wochen dauern, Argumente der einen und der anderen Seite gegenüberzustellen. Und verstehen würdest du es doch nicht.

Mach mich nicht dümmer, als ich bin!

Entschuldige! Ich meine nur …

Schon gut! Ich weiß, wie du's meinst. Es reicht mir, zu wissen, dass du denkst. Dass du nicht nur an den Schöpfer glaubst, um mir und deinen Gefühlen einen Gefallen zu tun.

Außerdem muss man nicht alles verstanden haben, um Gott dafür loben zu können. Dann kämen wir nämlich nie zum Lob. Und das wäre doch schade. Also: Lobe den Herrn meine Seele!

Halleluja!

59 Kutscher Taris

Thema: Umkehr; Bibeltext: Apg 8,26-40

Da man im Allgemeinen für solch eine Aufführung kein lebendes Pferd zur Verfügung hat, kann der Darsteller so tun, als säße er im Stall, und das Tier, das er eben gefüttert hat, ist hinter einer Ecke nicht sichtbar. Er macht es sich bequem, isst vielleicht auch etwas, und plaudert dabei mit seinem Pferd. Später meldet sich (aus dem Off) auch der Minister zu Wort.

Kutscher: Das hast du wieder mal gut gemacht, mein Pferdchen! Tapfer bist du getrabt heute! Und nicht nur heute! Schon seit wir aus unsrer Heimat Äthiopien … Das hättest du dir auch nie träumen lassen, dass du mal so weit in der Welt herumkommst, wie? Bis nach Israel! Ich auch nicht. Ich meine, ich hätte mir das auch nie träumen lassen.

Na ja, wahrscheinlich bedeutet es dir nichts, mein Pferdchen. Dir wird es wohl egal sein, in welchem Land der Erde du herumtrabst. Hauptsache, du kriegst dein Fressen. Und ab und zu mal einen Apfel. So wie jetzt. *(reicht einen Apfel)*

Aber wir Menschen … Menschen sehen das anders. Weißt du, Pferdchen, Menschen brauchen mehr als Fressen und Saufen.

Nimm mal als Beispiel unseren Minister. Wie groß und mächtig der ist! Und reich! Und geehrt! Und – ist er damit zufrieden? Nein! Und warum nicht? Er sucht nach dem Sinn des Lebens oder so. Verstehst du, er sucht nach etwas Ewigem. Nach etwas, das noch größer ist als er selbst. Damit er sich daran halten kann.

Aber was rede ich da – du begreifst das sicher nicht. Aber ich, Pferdchen, ich verstehe das. Manchmal habe ich auch diesen Wunsch, etwas zu haben, jemanden zu kennen, der alles in der Hand hat, auch mich. Und der mir ganz in Liebe zugewandt ist.

Nimm nur noch von dem Hafer! Du brauchst Kraft, morgen geht es weiter!

Weil er hörte, der Minister, unser Fahrgast, dass in Jerusalem der einzige, allmächtige, wahre Gott angebetet wird, und weil er genug Geld hat für so eine Reise, da ist er eben hingefahren. Und ich habe ihn kutschiert und du hast ihn gezogen. Auf diese Weise sind wir auch mal nach Jerusalem gekommen, du und ich. Gott haben wir allerdings nicht gefunden. Du nicht und ich nicht und unser Herr Minister auch nicht.

Er war sehr enttäuscht, der Herr. Ich weiß nicht, ob du das gemerkt hast, Pferdchen. Sehr enttäuscht!

Aber dann das Erlebnis heute! Nun ist er wieder fröhlich. Was heißt hier „wieder" – so fröhlich war er noch nie!

Allerdings – wenn du mich fragst, Pferdchen, warum er so fröhlich geworden ist – das kann ich dir auch nicht erklären. Einiges schon, aber nicht alles.

Es fing mit diesem Buch an.

Er las, und seufzte, und las weiter.

Dann stand da dieser Mann – du erinnerst dich. Der Herr Minister lud ihn ein und du musstest ihn auch noch ziehen.

Ich hab' ihr Gespräch gehört. Weißt du, Pferdchen, eigentlich sollen Kutscher nicht zuhören, wenn die Herrschaften sich unterhalten. Aber was will man machen, in der Wüste, wo jedes Wort zu verstehen ist, weil die Räder auf dem Sand nicht rappeln.

Der Herr fragte ihn, was der Satz bedeute, den er gerade gelesen hatte. Von einem, der sein Leben freiwillig hingab. Ich konnte mir denken, warum ihn das so brennend interessierte: Darin zeigt sich doch Liebe! Und geliebt zu werden war ja genau das, was er suchte. Ich übrigens auch, Pferdchen. Das wirst du vielleicht nicht verstehen. Du wirst ja von mir geliebt. Aber wer liebt mich?

Der Fremde hat dem Herrn Minister alles erklärt: Gott hat seinen Sohn als Mensch auf die Erde geschickt. Jesus heißt er. Davon war der Herr Minister so gepackt – ich wollte dich schon herumlenken, um nach Jerusalem zurückzufahren. Aber nein, das sei nicht nötig, sagte der Fremde, Jesus sei umgekommen. Erst kürzlich.

Schade!, meinte unser Fahrgast. Nein, sagte der Fremde, nicht schade! Denn damit habe er unsere Schuld auf sich genommen und so den Weg zu Gott frei gemacht. Wie es in dem Buch steht. Außerdem sei er wieder lebendig geworden.

Wieder lebendig? Nichts wie hin!, dachte ich, und wollte kehrtmachen. Aber da sagte er, Jesus sei nicht mehr in Jerusalem anzutreffen. Er sei in den Himmel geschwebt. Und als der Herr Minister und ich darüber grade wieder enttäuscht werden wollten, sagte er: Keine Sorge, durch seinen Geist sei er immer noch da. Nur leider unsichtbar. Sogar überall. Sogar hier in der Wüste. Man brauche nur das Herz für ihn zu öffnen.

Ein äußeres Zeichen, dass man das tue, sei eine bestimmte Handlung, so eine Art Waschung – na ja, du hast es ja gesehen, Pferdchen, wie wir dann bei der Pfütze angehalten haben, und der Herr Minister mit dem Fremden da hinein ... Ich habe mich natürlich diskret abgewendet, wie man das von einem Kutscher erwartet.

Nachher war er so anders. Ein Unterschied wie Tag und Nacht. Glücklich, wie von einer schweren Last befreit.

Ich hätte ihn gern gefragt, was da in ihm vorgegangen ist, und überhaupt ... Aber ich kann ihn natürlich nicht fragen! Der Kutscher einen Minister! Einen, der so hoch über mir steht, dass er noch nicht mal meinen Namen kennt, sondern immer nur „Kutscher" zu mir sagt.

Stimme: Kutscher!

Kutscher: Ja, Herr? Ich bin hier im Stall der Herberge.

Stimme: Gut. Sag mal, Kutscher, wie heißt du eigentlich?

Kutscher: Taris, Herr.

Stimme: Wenn du das Pferd versorgt hast, Taris, dann komm doch mal zu mir. Ich will dir etwas Schönes erzählen.

Kutscher: Ja, Herr, ich bin gleich da. *(er eilt hinaus)*

60 Emil und der Weihnachtsmann (1)

Thema: Weihnachtsstimmung

Emil (in moderner Kleidung) begegnet dem Weihnachtsmann (roter Mantel, weißer Bart usw.) Sie setzen sich nebeneinander. Anregung: Es können auch zwei oder mehr Szenen hintereinander gespielt werden.

Emil: Tag. Ich bin Emil.

W.: Tag. Ich bin der Weihnachtsmann.

Emil: Ich weiß.

W.: Wenn du das weißt, dann weißt du doch sicher auch, dass es mich eigentlich gar nicht gibt.

Emil: Klar. Weiß doch jeder.

W.: Außer den Kindern.

Emil: Außer den Kindern.

W.: Warum redest du dann mit mir? Ich meine, wenn du doch weißt, dass ich eigentlich gar nicht da bin?

Emil: Hm. Gute Frage.

W.: Du möchtest wohl gerne, dass es mich gibt?

Emil: Na ja, ehrlich gesagt, es wäre ganz nett. Als Kinder haben wir uns immer wohlgefühlt bei dem Gedanken an den Weihnachtsmann.

W.: Darum haben sie dir auch von mir erzählt, obwohl ich nur Legende bin.

Emil: Aber jetzt ... Es ist alles so nüchtern geworden.

W.: Und du hättest gern etwas Romantik?

Emil: Na ja – zu Weihnachten schon.

W.: Ich stehe jedem zur Verfügung, der genug Fantasie besitzt.

Emil: Andrerseits – wenn's doch nur Romantik-Kitsch ist ...

W.: Soll ich wieder gehen? Kein Problem, ich bin nicht beleidigt.

Emil: Verrückt, nicht? Einerseits will man immer nüchtern sein, klar denken, jeden Kitsch weit von sich weisen und so. Andrerseits braucht man aber auch ein bisschen ... ja, wie soll ich das nennen?

W.: „Wärme" vielleicht?

Emil: Ja, Wärme, das ist ein gutes Wort. Aber beides passt eben nicht zusammen.

W.: Wer sagt das denn?

Emil: Weißt du, wie man das unter einen Hut ...? Ich meine, dass man ein Mensch von heute bleibt, mit beiden Beinen auf der Erde, aber doch ... na, eben, dass einem zu Weihnachten das Herz aufgeht. Wenn du verstehst, was ich meine.

W.: Nichts leichter als das!

Emil: Ach ...?

W.: Ja. Weihnachten ist doch dafür da, dass den Menschen das Herz aufgeht.

Emil: Ja aber ...

W.: Du musst dich nur nicht an mich wenden! Mensch, Emil, ein nüchterner Mensch wie du! Der braucht doch keine Romantik! Der kann die Wärme, die er für das Herz braucht, doch aus der Wahrheit beziehen!

Emil: Der Wahrheit?

W.: Der Wahrheit von Weihnachten, klar!

Emil: Du meinst, der ganze märchenhafte Klimbim ...

W.: Ist überflüssig! Einschließlich mir.

Emil: Und ich soll ...

W.: Dich auf das Eigentliche besinnen, ja!

Emil: Du meinst, dass Gott zu den Menschen kommt ...

W.: Aus Liebe! Das wärmt viel besser als aller Weihnachtskitsch! Außerdem stimmt es.

Emil: Danke, Weihnachtsmann!

W.: Bitte. Ja, ich muss dann mal wieder.

Emil: Tschüss!

61 Emil und der Weihnachtsmann (2)

Thema: Gesprächspartner

Emil: Tag, Weihnachtsmann.

W.: Tag, Emil.

Emil: Nicht, dass du denkst, ich hätte – na ja, nicht alle Tassen im Schrank, oder so ...

W.: Warum sollte ich das denken?

Emil: Weil ich doch weiß, dass es dich gar nicht gibt, aber trotzdem mit dir rede.

W.: Ja, ein bisschen komisch ist das schon. Aber ich bin in der Hinsicht viel gewöhnt.

Emil: Weißt du, im Gespräch mit dir klären sich meine Gedanken.

W.: Und? Was kommt raus bei der Klärung?

Emil: Ich bin noch nicht ganz fertig.

W.: Na schön, dann sprich nur weiter!

Emil: Ich glaube, man braucht ein Gegenüber, mit dem man reden kann.

W.: Sodass sich die eigenen Gedanken klären.

Emil: Ja. Und so jemand wie du ist da besser geeignet als ein Mensch aus Fleisch und Blut.

W.: Du schmeichelst mir. Aber sag mir auch, warum das so ist!

Emil: Na ja, ein Mensch aus Fleisch und Blut ist eben ... wie ich. Nicht edler, nicht weiser, nicht gütiger, nicht besser ...

W.: Und das reicht dir nicht?

Emil: Normalerweise schon. Aber es gibt Zeiten, da beschäftigen einen Dinge, die ... wie soll ich sagen ....

W.: Tiefer gehende Fragen meinst du?

Emil: Ja. Da dreht sich das Denken nicht nur um Geld, Arbeit, Hobby, so was eben. Gerade zu Weihnachten ...

W.: Und dafür brauchst du einen besonderen Gesprächspartner!

Emil: Genau. Denn da betrete ich Neuland, verstehst du? Weiß nicht, wo Gruben und Fallstricke sind. Oder wo ich mich verirre ...

W.: Aber du weißt doch: Wenn du mit mir sprichst, sprichst du eigentlich auch nur mit dir selber. Weil ich nur eine Fantasiefigur bin.

Emil: Ja, schon. Aber was soll ich machen?

W.: Ich wüsste einen besseren Gesprächspartner.

Emil: Wirklich? Nicht so eine Fantasiefigur wie du?

W.: Ganz und gar nicht!

Emil: Auch nicht nur ein Mensch, der auch nicht weiter sieht als ich, der ...

W.: Nein, nein! Er ist viel weiser und klüger und gütiger und ...

Emil: Wen meinst du?

W.: Mensch, Emil! Denk doch mal nach! Weihnachten!

Emil: Ach so, du meinst ... Gott selbst. Weil er doch zu uns kam. Als Mensch. Ja, da hast du recht. Natürlich! Dass ich da nicht eher ... Danke für den Tipp, Weihnachtsmann!

62 Emil und der Weihnachtsmann (3)

Thema: Wahrheit oder Legende

Emil: Tag, Weihnachtsmann.

W.: Tag, Emil.

Emil: Ich weiß, was du sagen willst.

W.: Ich? Ich hab doch noch nicht mal Luft geholt!

Emil: Fantasiefiguren brauchen auch keinen Atem.

W.: Es ist dir also sehr wohl bewusst, dass der Weihnachtsmann nicht wirklich …

Emil: Ich weiß, dass ein Gespräch mit dir eher eine Art Selbstgespräch ist. Aber eine angenehme Art Selbstgespräch. Weil du ein Nichts bist …

W.: Ganz so negativ solltest du aber nicht von mir reden, Emil!

Emil: Sei mir nicht böse, Weihnachtsmann, ich meine es nicht so.

W.: Ich bin dir nicht böse. Aber ich möchte doch darauf hinweisen, dass ich zwar nicht real existiere, aber doch in Tausenden von Abbildungen, in unzähligen Geschichten und in Träumen und Wünschen vieler Kinder. Das ist doch auch schon was!

Emil: Zugegeben. Bist du manchmal traurig, dass du nicht wirklich …

W.: I wo!

Emil: Irgendwie garantiert dir dein Status als Fantasiegestalt ja auch Einmaligkeit.

W.: Nun, Einmaligkeit ... Also, ich habe auch Konkurrenz!

Emil: Ach, wirklich?

W.: Der Nikolaus zum Beispiel. Oder Knecht Ruprecht.

Emil: Ach so, ja, stimmt. Hab' ich mir nie so richtig klargemacht. Ich dachte immer, Weihnachtsmann und Nikolaus wären dasselbe.

W.: Siehst du, genau da liegt mein Identitätsproblem.

Emil: Versteh ich.

W.: Es gibt ein noch viel schwierigeres Verhältnis ...

Emil: Ich rate mal: das Christkind.

W.: Genau. Wegen des realen Hintergrundes. Sicher, das Christkind als solches ist mehr oder weniger auch zur Fantasiefigur geworden. Es bringt angeblich den Kindern Geschenke – was eigentlich meine Aufgabe ist. Nun, da bin ich ihm nicht böse. Nimmt mir nur Arbeit ab. Aber die Fantasiegestalt hat sich ja nach einer wirklichen Person gebildet.

Emil: Wie Nikolaus.

W.: Ja und nein. Eine historische Gestalt wie Nikolaus war das Christkind auch ...

Emil: Die Sache im Stall von Bethlehem damals.

W.: Aber es ist mehr als das. Nicht nur historisch. Auch real existierend. Wenn auch nicht als Kind.

Emil: Hm, ja. So gesehen ist es eigentlich beleidigend, ihn als Christkind im Reich der Fantasie den Kindern Geschenke bringen zu lassen.

W.: Du sagst es. Wenn die Leute das begriffen, wenn sie Jesus als real lebend verstünden, heute gegenwärtig – dann würde ich die Arbeit, die Geschenke zu verteilen, auch noch gerne mit übernehmen.

63 Emil und der Weihnachtsmann (4)

Thema: Gottes Geschenk

Emil: Tag, Weihnachtsmann.

W.: Tag, Emil.

Emil: Na, viel zu tun in diesen Tagen, wie?

W.: Allerdings. Bin von morgens bis abends beschäftigt. Aber für einen Plausch mit dir hab ich noch ein paar Minuten.

Emil: Ist ja auch verrückt, im Zeitalter von Luftfracht und Just-in-time-Verkehr auf Schiene und Straße noch diesen Job zu erledigen.

W.: Was will ich machen? Wenn ich mich moderner Verkehrsmittel bediene, verliere ich meine Identität! Wer will schon einen Weihnachtsmann, der mit dem Airbus kommt!

Emil: Hm. Schwierig.

W.: Allerdings verliere ich die Identität bei fortschreitender Technisierung der Welt wahrscheinlich sowieso.

Emil: Sag das nicht! Es kann sein, dass sich die Menschen in der nüchterner werdenden Zeit umso mehr nach ein bisschen heiler Märchenwelt sehnen.

W.: Mag sein. Aber ich weiß noch nicht, wie ich das dann alles bewältigen soll. Die Geschenke werden auch immer größer, und es werden immer mehr.

Emil: Alle Welt stöhnt über die Geschenkeflut, aber kaum jemand tut was dagegen.

W.: Die Menschen wollen eben ihre Liebe zu anderen beweisen.

Emil: Das glaubst du doch selbst nicht, Weihnachtsmann! Einige vielleicht. Aber die meisten schenken aus Gewohnheit. Weil das eben zu Weihnachten gehört.

W.: Na ja, da magst du nicht unrecht haben, auch wenn es mich schmerzt, das zuzugeben.

Emil: Wenn das eingestellt würde, oder zumindest eingeschränkt, hättest du auch nicht immer solchen Stress.

W.: Schon. Aber was mache ich dann?

Emil: Ach so, deine Identitätskrise. Hm, das verstehe ich.

W.: Nein, nein, Weihnachten ohne Schenken – das geht nicht!

Emil: Warum eigentlich nicht? Man kann doch zu jeder Jahreszeit dem anderen was Gutes tun.

W.: Die Gewohnheit hat eben ihren Ursprung in dem Geschenk von Weihnachten.

Emil: Welchem?

W.: Ich hab mich wohl missverständlich ausgedrückt. Ich meine nicht: in dem Geschenk von Weihnachten, sondern: in dem Geschenk Weihnachten.

Emil: Versteh ich immer noch nicht.

W.: Na, Weihnachten *ist* doch das Geschenk!

Emil: Ach, so meinst du das!

W.: Nicht unterm Tannenbaum, sondern in der Krippe. Jesus ist das große Geschenk Gottes an uns.

Emil: Verstehe.

W.: Na, siehst du!

Emil: Was heißt „na siehst du"? Gerade weil es doch um dieses eine große Geschenk geht, um das Weihnachtsgeschenk schlechthin, da wären doch unsre Geschenkaktionen überflüssig.

W.: Na ja, aber als Liebesbeweis … wenn man den andern gern hat und ihm eine Freude …

Emil: Okay, aber dann könnte man's doch übers Jahr verteilen.

W.: Auch im Sommer? Da fährt aber mein Schlitten nicht. Und was mache ich dann mit meinem Pelzkragen?

64 **Emil und der Weihnachtsmann (5)**

Thema: Strafe oder Liebe

Emil: Tag, Weihnachtsmann.

W.: Tag, Emil. Und frohe Festtage!

Emil: Danach ist mir noch lange nicht! Der Vorweihnachtsstress …

W.: Was soll ich da sagen! Hochsaison! Du weißt ja, dass ich Saison-
arbeiter bin.

Emil: Ja, ich weiß. Und die Geschenke werden immer mehr.

W.: Das ist bei Weitem nicht das einzige Problem.

Emil: Was denn noch?

W.: Och, vieles. Zum Beispiel muss ich in anderen Ländern durch
den Schornstein schlüpfen. Stell dir vor – ich alter Mann! Und
dann die veränderte Pädagogik! Früher konnte ich auch immer
mal mit der Rute kommen. Wenigstens damit drohen. Das ist
heute auch verpönt. Es ist nicht einfach für eine traditionsreiche
Figur, sich immer wieder anzupassen.

Emil: Du tust mir irgendwie leid, Weihnachtsmann. Aber ich weiß
nicht, wie ich dir helfen könnte.

W.: Ach, lass mal, ist schon gut. Ich wollte ja eigentlich nicht klagen,
das ist eben mein Job. Nur weil du über Stress klagtest, konnte
ich es mir nicht verkneifen, darauf hinzuweisen …

Emil: Du hast recht. Es war dumm von mir, über den Stress zu jammern. Zumal er zum guten Teil selbst gemacht ist. Man sollte wirklich positiver an die Festtage herangehen.

W.: Fröhliche Weihnachten!

Emil: Wie?

W.: Sollte man bewusster feiern: fröhliche Weihnachten.

Emil: Heißt es nicht auch irgendwo im Zusammenhang mit Weihnachten: „Ich verkündige euch große Freude!"?

W.: Genau. Das wurde den Hirten auf dem Feld von Bethlehem von dem Engel gesagt.

Emil: Ach ja, ich erinnere mich schwach. Aber warum?

W.: Warum ihnen das gesagt wurde? Dumme Frage, Emil! Damit sie sich freuen! Und wir auch. Das heißt, genau genommen: ihr, die Menschen. Ich ja nicht, bin ja nur Fantasie.

Emil: Ich meine, warum freuen. Es muss doch einen Grund geben!

W.: Das Kind! Das Kind in der Krippe!

Emil: Wieso ist das ein Grund zur Freude? Ein Kind allein ist doch … Das ist mir zu wenig, da fehlt was!

W.: Ja, seit Weihnachten fehlt was: die Rute. Ich habe meine Rute ja nur, weil sie sie mir angedichtet haben. Aber in Wirklichkeit müsste allen Menschen nicht nur die Rute drohen, das Richtschwert sogar. Aber seit Gott zu Weihnachten seine Liebe gezeigt hat, gilt eine andere Gerechtigkeit: nicht durch Strafe, sondern durch Vergebung.

Emil: Keine gerechte Strafe, sondern Liebe … Ja, das ist wirklich Grund zur Freude.

W.: Fröhliche Weihnachten, Emil!

65 Mich gibt's eigentlich gar nicht (1)

Thema: Der Arbeitslose und die Gerechtigkeit;
Bibeltext: Mt 20,1-16

Ein Mann in moderner Urlaubskleidung, Kamera vor der Brust, sitzt auf einer Bank. Der Gast (evtl. in orientalischer Kleidung) setzt sich neben ihn.

Gast: Na, auch arbeitslos?

Mann: Nein, Urlaub.

Gast: Was ist denn das?

Mann: Sagen Sie bloß, Sie wissen nicht, was Urlaub ist!

Gast: Äh – das muss ich Ihnen erklären. Ich bin nicht von hier. Ich bin von gestern. Also, ich meine, ich bin eine Gestalt aus der Bibel.

Mann: Ach, und da sitzen Sie heute hier …?

Gast: Keine Schwierigkeiten! Ich bin ja sowieso nur eine erfundene Figur.

Mann: Aber die biblischen Gestalten waren doch auch ganz real …

Gast: Natürlich. Aber ich nicht. Ich bin nur aus einem Gleichnis.

Mann: Ach so.

Gast: Eine fiktive Gestalt, sozusagen. Ein fiktiver Arbeitsloser.

Mann: Aha. Und aus welchem Gleichnis?

Gast: Matthäus 20. Das Gleichnis von den Arbeitern im Weinberg.

Mann: Äh ... entschuldigen Sie, aber ich hab's im Moment nicht so gegenwärtig. Ging's da um Arbeitslosigkeit?

Gast: Anfangs ja.

Mann: Gab's das also damals auch schon? Aber keinen Urlaub. Sicher gab's auch keine Arbeitslosenversicherung?

Gast: Was immer das sein mag – es gab es nicht.

Mann: Hm. Wovon haben Sie denn gelebt, wenn Sie keine Arbeit hatten?

Gast: Gute Frage. Nun ja, zur Erntezeit hatte man als Tagelöhner gute Chancen. Die übrige Zeit hungerte man sich so durch.

Mann: Ah – Erntezeit! Jetzt fällt mir das Gleichnis wieder ein: Der Weinbergbesitzer hat sie in den Weinberg geschickt und ein Silberstück als Lohn vereinbart. Später kam er wieder in den Markt und fand andere Arbeitslose ...

Gast: Da war ich dabei. Wir wurden auch an die Arbeit geschickt.

Mann: Und kurz vor Feierabend noch mal welche.

Gast: Richtig. Die hätten zwar denken können: Das lohnt sich nicht mehr. Aber wer arbeitslos ist, nimmt jede Gelegenheit wahr, die sich bietet.

Mann: Und dann hat der Chef jedem ein Silberstück ausbezahlt.

Gast: Eine haarsträubende Ungerechtigkeit, dachten wir. Die einen arbeiten den ganzen Tag in brütender Hitze und die anderen nur eine Stunde bei sinkender Sonne – und alle kriegen den gleichen Lohn!

Mann: Eine Zumutung!

Gast: Dachten wir! Aber was der Chef dann sagte, hat mir eingeleuchtet.

Mann: Was?

Gast: Wir hätten alle den vereinbarten Lohn gekriegt. Nur einige eben mehr. Nur das nicht als Lohn, sondern als Geschenk.

Mann: Na ja, ich weiß nicht … Aber es ist ja auch nur ein Gleichnis. Nicht wirklich so passiert.

Gast: Schon, aber durchaus realistisch. Sonst wäre die Geschichte ja ungeeignet, geistliche Wahrheiten zu verdeutlichen.

Mann: Geistliche Wahrheiten?

Gast: Natürlich! Es beginnt ja mit den Worten: „Das Himmelreich gleicht …", und dann kommt die Geschichte.

Mann: So, aha. Und welche geistliche Wahrheit? Das Gleichnis will doch sicher nicht sagen, dass Gott ungerecht ist.

Gast: Ungerecht nicht. Aber es geht bei ihm auch nicht um Gerechtigkeit in dem Sinn: In den Himmel kommt, wer fleißig Gutes tut und es sich verdient hat.

Mann: Nicht?

Gast: Nein. Dass Menschen bei ihm angenommen sind, wird ihnen geschenkt.

Mann: Geschenkt? Allen gleich?

Gast: Allerdings. Für das Angenommensein bei Gott gibt es auch keine Abstufungen – je nach Fleiß mehr oder weniger angenommen. Nein: Entweder ganz oder gar nicht.

Mann: Verstehe. Gott nimmt jeden an, ganz egal, was er leistet in moralischer Hinsicht.

Gast: Leistung ist ein Begriff, der vielleicht den Wert in der Gesellschaft bestimmt, aber nicht bei Gott.

Mann: Was denn dann? Was bestimmt denn unseren Wert?

Gast: Wer geliebt ist, ist wertvoll.

Mann: Und Gott liebt uns doch, nicht wahr?

Gast: Ja. Sogenannte Leistungsträger genauso wie Hilfsbedürftige und Arbeitslose. Eben alle.

Mann: Das ist ermutigend! Vielen Dank für diese Information, Herr Tagelöhner!

Gast: Bitte! Wer reich beschenkt ist, schenkt gern weiter.

Mann: Ja, so kann eine armer Schlucker aus dem Altertum einem wohlhabenden Urlauber aus dem 21. Jahrhundert noch was geben.

Gast: Nur ein fiktiver Schlucker! Im Übrigen: Die Frage nach dem Wert des Menschen ist zu allen Zeiten gleich.
Mann: Da haben Sie wohl recht.

66 Mich gibt's eigentlich gar nicht (2)

Thema: Der Tagelöhner und sein plötzlicher Reichtum;
Bibeltext: Mt 13,44

Ein Mann betrachtet die Auslagen im Schaufenster eines Juweliers. Der fremdländisch gekleidete Gast steht plötzlich neben ihm. Der Mann betrachtet ihn von oben bis unten.

Mann: Na, kommen Sie gerade aus einer Kostümprobe im Theater?

Gast: Ziemlich danebengetippt. Aus einem biblischen Gleichnis.

Mann: Ach, Sie sind aus so einer Geschichte aus der Bibel? Und Ihrer Kleidung nach einer aus den unteren sozialen Schichten.

Gast: Eine erfundene Gestalt nur! Ich bin also sozusagen gar nicht da. Nur in der Fantasie.

Mann: Unwirklich, aber um etwas Wirkliches zu verdeutlichen.

Gast: Richtig, wie es das Wesen aller Märchen, Fabeln und Gleichnisse ist.

Mann: Ein Tagelöhner, wie es sie heutzutage gar nicht mehr gibt. Ein armer Schlucker, der ...

Gast: Nicht mehr!

Mann: Wie?

Gast: Ich bin kein armer Schlucker mehr! Bin jetzt steinreich!

Mann: Was Sie nicht sagen! Das große Los gewonnen?

Gast: Das was?

Mann: Ach so, kennen Sie ja nicht. Gab es damals noch nicht. Wie sind Sie denn reich geworden?

Gast: Sie können's nachlesen in Matthäus 13, Vers 44. Ist nur ein Vers.

Mann: Hab im Moment keine Bibel dabei. Können Sie's mir nicht erzählen?

Gast: Klar kann ich! Also, das kam so: Ich wurde von einem Großgrundbesitzer angeheuert, seinen Acker zu pflügen. Hatte ich schon oft gemacht. Er nahm mich immer gern. Ich pflüge also da so vor mich hin, auf einmal verhakt sich der Pflug. Nanu, denke ich – ein großer Stein oder so. Drücke kräftig rein und treibe die Ochsen an. Auf einmal klingt es, als wenn Tongeschirr zerbricht. Ich sehe nach, und da ... was meinen Sie wohl?

Mann: Nun machen Sie's doch nicht so spannend!

Gast: Ein großer Tonkrug mit abgebrochenem Hals, und darin lauter Wertsachen: goldene Armbänder, Anstecknadeln mit Edelsteinen, eine Perlenkette ...

Mann: Fantastisch! Das müsste mal mir passieren!

Gast: Was tun? Das Ganze gehörte mir ja nicht.

Mann: Sondern dem Amt für Denkmalschutz und Altertumspflege.

Gast: Nein, dem Besitzer des Ackers.

Mann: Ach so.

Gast: Es gab für mich nur einen Weg, rechtmäßig in den Besitz des Schatzes zu kommen: Ich musste den Acker kaufen.

Mann: Ah – ja! Natürlich durfte niemand davon wissen, weil sich sonst der Preis vermutlich erhöht hätte.

Gast: Richtig. Ich also alles sorgfältig wieder zugeschüttet und unauffällig weitergepflügt. Dann hab' ich alles verkauft, was ich besaß. War nicht einfach. Von manchem Liebgewordenen musste ich mich richtig losreißen. Aber für das große Ziel …! Ich hab' mich noch zusätzlich in Schulden gestürzt. Und schließlich hatte ich so viel zusammen, dass ich den Acker kaufen konnte.

Mann: Sie Glückspilz! Da konnten Sie ja Ihre Schulden schnell abbezahlen.

Gast: Allerdings. Aber es ist nicht nur Glück. Es gehört auch Mut dazu, alles zu verkaufen. Alles auf eine Karte zu setzen.

Mann: Ich wäre auch mal gern plötzlich steinreich! Das muss ein tolles Gefühl sein. Aber mit der Lotterie ist das halt so unwahrscheinlich. Noch unwahrscheinlicher als ein Schatz im Acker. Und dabei werden die ja auch schon höchst selten gefunden. Meistens nur in Märchen und Gleichnissen. Na ja, und neuerdings mit einem Metalldetektor.

Gast: Aber ein Gleichnis steht nur für eine Realität, die damit verdeutlicht werden soll. Und diese Realität ist gar nicht so selten wie ein Schatz im Acker.

Mann: Das verstehe ich nicht.

Gast: Jesus finden, ist wie einen Schatz finden. An ihn glauben, macht innerlich reich. Von ihm geliebt zu werden, macht das Leben sinnvoll.

182

Mann: Hm. Und wie findet man diesen Reichtum?

Gast: Och, das Finden ist selten das Problem. Die meisten kennen die einschlägigen Wahrheiten – wenigstens theoretisch. Das Problem liegt im nächsten Schritt: Alles andere drangeben und hier zugreifen.

Mann: So wie Sie alles verkauft haben, um den Acker samt Schatz zu kaufen.

Gast: Richtig. Aber ein Opfer ist es nur am Anfang, wenn man noch davor steht. Wenn man den Schritt erst mal gewagt hat, ist man so reich, dass die Opfer an Besitz und Bequemlichkeit und Sicherheit gar keine Opfer mehr sind. Im Nachhinein wirken sie lächerlich klein gegen das, was man gewonnen hat.

Mann: Sprechen Sie jetzt von Ihrer Geschichte oder von deren Bedeutung?

Gast: Von beidem.

Mann: Hm. So, so. Alles auf eine Karte setzen – wie beim Glücksspiel.

Gast: Nein, ganz und gar nicht! Denn der Gewinn ist nicht unwahrscheinlich, sondern sicher. So wie mein Schatz, den ich ja mit eigenen Augen gesehen hatte.

Mann: Sie machen mich richtig … wie soll ich sagen … heiß auf den Fund. Ich bin gespannt wie ein Schatzgräber.

67 Mich gibt's eigentlich gar nicht (3)

Thema: Der Bauherr und der Leichtsinn;
Bibeltext: Mt 7,24-27

Der Mann geht (evt. mit Schubkarre, Kelle oder dergleichen) an seine Arbeit.
Der Gast sitzt da, die Hände vor dem Gesicht, und jammert.

Gast: Mein Haus! Mein schönes Haus!

Mann: Kann ich Ihnen irgendwie helfen?

Gast: Mir kann keiner helfen! Dieser Verlust! Wie soll ich nur damit fertig werden!

Mann: Was ist denn passiert? Erzählen Sie doch mal! Vielleicht kann ich Ihnen wenigstens etwas Trost …

Gast: So schlimm ist es nun auch wieder nicht. Es ist ja nicht in Wirklichkeit passiert. Wissen Sie, ich bin nur eine Figur aus einem biblischen Gleichnis.

Mann: Ach – nur ein Fantasieprodukt? Na, dann …

Gast: Sag ich ja – so schlimm ist es gar nicht. Aber ich muss natürlich verzweifelt sein. Denn was mir im Gleichnis passiert ist, ist schon allerhand! Und am meisten muss ich mich über meine eigene Dummheit ärgern.

Mann: Sie machen mich neugierig! Also in der erfundenen Geschichte ist durchaus was passiert …?

Gast: Allerdings! Es war geradezu dramatisch! Also – ich habe gebaut. Ein schönes Grundstück am Meer. Herrliche Aussicht. Einsamer Sandstrand weit und breit. Das heißt – bis auf einen Felsrücken in einiger Entfernung. Und ausgerechnet darauf baute ein Nachbar sein Haus.

Mann: Auf einen Felsen?

Gast: Mit Hammer und Meißel musste er sich erst einen ebenen Untergrund schaffen. In mühseliger, schweißtreibender Arbeit. Wir haben ihn verhöhnt und verlacht und an die Stirn getippt. Wie kann man sich nur so viel unnötige Arbeit machen! Dachten wir.

Mann: Wer ist „wir"?

Gast: Meine Söhne und ich. Andere Verwandte haben auch geholfen. Im Nu hatten wir die Balken aufgerichtet. In wenigen Tagen stand unser schmuckes Häuschen. Am Platz mit der besten Aussicht: auf einer Sanddüne.

Mann: Auf Sand! Und dann kam eines Tages ein Unwetter ...

Gast: Und was für eins! Der Nachbar war gerade erst eingezogen. Wir wohnten schon fast ein Jahr da. Der Orkan wehte so stark vom Meer her, dass das Haus in allen Fugen ächzte. Das hätte es wohl noch ausgehalten. Aber der Regen! Wie aus Eimern goss es!

Mann: Wenn ich mir vorstelle: Man gießt aus Eimern auf Sand ...

Gast: Eben! In kurzer Zeit waren die Wände unterspült und konnten dem Sturm keinen Widerstand bieten. Ich hatte gerade Frau und Kinder ins Freie gezerrt, da stürzte alles zusammen.

Mann: Sie tun mir richtig leid! Wenn ich mir das bildlich vorstelle – die ganze Habe in Trümmern und nur das nackte Leben gerettet standen Sie da im Unwetter ...

Gast: Der Nachbar hat uns freundlich aufgenommen. Ich weiß bis heute noch nicht, ob er das damals mitgekriegt hat, wie wir über ihn gelacht und uns an die Stirn getippt haben.

Mann: Peinlich! So einen Fehler haben Sie bestimmt nicht ein zweites Mal gemacht.

Gast: Konnte ich gar nicht. Denn das Gleichnis war ja damit zu Ende.

Mann: Ohne Happy End?

Gast: Mit. Aber für den Nachbarn.

Mann: Ach ja, natürlich. Und kommt dann noch eine Erklärung zu dem Gleichnis? Was es bedeuten soll?

Gast: Die kommt schon vorher. Jesus sagte: „Wer meine Rede hört und sie tut, den vergleiche ich mit einem klugen Mann, der sein Haus auf Fels baute." Und dann kommt die Geschichte.

Mann: Was für eine Rede?

Gast: Na, alles, was Jesus gesagt hat. Über Gott, seine Macht, seine Liebe, über die Menschen mit ihrer Schuld, über Jesus selbst, der für die Sünden der Menschen am Kreuz starb, der auferstand – alles das eben. Steht ja alles in der Bibel.

Mann: Also wer das hört und liest ...

Gast: Und tut vor allem! Also wer diese Wahrheiten nicht nur theoretisch bejaht, sondern damit lebt, der hat ein gutes Fundament. Wie einer, der sein Haus auf Fels baut.

Mann: Mit anderen Worten: Auf das Fundament kommt es an.

Gast: Richtig! Wer keins hat, wie ich im Gleichnis ...

Mann: Oder ein falsches.

Gast: ... der erlebt eines Tages die Pleite. Weltanschauungen zum Beispiel wechseln sich in schöner Regelmäßigkeit ab. Alle paar Jahre was Neues. Wer sich darauf verlässt, baut unsolide. Wie kann ich mich denn für die Ewigkeit auf etwas gründen, was schon in diesem Leben keinen Bestand hat!

Mann: Auf das Fundament kommt es an! Das muss ich mir merken. Da muss ich ja dankbar sein, dass ich ein bisschen was von der Bibel weiß, wenn ich auch nicht wusste, wo Ihre Geschichte steht.

Gast: Und man muss jeden bedauern, der schon von Kindheit an auf dem falschen Fundament steht. Der hat's später schwer – fertige Häuser kann man kaum noch auf ein anderes Fundament stellen. Auch wenn es nicht ganz unmöglich ist.

Mann: Sie tun mir leid! Trotzdem – hat mich gefreut, Sie kennenzulernen. Und wenn Sie wieder in Ihr Gleichnis kommen, grüßen Sie Ihren klugen Nachbarn! Ich beglückwünsche ihn.

68 Mich gibt's eigentlich gar nicht (4)

Thema: Der Unverschämte und sein Besuch;
Bibeltext: Lk 11,5-8

Auf einer Bank. Der Mann futtert aus einer Schachtel Kekse, als der Gast sich daneben setzt.

Gast: Guten Tag! Darf ich? *(deutet auf den leeren Platz neben ihm)*

Mann: Aber natürlich! Darf ich Ihnen einen Keks aus meiner Schachtel anbieten?

Gast: Ja, gern. Danke!

Mann: Ich lege sie hier zwischen uns. Greifen Sie nur zu! Nicht zu bescheiden!

Gast: Bin ich gar nicht. Ja, ich bin sozusagen der Inbegriff der Unverschämtheit.

Mann: Was? Wie meinen Sie das?

Gast: Kennen Sie sich in der Bibel aus?

Mann: Na ja …

Gast: Da gibt es doch die Geschichte von dem Mann, der nachts noch seinen Nachbarn um Brot bittet. Lukas 11. Es ist da sogar wörtlich vom unverschämten Drängen die Rede.

Mann: Aha – und was hat das mit Ihnen zu tun?

Gast: Ich bin der Mann. Keine Angst – ich bin nicht nach zweitausend Jahren aus dem Grab gestiegen. Ich war ja schon damals nicht real existierend. Nur ausgedacht, um etwas zu verdeutlichen. Beispiele machen die Dinge immer viel klarer als abstrakte Worte. Jesus wusste das. Darum hat er mich erfunden. Und meinen Freund und meinen Nachbarn mit seinen Kindern ...

Mann: Moment! Ich komme nicht ganz mit! Also so viel habe ich begriffen: Sie sind eine Art Fabelwesen ...

Gast: Sagen wir besser: Eine Gestalt aus einem Gleichnis. Das Wort Fabelwesen könnte leicht falsche Vorstellungen wecken.

Mann: Okay. Und was hat das mit dem Freund auf sich?

Gast: Der kam unangemeldet zu mir. Wir hatten uns lange nicht gesehen. Riesige Freude! Bis in die späte Nacht haben wir von alten Zeiten geschwärmt und erzählt, was wir inzwischen alles erlebt hatten. Und dann wollte ich dem Freund etwas zu essen anbieten und stellte mit Schrecken fest: Kein Brot mehr da!

Mann: Peinlich! Und in Ihrer Zeit sicher besonders, weil die Gastfreundschaft wichtig war!

Gast: Allerdings! Ich sagte zu meinem Freund: Ich borge mir was vom Nachbarn. Er sagte: Du spinnst wohl! Mitten in der Nacht! Ich sagte: Wir sind doch gut befreundet, mein Nachbar und ich. Er sagte: Dann setz die Freundschaft nicht aufs Spiel! Denk an seine Kinder, die dann wach werden und vielleicht nicht wieder einschlafen können!

Mann: Kinder? Wenn Sie einfach an die Scheibe vom Schlafzimmerfenster der Eltern ...

Gast: Scheibe? So was hatten wir nicht. Und in unsrer Zeit gab es auch nur eine Kammer, in der die ganze Familie schlief.

Mann: Ach ja, natürlich! Entschuldigen Sie, es ist für unsereins schwer, sich das vorzustellen. Dann musste der Nachbar sicher eine Kerze oder ein Öllämpchen anzünden, um den Brotschrank zu finden, ohne über die Kinder zu stolpern, denn elektrisches Licht gab es ja auch noch nicht.

Gast: Ich stelle immer wieder fest, wie viel sich verändert hat in den zweitausend Jahren. Ich hoffe, Sie kennen wenigstens noch die Gastfreundschaft. Uns ist sie heilig.

Mann: Na ja, heilig ...

Gast: Jedenfalls habe ich gepoltert und gerufen, bis er aufwachte. Und dann hat er mir Brot gegeben, damit ich meinen Freund ordentlich bewirten konnte.

Mann: Hat er sich sehr geärgert?

Gast: Ich bin überzeugt, er hat es mir gern gegeben. Er ist ja auch mein Freund. Mein Besucher meinte allerdings, er habe mir nur geholfen, weil ich so unverschämt war. Und außerdem habe er sicher gedacht, wenn er mir nichts gibt, dauert die Diskussion sicher länger und die Kinder werden erst recht wach. Er habe nur das kleinere Übel gewählt.

Mann: Egal, warum. Jedenfalls hat er's Ihnen gegeben.

Gast: Eben. Sagte Jesus auch, nachdem er das Gleichnis erzählt hatte: Egal, warum. Das heißt, er hat gesagt: Wenn der Nachbar nicht hilft, weil er mit mir befreundet ist, dann zumindest, weil ich so aufdringlich bitte. Aber helfen tut er auf jeden Fall. Und so tut Gott es auch.

Mann: Gott? Soll das etwa heißen, dass wir so unverschämt zu Gott
kommen sollen mit unseren Bitten?

Gast: Klar! Nun, ich gebe zu, „unverschämt" ist ein negativer Begriff.
Aber immerhin: Er ermutigt uns dazu. Er sagt: „Bittet, so wird
euch gegeben! Sucht, so werdet ihr finden! Klopft an, so wird
euch aufgetan!" Und dann hat er noch so 'ne Art Mini-Gleich-
nis angehängt: „Welcher Vater würde seinem Sohn, der ihn um
einen Fisch bittet, eine Schlange geben!"

Mann: Iiih! Na ja, aber die Bitte erfüllte der Vater, weil er sein Kind
liebt. Nicht weil es unverschämt ist. Im Gegenteil, Väter erzie-
hen ihre Kinder so, dass sie nicht unverschämt werden.

Gast: Gott liebt seine Kinder auch.

Mann: Ja, aber ... die Sache mit der unverschämten Bitte ...

Gast: Sag ich doch! Mein Nachbar gab mir das Brot, weil wir befreundet sind. Hören Sie genau auf das, was Jesus sagte: „Wenn
er es nicht gäbe aus Freundschaft, dann wenigstens wegen der
dringenden Bitte." Aber er gibt aus Freundschaft.

Mann: So, ja ... wenn ich es richtig verstehe ... Man braucht also kein
schlechtes Gewissen zu haben, wenn man Gott um etwas bittet?

Gast: I wo! Im Gegenteil – er freut sich! Das ist eben Freundschaft!

Mann: Find ich toll! Nehmen Sie doch noch einen Keks!

69 Mich gibt's eigentlich gar nicht (5)

Thema: Der Begabte und seine Verantwortung;
Bibeltext: Mt 25,14-30

Ein Mann sitzt in einem Straßencafé und liest Zeitung. Der Gast setzt sich daneben.

Gast: Interessant?

Mann: Nun, wenn man selbst Wertpapiere hat, ist auch die Lektüre der trockensten Börsenberichte nicht ohne einen gewissen Reiz.

Gast: Ach – können Sie mir das mit der Börse mal erklären? Ich finde das sehr interessant, aber zu meiner Zeit gibt es so was ja noch nicht. Dabei ist die Frage, wie man sein Geld anlegt, gerade für mich ...

Mann: Was heißt „zu meiner Zeit"?

Gast: Ich bin sozusagen von vorgestern. Eine geschichtliche Gestalt in zweierlei Bedeutung: Geschichtlich, weil zweitausend Jahre Geschichte zwischen Ihnen und mir liegen. Und geschichtlich, weil ich aus einer Geschichte stamme. Einer erfundenen. Einem Gleichnis.

Mann: Gleichnis? Zweitausend Jahre? Ich tippe auf die Bibel.

Gast: Richtig. Ich stamme aus einer Geschichte der Bibel, die Jesus erfunden hat, um etwas deutlich zu machen.

Mann: Welche Geschichte?

Gast: Matthäus 25.

Mann: Äh – das hilft mir nicht sehr …

Gast: Ein reicher Herr reiste ins Ausland. Seine Vermögen gab er seinen treuen Angestellten zur Verwaltung …

Mann: Ah – jetzt weiß ich's! Deshalb haben Sie sich eben nach profitablen Geldanlagen erkundigt. Einer kriegte fünf Sack Gold, oder was es war. Der andere zwei …

Gast: Das war ich. Der mit den zweien. Das mit dem Sack Gold stimmt aber nicht so ganz. Aber lassen wir's dabei.

Mann: Der dritte kriegte nichts.

Gast: Falsch. Der kriegte *einen* Sack. Nur am Schluss hatte er nichts.

Mann: Ach ja, stimmt, so war's. Weil er es nicht richtig angelegt hatte. Aber wie konnte man denn damals Geld anlegen, als es noch keine Börse gab?

Gast: Da gab es tausend Möglichkeiten! Man konnte eine Karawane ausrüsten, ein Schiff chartern oder ein Geschäft gründen. Man konnte Äcker oder Weinberge kaufen, Schafe oder Pferde züchten oder mit Seide oder Purpurschnecken handeln. Man konnte …

Mann: Und so was haben Sie getan?

Gast: Mit Erfolg, wie ich unterstreichen will! Mit nicht weniger Erfolg als der Lieblingsknecht meines Chefs. Beide haben wir das eingesetzte Kapital verdoppelt. Und am Schluss sagte der Chef zu uns wörtlich das Gleiche: „Recht so! Ich bin stolz auf dich! Du kriegst noch größere Aufgaben."

Mann: Und der Dritte hatte nur alles vergraben, nicht wahr?

Gast: Dieser Faulpelz! Vielleicht hat er sich auch nur vor der Verantwortung drücken wollen. Er hat zwar alles zurückgegeben, als der Chef wiederkam. Aber keinen Cent mehr!

Mann: Und nun haben Sie größere Aufgaben für Ihren Chef zu erfüllen?

Gast: Die Geschichte endet da. Ist ja auch nicht wichtig, wie es weiterging. Worauf es Jesus ankam, war, dass man eben mit dem Kapital wuchern soll, um möglichst viel herauszuholen.

Mann: Ach – das wundert mich jetzt aber! Ich dachte immer, Jesus wäre gegen die Jagd nach dem Geld.

Gast: Ist er auch! Das war doch nur ein Gleichnis! Es geht nicht um richtiges Geld, sondern um alles, was wir haben und können.

Mann: Was wir haben – das ist doch auch Geld.

Gast: Natürlich, auch das Geld ist eine Gabe. Aber …

Mann: Ein bisschen verwirrend, was Sie da sagen! Mal geht's ums Geld, dann wieder nicht.

Gast: Noch mal von vorn: Gott hat jedem Gaben gegeben, wie der Chef uns das Geld gab. Nun sollen wir damit arbeiten, dass für ihn etwas dabei rauskommt.

Mann: Ach so, jetzt verstehe ich: Wenn ich mein Vermögen für eine gute Sache einsetze, wo Gott sich drüber freut, dann jage ich ja gerade nicht dem Geld nach. Im Gegenteil – ich verliere es. Aber ich gewinne andere Werte.

Gast: Genau!

Mann: Zum Beispiel, dass sich Gott noch mehr freut.

Gast: Zum Beispiel. Aber es geht nicht nur um unseren Besitz. Auch um das, was wir können. Um unsere Talente. Können Sie reden?

Mann: Na ja, für den Hausgebrauch ...

Gast: Können Sie singen?

Mann: Wie ein Betonmischer.

Gast: Sind Sie freundlich? Kontaktfreudig?

Mann: Doch – durchaus.

Gast: Sind Sie handwerklich geschickt?

Mann: Gucken Sie sich mal mein selbst gezimmertes Gartenhäuschen an!

Gast: Können Sie geduldig zuhören und Trost spenden?

Mann: Das fällt mir schon schwerer.

Gast: Können Sie ... Ach, wer bin ich denn, dass ich Sie examinieren müsste! Sie kennen sich ja selbst. Prüfen Sie, wo Ihre Talente liegen, und setzen Sie sie für Gott ein!

Mann: Und da freut er sich?

Gast: Aber ja doch! Wichtig ist nicht, ob einer fünf oder zwei Sack Gold einzusetzen hat, oder einen. Hauptsache, er setzt alles ein, was er hat. Zwischen einem schlichten Gemüt und einem hoch begabten Genie ist bei Gott kein Unterschied. Nur, dass der Begabtere auch eine größere Verantwortung hat, und Gott am Ende mehr Rechenschaft von ihm fordert. Gott fragt nur: Ist mein Knecht treu oder untreu.

Ist er ganz für *mich* da, oder ist er ganz für *sich* da.

Mann: Alles klar! Also jetzt erkläre ich Ihnen mal das mit der Börse, okay?

70 Mich gibt's eigentlich gar nicht (6)

Thema: Der Verschuldete und sein Gläubiger;
Bibeltext: Mt 18,21-35

*Der Mann und der Gast stehen beide in der Schalterhalle einer Bank und
füllen Formulare aus. Einer stößt den anderen aus Versehen an.*

Mann: Oh – Entschuldigung! Jetzt hab' ich Sie angestoßen!

Gast: Schon entschuldigt! Wenn eine schwere Hypothek auf einem
lastet, hat eine kleine Schuld keine Bedeutung mehr.

Mann: Ich verstehe nicht ganz – haben Sie denn große Schulden?

Gast: Ich weiß es nicht.

Mann: Sie wissen es nicht? Na, hören Sie mal! Sie müssen doch wissen,
ob Sie Schulden haben! Wenn Sie nicht gemahnt werden, haben Sie wahrscheinlich keine.

Gast: Die Dinge sind bei mir etwas komplizierter. Aber da müsste ich
Ihnen meine ganze Geschichte ... Haben Sie etwas Zeit?

Mann: Erzählen Sie nur!

Gast: Setzen wir uns? *(sie setzen sich auf eine Bank)* Ich bin ja eigentlich
nur eine Nebenfigur. Eine Nebenfigur in dem Gleichnis, das
Jesus erzählt hat. Er hat mich erfunden, weil ... Also, ich bin
nötig, damit man die Aussage der Geschichte versteht, verstehen Sie?

Mann: Nein.

Gast: Am besten, ich fange von vorne an. Also: Ein König hatte einen hohen Beamten eingesetzt, um eine ganze Provinz zu verwalten. Aber der Beamte war erstens unfähig und zweitens ein Betrüger.

Mann: Was nicht selten zusammentrifft.

Gast: Richtig. Eines Tages bekam der König Wind davon, ließ alles prüfen und stellte fest, dass der Kerl ihn um eine riesige Summe betrogen hatte. Man munkelt von einer dreistelligen Millionensumme.

Mann: Ich werd verrückt! Aber dass jemand die Wirtschaft eines Staates zugrunde richtet und an dem Wenigen, was an Gewinn herauskommt, sich auch noch persönlich bereichert, das soll öfter vorkommen.

Gast: Der König wollte ihn samt seiner Familie in die Sklaverei verkaufen. Das hätte ihm den Verlust zwar nicht erstattet, aber es wäre wenigstens eine gerechte Strafe gewesen. Was sollte er sonst tun?

Mann: Klar!

Gast: Aber er hatte ein weiches Herz. Und als der untreue Beamte weinend vor ihm niederfiel und ihn anflehte, erließ er ihm alle Schuld.

Mann: Nein! Alle Schuld? Diese riesige Summe?

Gast: Was ich Ihnen sage! Der Mann bedankte sich überschwänglich und stürzte aus dem Palast. Und jetzt komme ich ins Spiel.

Mann: Sie haben das alles miterlebt?

Gast: Nein, ich hab's mir nur hinterher erzählen lassen. Aber ich schuldete dem hohen Beamten Geld. Relativ wenig. Ein paar Tausend. Aber für mich sehr viel. Der Kerl sah mich, stürzte auf mich zu, packte und würgte mich und brüllte, ich solle ihm sein Geld zurückzahlen. Ich hatte aber nichts. Und – stellen Sie sich vor – er wollte mich in die Sklaverei verkaufen!

Mann: Eine Frechheit!

Gast: Glücklicherweise waren da Leute aus dem Palast. Die erzählten dem König, was sie beobachtet hatten. Der ließ den Kerl kommen und schimpfte: „So eine große Schuld habe ich dir erlassen. Hättest du da nicht dem armen Schlucker seine viel geringere Schuld auch erlassen sollen?"

Mann: Das finde ich aber auch! Nach oben buckeln und nach unten treten! Für sich Barmherzigkeit haben wollen und zu anderen unbarmherzig sein! Das ist eine geradezu niederträchtige Gesinnung! Unerhört, so was!

Gast: Ereifern Sie sich nicht zu sehr! Der Schuss könnte nach hinten losgehen.

Mann: Wieso?

Gast: Vergeben Sie denn immer den Menschen, die an Ihnen schuldig geworden sind?

Mann: Sie meinen nicht Geld, sondern Unrecht ganz allgemein? Also wenn zum Beispiel einer mich beleidigt, oder so …

Gast: Ja, das meine ich. Sie beleidigen doch Gott immer wieder. Er vergibt Ihnen aber, wenn Sie ihn darum bitten.

Mann: Was hat denn das mit Gott zu tun?

Gast: Die ganze Geschichte ist doch ein Gleichnis! Jesus hat sie erzählt, um eine Wahrheit zu illustrieren. Gott vergleicht er mit dem König. Menschen, die ihm gehören, haben von ihm viel Schuld erlassen bekommen. Nun sollen sie auch anderen …

Mann: … sollen sie auch anderen die Schuld erlassen! Ich hab's begriffen. Hm, ja, ich verstehe.

Gast: Der Anlass für die Geschichte war ja auch, dass Petrus von Jesus wissen wollte, wie oft er anderen vergeben müsse. Die Antwort: Unbegrenzt!

Mann: Und wenn nicht, dann … Was passierte denn dann mit dem Beamten?

Gast: Der sitzt jetzt im Kerker.

Mann: Und was passierte mit Ihnen?

Gast: Das ist eben mein Problem. Mein Gläubiger wird mich nicht mehr bedrängen. Genau genommen schulde ich das Geld jetzt dem König. Ob der mir die Schuld erlässt?

Mann: Bestimmt – so wie Sie ihn geschildert haben!

Gast: Na ja, es ist ja nur ein Gleichnis. Mehr steht halt nicht da in Matthäus 18. Und ich bin ja auch wie gesagt nur eine Nebenfigur. Es geht vielmehr um Sie.

Mann: Um mich? Na, hören Sie mal!

Gast: Oder brauchen Sie etwa nicht Gottes Vergebung?

Mann: Doch, schon …

Gast: Und tun Ihnen nicht andere auch manchmal Unrecht?

Mann: Allerdings!

Gast: Na, sehen Sie!

71 Mich gibt's eigentlich gar nicht (7)

Thema: Der Schäfer und sein Schaf Nr. 100;
Bibeltext: Lk 15,1-7

Mann arbeitet im Garten, Gast tritt hinzu.

Gast: Ja, bei so einem Wetter muss man was tun, wenn man Gartenbesitzer ist.

Mann: *(blickt auf und mustert den seltsam gekleideten Fremden)* Sie sind wohl fremd hier?

Gast: Woher wissen Sie das?

Mann: Na, die Kleidung …

Gast: Ach so, ja.

Mann: Ich schließe noch mehr aus Ihrer Kleidung.

Gast: Ach ja?

Mann: Erstens, dass Sie wohl aus dem Orient kommen, und zweitens, dass es schon ziemlich lange her sein muss, denn heute trägt man da ja auch schon Jeans.

Gast: Ich könnte sagen, ich bin zweitausend Jahre alt. Aber das ist natürlich Unsinn, denn da ich keine reale Person bin, kann ich auch nicht alt werden.

Mann: Keine reale Person?

Gast: Nur erfunden. Ich bin aus einer berühmten Geschichte aus dem Orient, dem Land der Geschichtenerzähler.

Mann: Lassen Sie mich raten – 1001 Nacht?

Gast: Falsch. Aus der Bibel. Die erfundenen Geschichten, die darin stehen, sind keine Märchen, sondern man nennt sie Gleichnisse, weil sie Wahrheiten über Gott mit irdischen Vorgängen vergleichen.

Mann: Ja, davon habe ich schon gehört. Und Sie sind so eine Gestalt aus einem Gleichnis?

Gast: Richtig. Ein Hirte.

Mann: Ah – das kenne ich: Die Hirten auf dem Feld von Bethlehem. Die Engel kamen und ...

Gast: Aber, aber! Das ist doch kein Gleichnis, sondern wirklich so passiert! Das gehört zur Weihnachtsgeschichte. Ein Gleichnis ist nur erfunden. Aber es vermittelt trotzdem eine Wahrheit. Wie zum Beispiel meins, das Gleichnis vom guten Hirten.

Mann: Das sind Sie?

Gast: Ja. Ich hatte eins meiner 100 Schafe verloren. War einfach nicht mehr da, als ich abends durchzählte ... Klar, was da ein Schäfer macht. Er bringt die 99 in Sicherheit und sucht das eine. Jesus hat an einer anderen Stelle mal davon gesprochen, was der Unterschied ist zwischen einem guten Hirten und einem Tagelöhner, der nur mal kurz für diesen Job angestellt wurde. Dem geht es nur ums Geld. Wenn er sich anstrengen muss, wirft er das Handtuch. Wenn es brenzlig wird, haut er ab. Die Schafe sind ihm im Grund völlig schnuppe.

Mann: Aber Sie sind ein verantwortungsbewusster Hirte?

Gast: Allerdings! Ich bin noch mal in die Nacht hinaus und hab gesucht, bis ich das Schaf gefunden hatte.

Mann: Dieses Verantwortungsbewusstsein unterscheidet also den guten Hirten von einer ungelernten und unmotivierten Hilfskraft?

Gast: Und die Liebe zu den Schafen. Und dementsprechend der Schmerz, wenn eins verloren geht, und die Freude, wenn es gerettet ist. Besonders die Freude, die unterstrich Jesus, als er das Gleichnis erzählte.

Mann: Das ist dann wohl sozusagen des Pudels Kern bei der Geschichte. Äh – na ja, ein Pudel passt vielleicht nicht so in das Bild von einer Schafherde. Ich meine, das Eigentliche, was das Gleichnis aussagen soll.

Gast: Die Freude über die Rettung von Menschen, ja, das ist die Hauptaussage der Geschichte.

Mann: Was denn für 'ne Rettung von Menschen?

Gast: Na, ich denke Sie sind so gut im Raten! Ist doch nicht schwer: Der gute Hirte stellt Gott dar. Die Schafe sind die Menschen.

Mann: Ein nicht gerade schmeichelhafter Vergleich.

Gast: Aber auch nicht abwegig. Genauso wie ein Schaf ist der Mensch allein orientierungslos. Ein Schaf hat in meiner Geschichte die Verbindung zur Herde und vor allem zum Hirten verloren. Ohne Bild also: Ein Mensch hat die Verbindung zu Gott verloren.

Mann: Gibt's denn so was?

Gast: Sie stellen komische Fragen! Allerdings gibt's so was! Alle Menschen haben den Kontakt zu Gott verloren! Durch die Sünde.

Mann: Ach so.

Gast: Mann, o Mann! „Gibt's so was", fragt der!

Mann: Na ja, ich meine ja nur, weil … man merkt eigentlich kaum was davon, dass man von Gott getrennt ist.

Gast: Das verlorene Schaf hat zunächst auch nicht gemerkt, dass es sich auf Abwegen befand. Sah immer nur das nächste Grashälmchen vor seiner Nase.

Mann: Gott sucht also die Menschen?

Gast: Genau. Das will Jesus damit sagen.

Mann: Aber wie muss man sich das praktisch vorstellen? Ich meine, Gott läuft doch nicht auf der Erde rum und guckt überall …

Gast: Doch! In Jesus ist Gott Mensch geworden und auf der Erde rumgelaufen und hat die Verlorenen gesucht.

Mann: Was Sie nicht sagen! Und das war vor zweitausend Jahren, nicht wahr?

Gast: Ja, aber Gott sucht immer noch.

Mann: Verstehe. Auch wenn er nicht mehr auf der Erde rumläuft – das war ja nur ein Gleichnis.

Gast: Eben.

Mann: Müsste schön sein, so wie ich mich mit Ihnen unterhalten habe, mal mit dem zu reden, den Sie im Gleichnis verkörpern.

Gast: Nichts hindert Sie!

72 Mich gibt's eigentlich gar nicht (8)

Thema: Der Arme und das Fest; Bibeltext: Lk 14,15-34

Mann: Oh! – Ich hab Sie gar nicht kommen hören.

Gast: Entschuldigung, wenn ich Sie erschreckt habe!

Mann: Schon gut. Ich hab den Kindern beim Spielen im Sand zugeschaut. Sie haben Sandkuchen gebacken. Da ist noch einer. *(lächelnd)* Greifen Sie zu!

Gast: Danke, aber ich bin schon übersatt. Im Ernst – ich habe gerade sehr gut und sehr reichlich gegessen.

Mann: Wirklich?

Gast: Wirklich! Äh – das heißt, eigentlich nicht wirklich. Es war nur ein erdachtes Essen mit erdachten Leuten. Auch ich bin nur frei erfunden. Jesus hat mich samt der Geschichte ausgedacht.

Mann: Ach so – ein Gleichnis.

Gast: Genau. Aber wenn man die Geschichte real nimmt, war auch das Essen real, kein Kuchen aus Sand. Im Gegenteil: feinstes Gebäck, delikate Pasteten, zartes und knuspriges Fleisch, erlesenes Obst, edle Weine …

Mann: Sie machen mir den Mund wässrig!

Gast: Ja, ich war in höchste Kreise eingeladen!

Mann: Sie? Entschuldigung, ich wollte Sie nicht beleidigen, aber Ihr Äußeres ...

Gast: Sie beleidigen mich nicht. Ich weiß auch, dass ich eigentlich nicht dahin passe. Aber weil der Herr so verärgert war über die geladenen Gäste aus Aristokratie und Geldadel, da hat er uns gebeten, die Kranken und Ausgestoßenen ...

Mann: Kenne die Geschichte. Steht im Matthäusevangelium, nicht wahr?

Gast: Bei Matthäus war's ein König, der für seinen Sohn eine Hochzeit ausrichtete. Ich bin aus dem Lukasevangelium, Kapitel 14. Da war es nur ein normaler vornehmer Herr, der zu dem Festessen lud. Aber immerhin.

Mann: *(nickt anerkennend)* Immerhin!

Gast: Keiner von denen, die ursprünglich geladen waren, wollte kommen. Einer hatte gerade ein Grundstück gekauft, das er besichtigen wollte ...

Mann: Besichtigt man Grundstücke nicht vor dem Kauf?

Gast: Eben! Der zweite hatte Ochsen gekauft.

Mann: Also etwa so, wie wenn heute einer einen Porsche kauft.

Gast: Einen was?

Mann: Ein schnelles Fahrzeug.

Gast: Eher mit einem schweren Transportfahrzeug zu vergleichen. Der Dritte hatte geheiratet. Dafür brauchen wir kein modernes Gegenstück. Das ist wohl heute noch genauso.

Mann: Nicht immer.

Gast: Wie?

Mann: Lassen wir das. Aber warum hat er nicht seine Frau mitgebracht?

Gast: Sag ich doch! Alles nur fadenscheinige Gründe. Im Grunde wollten sie nicht kommen, weil sie was gegen den Gastgeber hatten.

Mann: Und der war sauer.

Gast: Und wie! Da hat er die Bettler eingeladen, die Blinden, die Gelähmten, die Obdachlosen …

Mann: Zum Trotz.

Gast: Mag sein. Das war vielleicht ein Bild! Krücken kratzten über lackierte Möbel, Blinde tasteten sich an wertvollen Vasen vorbei, seidene Servietten hingen über schmutzigen Lumpen …

Mann: Und Sie?

Gast: Es waren nicht genug da von der untersten sozialen Schicht. Es waren noch Plätze frei, und jeder, der wollte, konnte kommen. Ich dachte: Wenn der vornehme Gastgeber sich nicht zu schade ist … Und für so ein leckeres Mahl kann man auch mal einen stinkenden Tischnachbarn ertragen.

Mann: Das meine ich auch. Man soll ja auch nicht negativ über Bettler denken. Meistens können sie nichts für ihr Elend. Die Geschichte macht das ja sehr deutlich.

Gast: Nun ja, das stimmt zwar, aber das ist es nicht, was Jesus damit sagen will. Es geht vielmehr um die Einladung.

Mann: Sie meinen, wir sollen arme Leute einladen?

Gast: Nein, ganz anders: Gott lädt uns ein!

Mann: Ach so.

Gast: Und er leidet darunter, wenn wir ablehnen, aber er freut sich, wenn wir kommen.

Mann: Gott lädt uns ein? Sind Sie sicher, dass Sie das nicht falsch verstanden haben?

Gast: Ganz sicher! Deswegen hat Jesus das doch überhaupt erzählt!

Mann: Ich meine nur, weil man ja von Gott eher die Vorstellung hat, dass er uns mit Geboten nervt und mit der Moral allen Spaß am Leben verdirbt. Und nun sagen Sie, er lädt zu einem Festessen ein?

Gast: Im Gleichnis natürlich nur. Aber ein Gleichnis will ja etwas über sein Wesen sagen, und über seine Art, mit uns umzugehen.

Mann: Und Sie meinen, ihm sind nicht nur die ethischen Supermänner willkommen, sondern Menschen wie du und ich, sozusagen?

Gast: Wie ich auf jeden Fall, denn ich war ja da. Und wie Sie auch. Die ethischen Supermänner waren die, die nicht kommen wollten.

Mann: Also wenn das so ist – ich will!

Gast: Sie tun gut daran!

73 Friseur Nepomuk Meier (1)

Thema: Reden; Bibeltext: Mt 12,36; Mt 12,34

Der Friseur redet unaufhörlich, eifrig und schnell auf seine Kunden ein, während er ihre Haare schneidet. Die versuchen zwar gelegentlich, dazwischenzukommen mit einer Bemerkung, aber das gelingt nicht. So sagen sie nur mal ein „Ja" oder „Ach so" oder dergleichen. An anderer Stelle ist die Kasse aufgebaut, wo Ines, der Lehrling, kassiert und jedem Kunden eine Spruchkarte schenkt.

Weil die ursprünglich für den Rundfunk geschriebenen Stücke zu kurz sind für eine Aufführung in einer Veranstaltung, sind hier immer zwei „Haarschnitte" zum gleichen Thema zusammengestellt. Während kassiert wird, kann schon die Behandlung des nächsten Kunden beginnen.

Selbstverständlich kann man die Stücke auch einzeln aufführen, oder anders kombinieren.

Friseur: Ich sage dir, Heinrich, lass dich nicht mit dem ein! Das ist eine zwielichtige Gestalt! Egon hat es auch gesagt, der hat schon mal Geschäfte mit ihm gemacht. Ich glaube, er hat ein gebrauchtes Motorrad von ihm gekauft. Oder war's umgekehrt? Na, ist ja auch egal. Jedenfalls hat er mir erzählt, dass er schwer enttäuscht war. Nie wieder, hat er gesagt, nie wieder! Was wunderst du dich?, hab ich ihm geantwortet, das hätte ich dir vorher sagen können. Der ist nicht nur unzuverlässig, der ist auch hinterhältig! Der haut dich in die Pfanne, wenn du nicht aufpasst. Ich hab das im Gespür. Sicher, ich hab selbst noch keine Erfahrungen mit ihm gemacht. Aber da lege ich auch gar keinen Wert drauf, absolut keinen! So hochnäsig, wie der daherkommt! Und wenn er merkt, dass man ihn abblitzen lässt, dann versucht er sich einzuschmeicheln. Einzuschleimen, sagen die jungen Leute heute. Neulich, als ich ihn mal in der Stadt getroffen hab – seine Frau war bei ihm. Das ist ja eine Ziege, sag ich dir! Aufgetakelt wie eine Fregatte, dabei aber überhaupt kein Geschmack! Und sagt nicht mal „Guten Tag". Warum auch, mit einem Friseur will die nichts zu tun haben. Ich dachte, ihr Mann wäre schon schlimm, das ist er auch, aber gegen die ist er eine liebenswürdige Plaudertasche. So, da hätten wir am Hals auch noch … Augenbrauen lassen wir so, ja? Moment, ich nehme eben noch den Umhang … Danke dir für das nette Gespräch, Heinrich! Bis dann mal wieder! Ines kassiert drüben.

Azubi: Das macht 12,50 bitte. 15, 18, 20. Ich bedanke mich. Vielleicht mit einer Spruchkarte? Das sind alles Sätze, die Jesus gesagt hat. Hier steht: „Die Menschen müssen Rechenschaft geben am Tag des Gerichts über jedes nichtsnutzige Wort, das sie geredet haben."

Friseur: Ist das nicht ein herrliches Wetter heute? Strahlender Sonnenschein, dabei aber nicht so drückend heiß. So wünscht man sich's. Tschuldigung, ich rede gern mit meinen Kunden, wenn sie hier auf dem Stuhl sitzen. Ich hoffe, ich falle Ihnen nicht auf die Nerven. Ich kam nur drauf, weil wir grad über das Wetter gesprochen haben, und das Wetter ist ja oft nur so ein Verlegenheitsthema, wenn man sonst nicht weiß, was man reden soll. Aber heute ist das Wetter ja nun wirklich ein würdiges Thema, finden Sie nicht? So ein strahlendes Wetter hatten wir lange nicht. Und das, nachdem es wochenlang trüb war. Aber Sie werden zugeben, das Wetter ist auch sonst ein ideales Gesprächsthema, wenn man sich mit jemandem unterhält, dessen persönliche Lebensumstände man nicht kennt, Hobbys, Vorlieben, ganz zu schweigen von der politischen Einstellung. Da kann man ganz schön ins Fettnäpfchen treten, wenn man da eine politische Meinung kundtut, die bei dem anderen keine Zustimmung findet. Da sage ich mir immer: Nein, Nepomuk, rede nichts, von dem du nicht weißt, dass es keinen Ärger beim Kunden auslöst. *Da* muss man nicht sein ganzes Inneres offenbaren. Nicht so wie mein Azubi Ines, die immer von christlichen Dingen reden muss. Und ihre Spruchkärtchen verteilt. Na ja, ich lasse sie gewähren, weil sie ja sonst ganz nett ist. Man kann doch auch so ganz nett miteinander reden, finde ich. Reden, und die Zeit vergeht wie im Fluge. Sehen Sie – schon sind wir fertig! Nepomuk Meier hat – glaube ich – wieder gute Arbeit geleistet. Lassen Sie Ihr Portemonnaie mal noch stecken – mein Azubi kassiert. Ines! Kundschaft!

Azubi: 12 Euro und 50 Cent, der Herr. Danke bestens! Und ein Jesuswort auf einem Kärtchen: „Wem das Herz voll ist, dem geht der Mund über."

74 Friseur Nepomuk Meier (2)

Thema: Bekennen; Bibeltext: Mt 10,8; Mt 10,32

Friseur: Sie werden staunen, wie flott Sie gleich wieder aussehen, mein Herr! Ja, beim Friseurmeister Nepomuk Meier sind Sie bestens aufgehoben. Und wenn einer so eine prächtige Haarfülle hat wie Sie, da lohnt es sich doch wenigstens. Da kann man was draus machen. Das ist geradezu eine Herausforderung für mich, das Beste zu geben. Mein ganzes Können unter Beweis zu stellen. Hält zwar ein bisschen länger auf, aber es kostet Sie nicht mehr. Standardpreis. Da gibt man, was man kann. Und auf dem Gebiet, das muss ich in aller Bescheidenheit sagen, da macht mir niemand so schnell was vor. Die Damen nebenan sind auch tüchtig, unbestritten. Sogar Ines, unser Azubi, macht sich. Aber hinter Ihnen steht der Meister, mein Herr! Das ist übrigens, wenn man so sagen will, das Erfolgsrezept unseres Haarstudios: Jeder gibt das Beste. Niemand arbeitet lustlos. Nehmen Sie die Ines, die gibt jedem Kunden ein Spruchkärtchen. Gut, ob das immer so toll ist, darüber kann man streiten. Es stehen immer Aussprüche von Jesus aus der Bibel drauf. Die besorgt sie sich selbst, auf eigene Kosten, und verschenkt sie. Und die meisten Kunden freuen sich auch. Man muss eben – das will ich damit sagen – man muss mit dem ganzen Herzen dabei sein, dann fühlen die Kunden sich auch wohl. So, mein Herr, die Haarpracht ist wieder gebändigt. Ich denke, das ist gar nicht besser zu machen. Bin richtig stolz drauf. Danke, dass Sie uns besucht haben! Ines! Wenn du dem Herrn den Haarschnitt berechnest, vergiss nicht, ihm ein Kärtchen zu geben, ich hab ihm davon erzählt.

Azubi: Danke, der Herr! Wenn das ein Trinkgeld ist, dann nehme ich es gerne und bedanke mich. Wenn es eine Bezahlung für die

Spruchkarte sein soll ... nein? Gut. Hier steht: „Umsonst habt ihr's empfangen, umsonst gebt es auch."

Friseur: Ist es so recht, Herr Landrat? Gut, nicht wahr? Ja, bei Friseurmeister Nepomuk Meier sind Sie gut aufgehoben, Herr Dr. Kröninger. Ich fühle mich natürlich geehrt, dass Sie in meinen Herrensalon ... Sie sind wohl auf der Durchreise? Nun ja, so ein hohes politisches Amt erfordert natürlich viele Reisen, und nimmt auch viel Zeit in Anspruch, da muss man die Gelegenheit ergreifen, wenn sich mal eine Pause zwischen zwei Terminen ergibt ... Aber ich hoffe, Sie betrachten es nicht als Notlösung, Herr Dr. Kröninger, dass Sie bei mir ... Ich dachte, nanu, dachte ich, den Herren kennst du doch! Ist das nicht der Herr Landrat? Und tatsächlich, er war's. Nicht nur, dass ich Ihr Bild immer mal wieder in der Zeitung sehe. Ich habe Sie auch schon direkt ... als der neue Flügel unsres Altenheims eingeweiht wurde, da haben Sie ja ein Grußwort gesagt. Ich stand so vielleicht zwanzig Meter neben Ihnen. Im Chor. Ich bin im Männergesangverein unsres Städtchens. So, Herr Dr. Kröninger, das wär's dann. Wie neu, wenn Sie in den Spiegel sehen, nicht? Hahaha, kleiner Scherz. So, Herr Landrat, wenn ich Sie zur Kasse begleiten darf. Das macht dann 12 Euro 50, wenn's recht ist. Lass mich mal, Ines. Ich mache das schon. Hol du inzwischen den Mantel vom Herrn Landrat. Danke, Herr Dr. Kröninger! Und viel Erfolg für Ihre wertvolle politische Arbeit!

Azubi: Darf ich Ihnen noch ein Spruchkärtchen ...

Friseur: Ach, Ines, lass das mal! Das ist der Herr Landrat. Mein Azubi hat die Angewohnheit, den Kunden immer einen Satz aus der Heiligen Schrift ...

Azubi: Zum Beispiel diesen hier: „Wer mich bekennt vor den Menschen, den will ich auch bekennen vor meinem himmlischen Vater."

75 Friseur Nepomuk Meier (3)

Thema: Dienen; Bibeltext: Mt 20,28; Mt 25,40

Friseur: Sie werden vollauf zufrieden sein, Herr Sandner, vollauf zufrieden! Friseurmeister Nepomuk Meier weiß doch, was er seinen Kunden schuldig ist. Besonders wenn der Kunde Sandner heißt und Direktor ist im größten Betrieb am Ort. Der größte Arbeitgeber, der bei 200 Menschen für Arbeit und Brot sorgt. Oder sind es inzwischen noch mehr? Ja, Sie winken ab, Herr Direktor Sandner, als wenn das nicht wichtig wäre, als wenn es auf einen mehr oder weniger nicht ankäme. Aber dieser eine wird das ganz anders sehen. O nein, es ist nicht zu bestreiten, dass Sie eine große Bedeutung für unser Städtchen und die ganze Region ... Da müssen Sie nicht in Bescheidenheit den Kopf schütteln, Herr Sandner! Zumal ich dann mit dem Haareschneiden Mühe habe. Nun gut, ich will von dem Thema schweigen, wenn Sie es wünschen. Ich wollte ja auch eigentlich nur sagen, so jemandem diene ich mit meinen bescheidenen Fähigkeiten besonders gern. Ich gebe immer, was ich kann, aber besonders gern bei jemandem, der mit seinen Möglichkeiten auch uns allen dient. Ich weiß, ich weiß, vom Dienen spricht man nicht gern, die Menschen lassen sich lieber bedienen. Und wenn es unbedingt sein muss, nennt man es nicht Dienen, sondern Service. Aber für mich ist es eben ein Teil des Berufes, mit meinen Fähigkeiten anderen zu dienen. Und besonders wenn ... ach, das sagte ich schon. Aber wir sind ja auch fertig. Ein Blick in den Spiegel ... Alles zu Ihrer Zufriedenheit, Herr Direktor? Danke, stets zu Ihren Diensten. Wenn ich Sie zur Kasse bitten darf? Da wird meine Mitarbeiterin Sie bedienen ...

Azubi: Guten Tag, Herr Sandner. 12 … oh, danke, vielen Dank! Wenn Sie möchten, gebe ich Ihnen noch ein Spruchkärtchen. Jesus sagt: „Der Menschensohn ist nicht gekommen, um sich dienen zu lassen, sondern um zu dienen und sein Leben zu geben zu einer Erlösung für viele."

Friseur: Ich habe ja nur sehr wenige Spanier oder Italiener unter meinen Kunden, Herr Salvatore. Umso mehr werde ich mir Mühe geben, Ihr Haar so zu schneiden, dass Sie zufrieden sind. Ich weiß, Sie kommen wegen Ines, nicht? Sie hat mir erzählt, dass sie Ihrer Kleinen bei den Hausaufgaben hilft. Das finde ich sehr nett von ihr. Schließlich geht ja da eine Menge Zeit drauf, und davon hat sie ja nie genug. Welcher junge Mensch hat schon genug Zeit! Aber so ist sie eben, die gute Ines, mein Azubi. Wissen Sie, Azubi ist eigentlich kein deutsches Wort, eigentlich heißt es Lehrling. Aber weil es bei den Behörden immer heißt: Auszubildende – das ist so ein verschrobenes Behördendeutsch – da haben sich die Leute angewöhnt, die Abkürzung Azubi zu sagen. Also Auszubildende, das ist eine, die ausgebildet werden soll. Ja, deutsche Sprache, schwere Sprache. Ich kann Sie verstehen, wenn Sie da Ihre Schwierigkeiten haben. Und Ihre Tochter erst recht, wenn sie plötzlich in der Schule damit zurechtkommen soll. Sie hätten nicht unbedingt aus Dankbarkeit gegen Ines zum Haare schneiden herkommen müssen! Aber ich freue mich natürlich. Ines hat nichts davon. Aber das ist auch nicht nötig, wie ich sie kenne, tut sie es gerne. Und auch, weil sie gläubig ist, verstehen Sie, an Gott glaubt sie. An so was merkt man das. Und natürlich auch daran, dass sie jedem Kunden ein Kärtchen mitgibt, auf dem ein Satz von Jesus steht. So, das wär's. Gut so? Dann beehren Sie uns mal wieder und sagen Sie's auch Ihren Landsleuten, dass man bei Meister Nepomuk Meier einen guten und günstigen Haarschnitt bekommt. Ines kassiert.

Azubi: Guten Tag, Herr Salvatore! Das macht 12 Euro 50. Grüßen Sie Piera von mir, ich komme am Freitag wieder. Und hier noch ein Spruch: „Was ihr getan habt einem unter diesen meinen geringsten Brüdern, das habt ihr mir getan."

76 Friseur Nepomuk Meier (4)

Thema: Barmherzig sein mit anderen;
Bibeltext: Mt 26,41; Mt 5,44

Friseur: Kannst du nicht doch wieder in den Männerchor kommen, Axel?
Du hast immer so sicher gesungen im Tenor. Wir sind da zurzeit
ziemlich schwach besetzt und könnten eine sichere Stimme gut
gebrauchen. Dabei waren wir damals so viele. Aber Erwin ist
gestorben und Hartmut ist schon lange krank. Und dann ... na,
man spricht ja nicht gern über so was. Aber vielleicht ist es dir sowieso schon zu Ohren gekommen. Harald hat ein Alkoholprob-
lem. Er hat 'ne Kur gemacht, aber das scheint nicht viel genützt
zu haben. Leo hat ... ach, da gab's so allerhand Eheprobleme.
Es ist nicht ganz klar, ob er sie verlassen hat oder sie ihn. Jedenfalls hatte er mal was mit der Tochter von Schwegler gegenüber.
Und jetzt ist bei ihm das Chaos. Der kommt also auch nicht
mehr. Und Arnold soll Geld in der Firma unterschlagen haben.
Das heißt, bewiesen ist noch nichts, die Untersuchungen laufen
noch. Aber der traut sich wohl nicht in den Chor, weil er fürchtet, die gucken ihn alle schief an. Dabei würde ich ihn bestimmt
nicht schief angucken. Ich meine, wir sind alle Menschen, und
so was kann jedem mal passieren. Wenn einer trinkt – das ist ein
armer Hund, der vielleicht seinen Kummer ersäufen will. Wer
kann dem einen Vorwurf machen? Und wenn einer sich in eine
andere Frau verliebt, vielleicht macht ihm die eigene nur das
Leben schwer – was willst du dagegen sagen? Da darf man nicht
von oben herab verurteilen, sondern muss Verständnis haben.
Das ist meine Meinung. Ich stelle mich nicht moralisch über
sie, verstehst du? Das kann mir alles ganz genauso passieren.
Nein, so was ist, denke ich, keine Sünde, sondern ein Schick-
salsschlag. Dagegen bist du völlig machtlos. So, Axel, das macht

dann 12 Euro 50. An der Kasse. Danke schön! Und überleg dir's doch mal mit dem Chor!

Azubi: Sie haben's schon passend, danke! Einen schönen Tag noch. Und nehmen Sie so eine kleine Karte mit, da steht ein Satz von Jesus drauf: „Betet, damit ihr nicht in Anfechtung fallt!"

Friseur: Ich verstehe ja, dass dich das ärgert, Norbert, mir geht es genauso. Aber dass du ihm nicht mal ordentlich die Meinung sagst, das verstehe ich nicht. Ich hab ihm die Meinung gesagt! Und wie! Herr, Siebert, hab ich gesagt, es ist eine Frechheit, dass Sie nachts immer so laute Musik machen oder den Fernseher laufen lassen, wo Sie doch genau wissen, wie hellhörig die Wände sind! Und weißt du, was er geantwortet hat? Es interessiere ihn nicht, ob wir gestört würden oder nicht. Uns interessiere ja auch nicht, dass es ihn stört, wenn die Treppe nicht geputzt ist. Ich sagte: Wann ist jemals die Treppe nicht geputzt gewesen, wo wir dran waren, oder du, Norbert. Da hat er rumgedruckst, und schließlich kam er nach langem Überlegen auf eine Woche im letzten Herbst, wo meine Frau krank war. Ich meine, das kann man doch überhaupt nicht vergleichen! Und im Übrigen … bitte mal den Kopf etwas … ja, ich muss den Hals etwas ausrasieren. So ist es gut. Im Übrigen, sagte er, wenn uns seine Musik stört, sollten wir ihn doch aus der Wohnung klagen. Der weiß natürlich auch, dass das so einfach nicht geht. Vielleicht müssen wir mal mit anderen Hausbewohnern zusammen gegen ihn auftreten. Ein fieser, rücksichtsloser Kerl ist das, gehässig und aggressiv! Der muss sich nicht wundern, wenn wir uns wehren. Ich hab mir schon oft überlegt, wie wir ihm eins auswischen können. Es muss natürlich so sein, dass er keinen Grund findet, gegen uns zu klagen. Er darf nicht wissen – nein, er soll es ruhig wissen – aber er darf es nicht beweisen können, dass wir ihm geschadet haben. Also, das müssen wir mal besprechen, Norbert. Wenn dir da mal was einfällt … So, fertig. Bezahlen kannst du vorn an der Kasse.

Azubi: Ein Haarschnitt, macht 12 Euro 50. Danke. Und noch ein Jesuswort mit auf den Weg: „Liebt eure Feinde, segnet, die euch fluchen, tut wohl denen, die euch hassen, und bittet für die, die euch beleidigen und verfolgen, damit ihr Kinder seid eures Vaters im Himmel."

77 Friseur Nepomuk Meier (5)

Thema: Selig sind die Barmherzigen;
Bibeltext: Mt 7,3; Mt 5,7

Friseur: Na, und wie kommen Sie mit den Lehnerts zurecht? Die wohnen doch in der gleichen Straße. Na ja, Sie werden nicht viel mit ihnen zu tun haben. Er ist furchtbar egoistisch, finde ich. Und unbelehrbar. Wie kann man nur seine alte Mutter ins Altenheim abschieben, wo sie doch so ein großes Haus haben! Und in das billigste Zimmer im Heim, unten, wo kaum Licht reinkommt. Nicht hier bei uns, sondern weit weg, da kommen die Leute, die sie noch kennt, kaum hin. Ach, was sage ich, „kaum" – überhaupt nicht kommen sie da hin, um sie zu besuchen. Die arme Frau ist doch völlig entwurzelt. Soll ich am Bärtchen auch ein bisschen ...? Ja, nur hier etwas ... Ich hab ihm gesagt, das ist unverantwortlich, was Sie tun! Ich meine, man kann ja sagen, es ginge mich nichts an. Aber die alte Frau Lehnert war viele Jahre Kundin nebenan im Damensalon. Und es war auch ein paar Mal jemand da und hat ihr zu Hause die Haare gemacht, als sie nicht mehr kommen konnte. Und nun die Frau einfach ... gut, es geht natürlich schlecht, wenn sie beide arbeiten, Lehnert und seine Frau. Aber da muss man eben wissen, was wichtiger ist. Aber wissen Sie, was ich glaube? Vorsicht, mal bitte stillhalten! So. Ich glaube, es war nicht nur, dass sie keine Zeit hätten, sie zu versorgen, sie wollten auch nicht! Sie streiten sich mit ihr. Es ist ihnen lästig, besonders ihm, dem Lehnert. Das habe ich ihm auch gesagt. Ich meine, das war ich ihm schuldig. Nicht gehässig natürlich, ich habe versucht, es freundlich und sachlich zu sagen. Und wissen Sie, was er geantwortet hat? Ich solle ihm keine Ratschläge geben, wie er mit seiner Mutter zurechtkäme, bevor ich nicht mit meinem Sohn zurechtkäme! Ist das nicht eine

Frechheit? Was geht es ihn an, wie ich mit meinem Sohn …
Ach, was rege ich mich auf! So, das war's mal wieder. Ines ist an
der Kasse. Bis dann mal wieder! Und vielen Dank!

Azubi: Ein Haarschnitt. 15, 18, 20. Danke. Und ein Kärtchen mit einem
Satz von Jesus. Da steht: „Zieh zuerst den Balken aus deinem
Auge. Danach sieh zu, wie du den Splitter aus dem Auge deines
Bruders ziehst."

Friseur: Hier oben vielleicht etwas kürzer, nicht wahr? Ist ja noch sehr
kräftig und dicht, Ihr Haupthaar, sehr schön! Wo war ich stehen
geblieben? Ach ja, und wissen Sie, was er da sagt, mein Sohn?
Er hätte keine Lust, den ganzen Tag hier auf den Beinen zu
stehen und fremden Leuten auf dem Kopf herumzufummeln.
Können Sie das verstehen? Das sagt mein Herr Sohn! Könnte
einmal das Friseurgeschäft von Nepomuk Meier übernehmen
in unserem kleinen Städtchen, gut eingeführt, mit einem festen
Kundenkreis, aber nein, der Herr Filius fühlt sich zu Höherem
berufen. Gut, hab ich gesagt, dann musst du eben auch sehen,
wie du zurechtkommst im Leben. Ich helfe dir nicht. Weder
finanziell noch sonst. Mit gutem Rat, meine ich. Aber was soll's,
guten Rat hat er ja von mir sowieso nie angenommen. Darum
soll er auch bleiben, wo der Pfeffer wächst! Nur weil meine Frau
so jammert, hab ich ihm nicht völlig das Haus verboten. Oh,
Verzeihung, hab ich Sie mit der Schere …? Ich war so aufgeregt, sollte mich beruhigen! Wo war ich? Ach ja, also, wenn der
sich nicht entschuldigt, kann er mir gestohlen bleiben! Muss ich
mir denn alles bieten lassen? Meine Frau sagt dauernd: Aber
er ist doch dein Sohn! Eben, sage ich, gerade deswegen kann
ich erwarten, dass er mir den nötigen Respekt entgegenbringt.
Etwas anfeuchten? Nur ein wenig, das ist vielleicht ganz gut.
So – zufrieden, Herr Krause? Danke, dann darf ich Sie an die
Kasse verweisen. Ines kassiert, mein Azubi.

Azubi: Das macht 12 Euro 50, Herr Krause. Gut so? Vielen Dank! Und mit dem Rückgeld ein Spruchkärtchen. Jesus sagt: „Selig sind die Barmherzigen, denn sie werden Barmherzigkeit erlangen."

78 Friseur Nepomuk Meier (6)

Thema: Wahrer Reichtum;

Bibeltext: Mt 6,20-21; Mt 13,22

Friseur: Das ist eine gute Idee, Herr Steinmann, ich werde mir mal bei Ihrer Sekretärin einen Termin geben lassen. So ein Gespräch beim Haareschneiden ist vielleicht doch nicht das Richtige für eine Finanzberatung. Ich sag's Ihnen ganz ehrlich: Ich bin da schon mal ganz gewaltig reingefallen. Hab 'ne Menge Geld in ein Projekt gesteckt, das sich dann als Luftnummer erwiesen hat. War ein ganz sympathischer Kerl, den ich im Urlaub in Südfrankreich kennengelernt hatte. Haben manches Bier zusammen getrunken. Und da kam er mit diesem Fonds auf den Bahamas. Ich hab ihm vertraut. Und dann – die Arbeit von Jahren – einfach futsch! Ich hatte so die Nase voll, dass ich dachte, jetzt spare ich selber fürs Alter und verlasse mich nicht mehr auf andere Leute. Wertvolle Briefmarken. Hab oft abends in der Gartenlaube gesessen und alles geordnet und mich dran gefreut. Und dann ist die Gartenlaube abgebrannt mitsamt den Briefmarken. Ich hatte mir ein Elektroöfchen rein gestellt, als es Herbst wurde, und da muss wohl ... ein Kurzschluss. Hätte ich doch die Sammlung mit ins Haus genommen! Sicher haben Sie damals in der Zeitung gelesen: Brand beim Friseur Meier. So stand es da. Dabei war das falsch. Erstens bin ich ein Friseurmeister und nicht nur Friseur, und zweitens hat's ja nur im Gartenhäuschen gebrannt. Ist es recht so, Herr Steinmann? Ja, gute Arbeit, jahrzehntelang. Und was hat man nachher davon? Von einem Tag auf den anderen kann alles ... Ines! Kassier doch mal Herrn Steinmann! Also, vielen Dank, Herr Steinmann! Und ich hole mir dann mal bei Ihnen Rat, Zukunftssicherung und so ...

Azubi: Danke, Herr Steinmann. Und noch ein Kärtchen, Sie kennen das ja schon. Was haben wir denn diesmal für ein Jesuswort? „Sammelt euch Schätze im Himmel, wo sie weder Motten noch Rost fressen, und wo die Diebe nicht nachgraben und stehlen. Denn wo euer Schatz ist, da ist euer Herz."

Friseur: Ich finde es wirklich nett, Herr Driebel, dass Sie mich zu dem Hauskreis in Ihrer Wohnung einladen, aber ich fürchte, da wird nichts draus. Es ist ja schon fast jeden Abend was. Gesangverein, Skatabend, manchmal Kino usw. Ich weiß, ich weiß, das ist alles etwas anderes. Sie lesen in der Bibel. Das ist sicher eine löbliche Sache. Aber für mich nicht unbedingt so … äh … notwendig, sag ich mal. Aber meine Kontakte sind wichtig. Ich bin Geschäftsmann, müssen Sie bedenken. Ich bin nicht nur der Friseurmeister Nepomuk Meier, ich bin auch der Geschäftsmann, der viele Beziehungen zu Menschen unserer Stadt pflegen muss. Sonst läuft eines Tages nichts mehr. Na ja, und dann gehen manche Abende auch drauf mit dem ganzen Papierkram. Lästig, sage ich Ihnen, lästig! Aber was will man machen? Wer Geld verdienen will, muss Zeit und Mühe investieren. Da wird dann die Bibel nebensächlich. Nehmen Sie's mich nicht iebel, Herr Drübel, äh, nicht übel, Herr Driebel. Ich sage ja nichts gegen Sie, natürlich nicht, wie käme ich dazu! Aber für Bibel und theologische Gespräche und dergleichen ist im heutigen Überlebenskampf in der Geschäftswelt einfach kein Platz. Eins geht nur – fromm sein in Ihrem Sinne oder erfolgreich sein im Geschäft. Da gilt es eben, Prioritäten zu setzen. So, da hätten wir den Herrn Driebel mal wieder verschönert, wenigstens was die Frisur angeht. Ich bedanke mich für die Geduld und für den Auftrag. Ines an der Kasse vorn, unseren Azubi, kennen Sie ja sicher aus der Kirche.

Azubi: Tag, Herr Driebel. 12 Euro 50 macht das. So, und hier noch eins von meinen Spruchkärtchen mit Jesusworten: „Die Sorgen der Welt und der betrügerische Reichtum ersticken das Wort."

79 Friseur Nepomuk Meier (7)

Thema: Nicht vom Brot allein;
Bibeltext: Mt 4,4; Mt 6,33

Friseur: So, das hätten wir schon mal so weit. Ja, es geht flott beim Friseurmeister Nepomuk Meier! Flott, aber trotzdem gründlich und mit Sorgfalt. Hier noch etwas … so, das wäre auch geglättet. Dann können Sie zum Mittagessen schon wieder daheim sein. Ihre Frau wird sicher schon was Leckeres gekocht haben. Wäre doch schade, wenn Sie das Mittagessen verpassen würden, nicht wahr? Ist der Höhepunkt des Tages, hat meine Großmutter immer gesagt. Allerdings saß damals noch die ganze Familie um den Tisch. Mittagessen ist der Höhepunkt des Tages. Nicht nur, weil die Sonne dann am höchsten steht, sondern weil der Genuss da auf uns wartet. Essen und Trinken hält Leib und Seele zusammen, sage ich immer. Was hat man denn noch, wenn's einem nicht schmeckt? Wenn ich denke, wie wir gehungert haben nach dem Krieg … na ja, ich war da noch ganz klein und hab eigentlich keine Erinnerung daran. Aber was mir so erzählt wurde … Nein, das muss schrecklich gewesen sein! Ohne ein ordentliches Stück Fleisch und was so noch dazu gehört würde das Leben keinen Spaß machen, finde ich. Ein ordentliches Kotelett auf dem Teller … Die Koteletten etwas kürzer? Ach, das ist, glaube ich, in Ordnung so. Das macht dann 12 Euro 50. Mein Azubi Ines kassiert vorn an der Kasse. Und sie gibt Ihnen sogar noch was. Ja, ja! Nichts Wertvolles, ist so 'ne Angewohnheit von ihr, dass sie jedem Kunden ein Spruchkärtchen mitgibt. Da stehen Worte von Jesus drauf. Ines! 12,50 der Herr Schneider! Und vielen Dank! Und lassen Sie sich das Essen gut schmecken!

Azubi: Guten Tag, Herr Schneider. 12 Euro 50 macht es dann – und darf ich Ihnen einen Spruch mitgeben? Vielleicht diesen hier: „Der Mensch lebt nicht vom Brot allein, sondern von einem jeden Wort Gottes."

Friseur: Was ich für einen Ärger mit dem Finanzamt habe! Aber wem sage ich das! Sie sind ja auch selbständig und wissen vermutlich, wovon ich rede. Dabei weiß ich nicht, wie ich den Rückgang der Kundschaft auffangen soll. Früher kamen viel mehr Leute zu Nepomuk Meier zum Haare schneiden. Und noch früher, da kamen manche sogar, um sich rasieren zu lassen. Das gibt's schon lange nicht mehr. Aber dabei muss die Einrichtung immer auf dem neusten Stand sein. Die Leute machen sich ja keine Vorstellung, was es kostet, so einen Salon modern einzurichten. An den Investitionen für die Renovierung vor fünf Jahren zahle ich heute noch. Nun, ich will nicht klagen, mancher hat es noch schlimmer … Wenn Sie mal einen Blick in den Spiegel werfen wollen – soll ich hier an der Seite etwas höher gehen? Na ja, etwas vielleicht. Was wollte ich … Ach ja, die Sorgen. Unser Dach muss irgendwann neu gedeckt werden. Unsere Tochter mit den Kindern hat es schwer, weil der Schwiegersohn arbeitslos ist, da helfen wir immer mal ein wenig. Gestern haben die Enkel neue Schuhe von uns bekommen, aber Sie wissen ja, wie das so ist mit Kinderschuhen, im Nu sind die Kleinen rausgewachsen. Und da sagt Ines – das ist unser Azubi, sie ist irgendwie fromm und meistens gibt sie den Kunden einen Spruch von Jesus auf einem Kärtchen mit, wenn die bezahlen – also die Ines sagt, das sei alles nicht so wichtig wie dass wir Gott gehorchen, oder so. Die hat gut reden! So ein junges Ding ohne Familie hat ja auch nicht die Verantwortung. So, das wär's dann. Ines ist an der Kasse. Danke und auf Wiedersehen!

Azubi: Macht 12 Euro 50, der Herr. Und außer dem Haarschnitt kriegen Sie auch noch eine Spruchkarte. „Trachtet am ersten nach dem Reich Gottes und nach seiner Gerechtigkeit, so wird euch alles andere zufallen."

80 Friseur Nepomuk Meier (8)

Thema: Habgier; Bibeltext: Lk 12,15; Mt 16,26

Friseur: Mein Nachbar meint auch, das Auto wäre noch mindestens 6000 Euro wert. Der muss es wissen, er ist Automechaniker und er hat es schon mal repariert. Aber der Interessent will nur 5200 rausrücken. Also, da suche ich doch erst mal weiter. Solange ich noch nicht im Lotto gewonnen habe, wo ich ja immer drauf hoffe ... Und etwa elf oder zwölf Preisausschreiben hab ich zurzeit laufen. Da muss es doch irgendwann mal klappen! Bei andern klappt's doch auch. Es ist schon unbefriedigend, wenn sich das Konto immer nur mühsam und langsam vergrößert. Nicht dass ich hungern muss, verstehen Sie, aber es ist doch ärgerlich, wenn man immer so rechnen muss. Einmal das Geld mit vollen Händen raus ... na ja, nicht direkt rausschmeißen, ich würde schon drauf achten, was ich kaufe. Aber ich könnte mir wenigstens mal was leisten. Zum Beispiel hätte ich gern die Jagdhütte gekauft, die neulich angeboten wurde, oben am Weiher. Das wäre schön, so weit draußen in der Natur ... Und meine Frau will unbedingt mal nach Hawaii. Das Leben in vollen Zügen genießen. Aber so was können wir uns einfach nicht leisten. Oder höchstens mit Abstrichen an anderer Stelle. Man will doch einfach mal richtig leben in Saus und Braus, wie man so sagt. Schlimm, wenn man ... nun, ich bin nicht arm, aber ... na ja, Sie wissen schon. Aber unsre Preise werden nicht erhöht! Will doch meine Kunden nicht verärgern. Es bleibt also bei 12,50. Wenn ich Sie dann zur Kasse bitten darf? Unser Azubi kassiert. Auf Wiedersehen, der Herr!

Azubi: Das macht dann ... ah, Sie haben's schon passend. Prima. Und noch ein Kärtchen mit einem Ausspruch von Jesus: „Hütet euch vor aller Habgier! Niemand lebt davon, dass er viele Güter hat.“

Friseur: Ich hab vielleicht ein Pech gehabt, sag ich dir! Fast hätte ich im Lotto sechs Richtige gehabt. Fast! Nein, nicht so wie du denkst, dass ich stattdessen fünf Richtige gehabt hätte. Wäre ja auch noch ganz schön gewesen. Nein, ich lag bei jeder Ziffer bei der Superzahl um eins drunter! Kannst du dir das vorstellen? Mach doch bitte mal den Kopf etwas ... ja, so, danke, da komme ich besser dran. Verstehst du, jede Ziffer knapp daneben! So ein Pech! Aber sonst war alles richtig. Die Superzahl hieß 268857, und ich hatte 157746 – verstehst du? Jedes Mal eins weniger. Mensch, was hätte ich alles mit dem Geld machen können! Erst mal hätte ich unser Dach machen lassen. Und dann hätte ich mit meiner Frau eine Weltreise gemacht. Ich wollte schon immer mal mit einem Traumschiff rumschippern und mich von allen Seiten verwöhnen lassen. Na ja, vielleicht würde meine Frau nicht mitwollen, die wird seekrank. Dann müsste ich wohl alleine ... Und dann wäre natürlich ein schicker Wagen fällig gewesen. Wahrscheinlich ein siebener BMW. Aber da hab' ich mich noch nicht festgelegt. Mann, wäre das toll gewesen! Und für 'ne Weile hätte ich meinen Laden zugesperrt und nur gemacht, wozu ich Lust ... Nicht dass du denkst, ich schneide nicht gerne Haare. Aber trotzdem, einmal ... Ich hätte eben die ganze Zahlenreihe eins höher haben sollen! 12 Euro 50 macht das dann. Ich meine, das Haareschneiden. Vorn an der Kasse, du kennst dich ja aus. Und vielen Dank, Anton!

Azubi: Danke. Jawohl, stimmt. Darf ich Ihnen noch – Sie kennen das ja schon ... ein Spruchkärtchen. Jesus sagt: Was hülfe es dem Menschen, wenn er die ganze Welt gewönne und nähme doch Schaden an seiner Seele?

81 Friseur Nepomuk Meier (9)

Thema: Leid; Bibeltext: Mt 5,4; Mt 11,28

Friseur: Da kann ich Sie wirklich nur immer wieder meines Beileids versichern, Herr Schönewolf. Wenn die geliebte Gattin einem so plötzlich von der Seite gerissen wird, das ist schon etwas Furchtbares. Es wird sicher eine große Trauerfeier geben am Donnerstag. Sie haben ja so einen großen Freundes- und Bekanntenkreis in der Stadt. Und Verwandte von auswärts ja auch. Und Ihre Frau war so beliebt, und ... ach, ich rede und rede! Entschuldigen Sie, Herr Schönewolf, es ist so meine Angewohnheit, immer mit meinen Kunden zu reden. Da nehme ich nun gar keine Rücksicht auf Ihre Gefühle! Wie rücksichtslos von mir! Es tut mir leid. Es ist mir auch nicht so gegeben, in wohlgesetzten Worten Trost zu spenden. Also, die wohlgesetzten Worte würde ich vielleicht noch finden. Aber die Worte allein trösten ja nicht. Da muss man schon Pfarrer sein, oder ... na, man muss was zu sagen haben, das tröstet. Etwas wirklich Hilfreiches. Man muss sozusagen selbst eine tröstliche Perspektive haben. So wie zum Beispiel mein Azubi, die Ines. Wissen Sie, es gibt Gelegenheiten, da geht mir ihr Reden von Gott auf die Nerven. Aber es gibt auch Gelegenheiten, da ist dies das Einzige, was man hören möchte. Sie machen wohl gerade so eine Zeit durch ... So, der Haarschnitt wäre fertig. Ines kassiert. Auf Wiedersehen, Herr Schönewolf, bis Donnerstag, und nochmals: Herzliches Beileid!

Azubi: Danke, Herr Schönewolf. Hier das Wechselgeld und ein Spruchkärtchen. Jesus sagt seinen Nachfolgern: „Selig sind, die Leid tragen, denn sie sollen getröstet werden."

Friseur: Es geht mir ja nicht viel anders als dir, Karl-Heinz. Sicher, mein Junge ist nicht in die Drogenszene abgerutscht. Das mag noch mal besonders schlimm sein. Aber im Unfrieden sind wir miteinander. Weißt du, ich bin ja überzeugt, dass er sich versündigt gegen seinen Vater. Aber manchmal habe ich schon überlegt, ganz ehrlich, überlegt, ob ich nicht auch ... ich meine, ich hätte vielleicht auch manches anders machen sollen. Aber damit will ich jetzt nicht sagen, dass du dran schuld bist, was mit deiner Tochter ... bestimmt nicht! Es gibt Dinge, da kannst du einfach nichts machen. Du kannst es nicht ändern, du kannst dir selbst noch so viele Vorwürfe machen, es bleibt ein Elend. Meine Frau, weißt du, die sagt immer, Nepomuk, sagt sie, es geht nicht um Vorwürfe! Begrab doch, was war, und lass uns neu anfangen! Aber es geht eben nicht. Was war, steht zwischen dem Jungen und mir. Es liegt zentnerschwer auf mir. Auf ihm vielleicht auch. Manchmal kriege ich kaum Luft, weil mich das alles so belastet. Ach, entschuldige, Karl-Heinz, jetzt hab ich, statt dir zu helfen, dich auch noch mit meinen Problemen belastet. Aber helfen kann ich ja sowieso nicht. Am besten, wir reden von was anderem. Gefällt es dir so? Ich hab hier oben etwas mehr weggenommen. Sieht vielleicht etwas moderner aus. So, das wär's dann. Bis Mittwochabend im Gesangverein.

Azubi: Sie haben's gleich passend, prima. Und hier noch – vielleicht auch passend – ein Spruch von Jesus auf einem Kärtchen: „Kommt her zu mir alle, die ihr mühselig und beladen seid; ich will euch erquicken."

Friseur Nepomuk Meier (10)

Thema: Vergänglichkeit und Ewigkeit;
Bibeltext: Mt 28,18; Mt 24,35

Friseur: Sie können ruhig weiter in der Zeitung lesen, während ich Ihnen die Haare schneide. Es stört mich nicht. Ach, ich sehe, Sie sind schon auf den Kulturseiten. Ja, mit der Politik ist wirklich nicht viel los. Was uns da für Leute regieren! Na gut, die andern würden es vermutlich auch nicht besser machen. Es sind ja auch wirklich schwierige Probleme zu bewältigen. Bin froh, dass ich da nicht entscheiden muss. Und das Schwierigste ist, dass auf tausend unterschiedliche Interessen Rücksicht genommen werden muss. Nicht was gut wäre, wird entschieden, sondern was sich mit allen anderen Beteiligten aushandeln lässt. Der kleinste gemeinsame Nenner ist das Universalrezept. Ja, ja, es müsste mal einer kommen, der sagt: So wird's gemacht! Und dann wird's auch so gemacht. Wenn nur endlich mal einer wirklich was zu sagen hätte und seine Entscheidungen auch durchsetzen könnte! Andrerseits – das bringt natürlich auch Gefahren! Große sogar. Wenn einer letzte Entscheidungsbefugnis hat und trifft die falschen Entscheidungen ... Man sieht das ja in manchen Ländern, wohin so was führt: Unterdrückung und Verfolgung. Und wenn wir an unsre eigene Geschichte denken ... Nein, da ist es doch besser so. Es müsste einer mächtig und klug, aber auch gutwillig sein. Na ja, man kann ja mal träumen. So, ich hoffe, Sie gefallen sich im Spiegel? Schön. Dann darf ich Sie zur Kasse bitten, meine junge Mitarbeiterin kassiert. Vielen Dank und auf Wiedersehen!

Azubi: Stimmt ja schon, danke. Und wenn Sie möchten, schenke ich Ihnen noch eine kleine Spruchkarte. Da steht drauf, was Jesus gesagt hat: „Mir ist gegeben alle Gewalt im Himmel und auf Erden."

Friseur: Ich weiß ja nicht, ob das stimmt, was immer gesagt wird, dass es immer wärmer wird. Manche Wissenschaftler bestreiten das ja noch, aber die sind wohl in der Minderheit. Wenn es stimmt ... da kommt noch einiges auf uns zu! Dann schmelzen die Polkappen, hab ich neulich gelesen, und der Meeresspiegel steigt gewaltig, sodass weite Landstriche überflutet werden. Wenn man sich nur mal vorstellt – ganz Bangladesch steht unter Wasser – wo wollen die dann alle hin? Dann drängen alle hierher. Dabei hätten wir schon genug damit zu tun, alle Leute aus Niedersachsen und Schleswig-Holstein ... bitte mal stillhalten! Danke, so ist es gut. Ja, es kann einem angst und bange werden, wenn man das alles so hört und liest. Dann gnade uns Gott! Äh ... das sagt man ja so, verstehen Sie, ich meine nicht wirklich, dass uns die Gnade Gottes da irgendwie helfen könnte. Manche meinen ja, dass ein Jüngstes Gericht käme. Und dann hoffen sie, dass Gott ihnen gnädig ist. Hoffe ich natürlich auch, falls es ihn gibt. Aber wenn mal so eine Katastrophe kommt – oder manche meinen ja auch, dass ein Atomkrieg ... oder ein Komet könnte auf die Erde stürzen, das soll ja in früheren Jahrmillionen schon gelegentlich vorgekommen sein ... Na, wir wollen mal unsre Zukunft nicht so schwarz sehen. Was ich nur sagen wollte: Wenn, dann nutzen uns so Sätze aus der Bibel auch nichts. Denn die gingen ja dann alle mit unter. So, fertig. Ich danke Ihnen und wünsche Ihnen noch einen schönen Tag. Ines! Kasse!

Azubi: Das macht 12 Euro 50. Danke. Und hier noch ein Spruchkärtchen. Jesus sagt: „Himmel und Erde werden vergehen, aber meine Worte werden nicht vergehen."

83 Friseur Nepomuk Meier (11)

Thema: Sterben; Bibeltext: Mt 10,30; Joh 11,25

Friseur: Es wird immer dünner, Anton. Immer weniger Haare. Bald lohnt sich's gar nicht mehr, dass du kommst. Versteh mich recht, ich freue mich, wenn du kommst, unterhalte mich ja auch gerne mit dir. Aber ich weiß gar nicht, wo ich bei deinem spärlichen Haarwuchs noch meine Kunst als Friseurmeister anwenden soll. Nepomuk Meier bändigt siebzehn Haare! War nur 'n Scherz, Anton. Es sind sicher mehr als siebzehn. Gezählt hab ich sie nicht. Dafür sind es dann doch zu viele. Aber es nimmt halt alles ab. Es geht mir doch genauso. Nicht nur die Haare. Ich kann zum Beispiel nicht mehr lange gebückt im Garten arbeiten. Ich nehme nicht mehr zwei Stufen auf einmal, wenn ich die Treppe raufgehe. Sogar im Gesangverein merke ich, dass ich nicht mehr so viel Luft habe. Es ist schon traurig, Anton, traurig, sag ich dir. Alles geht den Bach runter. Aber wem sag ich das, du wirst es genauso erleben. Ich hab gehört von deinen Knien. Wenn ich dagegen meinen Azubi sehe, Ines, das junge Ding, da könnte man direkt neidisch werden. So voller Kraft in der Blüte ihrer Jugend. Ich denke manchmal, sie weiß das gar nicht zu schätzen, so unbekümmert, wie die ist. Aber das waren wir alle ja auch mal. Es ist wohl ein ehernes Gesetz, dass alles ... auch deine letzten siebzehn Haare werden eines Tages ... na ja, fürs Erste hab ich sie mal wieder hingekriegt, dass sie wie 170 aussehen. Ines! Ein Haarschnitt für meinen Nachbarn Anton. War zwar nicht viel zu schneiden, aber es gibt nun mal einen Einheitspreis dafür. Und gute Besserung für dein Knie!

Azubi: 12 Euro 50, bitte. Danke. Und ein Spruchkärtchen dazu. Soll ich's vorlesen, damit Sie nicht erst die Lesebrille aufsetzen müssen? Jesus sagt: „Kein Sperling fällt auf die Erde ohne euren Vater. Es sind auch die Haare auf eurem Haupt alle gezählt. Darum fürchtet euch nicht. Ihr seid besser als viele Sperlinge."

Friseur: Schnipp. Ab sind sie. Da haben sie sich so viel Mühe gegeben, die Haare, immer länger zu wachsen, und mit einem kurzen „Schnipp" ist alles umsonst gewesen. Haha. Na, war 'n Witz, sie haben sich natürlich keine Mühe gegeben, die Haare wachsen von alleine. Nur wir Menschen geben uns Mühe, unser Leben möglichst zu verlängern, aber dann – Schnipp – ist auf einmal alles vorbei. Oh – jetzt rede ich Unsinn. Äh, nicht, dass es falsch wäre, aber über so was sollte ein Friseur nicht mit seinen Kunden reden. Auch nicht Friseurmeister Nepomuk Meier. Tod und Sterben sind ein zu trauriges Thema. Und wir können ja doch nichts dran ändern, dass es eines Tages schnipp macht, und das war's dann. Alles vorbei. Da endet dann der Vergleich mit dem Haareschneiden. Wenn da was abgeschnitten wird, besonders wenn es der Meister Nepomuk Meier macht, ist alles hinterher schöner als vorher. Aber wenn unser Lebensfaden abgeschnitten wird … Ach, ich wollte ja nicht davon reden. Wir sind ja jetzt auch fertig. Wenn Sie mal noch einen Blick in den Spiegel werfen wollen – so. Und noch den Umhang. Ich danke Ihnen. Bezahlen bitte vorn an der Kasse. Ines, bist du da?

Azubi: Ein Haarschnitt. Macht 12,50, der Herr. Ich bedanke mich. Und ich erlaube mir, Ihnen noch ein Spruchkärtchen mitzugeben. Jesus sagt, so steht es da: „Wer an mich glaubt, wird leben, auch wenn er stirbt."

84 Friseur Nepomuk Meier (12)

Thema: Umkehr; Bibeltext: Mt 9,12; Mt 9,13

Friseur: So, Herr Doktor, das haben wir mal wieder gut hingekriegt, glaube ich. Was heißt „wir", ich meine natürlich mich, Meister Nepomuk Meier. Ich sagte nur „wir", weil man das halt so sagt ... Aber Sie haben ja auch schon vieles hingekriegt, Herr Doktor. Damals, als meine Frau diesen Hautausschlag hatte – wenn ich da noch dran denke! Und ich mit meinen ... – na ja, Sie haben mich dann zum Urologen überwiesen. Aber was rede ich – Sie wissen das ja alles selbst. Das heißt, wahrscheinlich wissen Sie nicht alles aus dem Kopf. Da brauchen Sie Ihre Krankenkartei beziehungsweise Ihren Computer. Nun war ich ja schon lange nicht mehr bei Ihnen. Warum auch? Ich bin ja gesund. Das ist bei einem Arzt anders als bei einem Friseur. Zum Friseur muss man regelmäßig, zum Arzt nur bei Bedarf. Was mich angeht, so ist das, finde ich, ganz gut eingerichtet, so kommen meine Kunden immer wieder. Aber medizinisch behandelt werden muss man nur, wenn man krank ist, und das bin ich glücklicherweise zurzeit nicht. Na ja, wie man eben gesund sein kann in meinem Alter. Wunschlos glücklich bin ich natürlich auch nicht. Aber die gesundheitlichen Probleme halten sich in Grenzen. Meine Probleme sind anderer Natur. Aber dafür sind Sie ja nicht zuständig. Was soll ich Ihnen da von meinen Problemen erzählen? Von Enttäuschungen, von Ängsten, von ... ja, von Fehlern auch und Versagen, seien wir ehrlich. Es läuft eben manches schief, nicht wahr? Und da wünscht man sich manchmal jemanden, der ... na, Sie wissen schon. So, das wäre fertig, Herr Doktor. Vielen Dank! Ines kassiert vorn an der Kasse.

Azubi: Vielen Dank, Herr Doktor. 20, 40, 50. Und noch ein Jesuswort dazu auf einer Karte. Jesus sagt: „Die Gesunden brauchen keinen Arzt, sondern die Kranken. Ich bin gekommen, die Sünder zu rufen, und nicht die Gerechten."

Friseur: So, das macht, glaube ich, einen moderneren Eindruck, ohne aber gleich so verrückt zu sein, wie manche heute rumlaufen. Sie machen sich ja keine Vorstellung, was der im langjährigen Dienst ergraute Friseurmeister Nepomuk Meier alles erlebt in Sachen Haartracht! Gestern kam einer und wollte seinen Irokesenschnitt erneuert haben. Und das Ganze grün und lila gefärbt. Manche wollen mit aller Gewalt auffallen. Ich meine, wenn's nur die Frisur ist und die Kleidung, dann will ich ja nichts sagen. Aber man weiß doch, was alles dahintersteckt. Drogen und so was. Mein Sohn war auch mal befreundet mit so einem. Es kam dann auch so, wie ich vorausgesagt hatte. Junge, habe ich gesagt, der hat einen schlechten Einfluss auf dich! So kam's dann auch. Ich hab ihm dann zu seiner Zufriedenheit – zu seiner Zufriedenheit, nicht zu meiner! – die Haare geschnitten. Nicht meinem Sohn, ich spreche von dem Irokesen gestern. Und Ines hat ihm sogar einen ihrer Jesussprüche gegeben. Na, ob das was gebracht hat? Ich hab ihr nachher gesagt: Was sollte das denn? Glaubst du etwa, der kommt in die Kirche? Da passt der doch gar nicht hin. Eine völlig andere Welt. Der schmeißt am Ende ein Tütchen Heroin in den Klingelbeutel. Ach nein, das wird er wohl nicht. Solche Leute geben ja kein Opfer. Kratzt noch was am Hals? Alles klar, dann danke ich. Ines! Kundschaft! Ein Haarschnitt.

Azubi: Das macht dann 12,50. Ich danke Ihnen. Darf ich Ihnen noch ein Spruchkärtchen mitgeben? Vielleicht dieses hier. Jesus sagte: „Ich bin gekommen, die Sünder zu rufen, und nicht die Gerechten."

85 Friseur Nepomuk Meier (13)

Thema: Selbstgerechtigkeit; Bibeltext: Mt 15,14; Lk 15,10

Friseur: Musst du denn immer mit diesen Leuten rumhängen, Junge? Die haben keinen guten Einfluss auf dich! Ich weiß, so was hört man als junger Mensch nicht gern. Da lässt man sich nichts sagen. Aber glaube mir, ich meine es nur gut! Ich hab da so meine Erfahrungen. Früher bist du doch in der Jungschar von der Kirche gewesen, stimmt's? Oder im Jugendkreis. Und nun bist du mit diesen Lederjacken- und Motorradkerlen zugange. Ich sage ja nicht, dass du zu den Frommen zurückkehren sollst. Ich würde da wahrscheinlich auch nicht hingehen, wenn ich noch jung wäre. Jede Art von Fanatismus ist mir suspekt. Also, Fanatismus ist jetzt vielleicht nicht ganz das passende Wort. Aber etwas Extremes haben die schon manchmal an sich. Ich sehe es doch an Ines, meinem Azubi, die kennst du ja. Aber jedenfalls ist das mit den Kerlen, mit denen du rumhängst, auch nicht besser, eher noch schlechter. Tue recht und scheue niemand, sage ich immer. Ich weiß, das ist schon ein alter Spruch und etwas aus der Mode gekommen, aber trotzdem wahr. Und wenn du dich anständig verhalten hast, niemanden beklaut oder betrogen, dann kannst du mit deinem Leben zufrieden sein, wenn du mal alt bist und zurückschaust. Und dann wird auch der Herrgott mit dir zufrieden sein. So, fertig. Ich meine nicht meine Belehrung, die du mir hoffentlich nicht übel nimmst, sondern den Haarschnitt. Bezahlen kannst du bei Ines vorne.

Azubi: Hallo! Na, wie geht's? Macht 12,50. Alles klar. Und das hier schenke ich dir noch. Mache ich immer so. Da steht was drauf, was Jesus mal gesagt hat. Hier steht: „Wenn ein Blinder den anderen führt, dann fallen sie beide in die Grube."

Friseur: Nein, nein, mein Lieber – fromm werden, in die Kirche rennen, beten – das ist nichts für mich. Verstehen Sie mich nicht falsch, ich hab nichts gegen die Leute, die das tun. Aber dafür muss man wohl veranlagt sein. Ich bin das nicht. Und vor allem bin ich es nicht gewöhnt. Nicht so erzogen worden. Irgendwie passt so was nicht zu mir. Wohlgemerkt: Ich stehe diesen geistlichen Dingen durchaus wohlwollend gegenüber, wenn man mal so sagen will. Ich bin ja auch immer dabei, wenn wir mit dem Männerchor in der Kirche singen. Und zwar mit der gebotenen Ehrfurcht. Aber Kirche ist Kirche und Alltag ist Alltag, verstehen Sie? Was würde meine Frau sagen, wenn ich auf einmal ein Tischgebet sprechen wollte, ehe ich mich über ihr Gulasch hermache! Wenn ich mich über spirituelle oder biblische Themen mit ihr unterhalten wollte! Sie würde sich kaputtlachen. Und gar die anderen Leute! Ich bin ja doch in gewisser Weise eine öffentliche Persönlichkeit, wo ich fast alle männlichen Bewohner unsres Städtchens regelmäßig auf meinem Friseurstuhl sitzen habe. Alle würden tuscheln und die Köpfe schütteln. Nein, nein, Friseurmeister Nepomuk Meier ist so, wie er ist, und daran soll auch nichts mehr geändert werden. So, mein Lieber, das macht dann 12,50. Ines kassiert. Der macht das übrigens nichts aus, dass alle wissen, sie ist fromm. Zu ihr passt das einfach, oder man hat sich dran gewöhnt. Aber bei mir? Was sagen denn dann die Leute!

Azubi: 12,50 macht das. Danke. Beehren Sie uns bald wieder! Also – bald heißt natürlich, erst wenn die Haare wieder gewachsen sind. Und noch eine Karte als Geschenk mit einem Satz von Jesus: „Es wird Freude sein vor den Engeln Gottes über einen Sünder, der umkehrt."

86 Friseur Nepomuk Meier (14)

Thema: Wiedergeburt; Bibeltext: Joh 3,3; Joh 14,6

Friseur: Ach ja, dich hat der Pfarrer auch besucht zum Fünfzigsten? Mich auch, damals. Das machen die wohl so. Wir sind ja bei ihm in der Kartei und da sieht er gleich, wer einen runden Geburtstag hat. Ich hatte ja schon mal überlegt auszutreten. Schon wegen der Kirchensteuer. Aber ich bin dann doch dringeblieben. Es macht doch einen schlechten Eindruck für einen Geschäftsmann, wenn er aus der Kirche austritt, wo doch mindestens 80 Prozent seiner Kunden in der Kirche sind. Aber der Pfarrer weiß natürlich auch, dass ich selten sonntags unter seiner Kanzel sitze. Und wie ich über das alles denke, weiß er auch. Spätestens, seit er mich damals zum Fünfzigsten besucht hat. Ich hab kein Blatt vor den Mund genommen. Ich sehe nichts von Ihrem Gott, habe ich gesagt. Nun gut, das ist ja eine bekannte Tatsache, dass man Gott nicht sehen kann. Das akzeptiere ich auch, dass es Dinge geben mag, obwohl man sie nicht sieht. Aber dann müsste man doch wenigstens irgendwelche Spuren von ihm sehen, Auswirkungen sozusagen. Woher soll ich denn sonst wissen, dass das alles stimmt, was der Pfarrer sagt, und was meinetwegen auch in der Bibel steht? Man kann doch nicht etwas glauben, nur weil andere es auch glauben. Oder weil es Menschen früher geglaubt und aufgeschrieben haben. Zumal solch ein Glaube ja Folgen hätte. Nein, nein, erst will ich was sehen, und dann kann ich unter Umständen mein Leben ändern. So geht es nicht, dass ich erst mein Leben ändere, ein ganz frommer Mensch werde, und dann – ja, dann sehe ich vielleicht gar nichts. Außerdem – ich wüsste gar nicht, wie ich das machen sollte, mich ändern. Nicht dass ich das partout nicht wollte – aber ich kann mich doch nicht per Willensentschluss dazu zwingen, über das alles jetzt ganz anders zu denken. Ich müsste es doch auch einsehen. Das macht dann 12,50. Entschuldige, dass ich manchmal ziemlich viel rede, es geht so mit mir durch. Gratuliert habe ich dir ja schon zum Fünfzigsten. Tschüss, bis ein anderes Mal!

Azubi: Ich danke Ihnen. Vergessen Sie nicht Ihren Schirm, ich hab ihn da vorne hingestellt. Und noch ein Jesuswort auf einer Karte: „Es sei denn, dass jemand von neuem geboren werde, so kann er das Reich Gottes nicht sehen."

Friseur: Ja, bei uns werden die Herren vom Chef selbst frisiert. So groß ist mein Kundenkreis nicht, dass ich noch einen Mitarbeiter beschäftigen könnte. Friseurmeister Nepomuk Meier ist persönlich am Werk. Drüben bei den Damen sind es drei. Die sind bekanntlich anspruchsvoller, die Damen, was die Frisur angeht. Und einen weiblichen Azubi haben wir, einen Lehrling, die Ines. Sie kennen sie ja, nicht? Doch, ich bin sehr zufrieden mit ihr. Gut, sie hat diesen Tick, dass sie immer den Kunden so eine kleine Karte mit einem Spruch aus der Bibel mitgibt. Aber bis jetzt hat sich noch keiner beschwert, und da lasse ich ihr halt das Vergnügen. Ich hab ihr gesagt: Nimm doch mal Sprüche von Goethe oder Schiller, oder meinetwegen von Laotse oder Zarathustra oder was weiß ich, wen es da noch so gibt. Aber nein, es muss Jesus sein! Viele Wege führen nach Rom, sag ich ihr. Da sagt sie: Nach Rom vielleicht, aber in den Himmel führt nur einer. Na ja, ich nehme es ihr nicht übel. Das ist der Eifer der Jugend, da fehlt noch Erfahrung und eine gewisse – wie soll ich sagen? – Lebensweisheit, die sich erst im Lauf der Jahre einstellt. Abgeklärtheit. Man wird toleranter, wenn man älter und klüger wird. Darum sage ich nichts dagegen – sonst bin ich ja sehr mit ihr zufrieden. Jesus, Jesus, immer wieder Jesus! Ich meine, andere Menschen haben auch Wichtiges und Gutes zu sagen. Und wer sich ein bisschen umsieht, merkt, dass es immer mehrere Ansichten geben kann, mehrere Wahrheiten sozusagen, alle irgendwie subjektiv. Ganz objektiv gesehen: Ihre Frisur ist gut gelungen! Ein Blick in den Spiegel wird Sie überzeugen – nicht wahr? Macht dann 12 Euro 50. Vorn an der Kasse bitte. Und ich bedanke mich.

Azubi: Oh – ob ich da rausgeben kann … Ah, doch. 20, 40, und 50 sind 90, und noch zwei Fünfer. Ich bedanke mich. Und lege Ihnen noch ein Spruchkärtchen dazu. Da sagt Jesus: „Ich bin der Weg, die Wahrheit und das Leben. Niemand kommt zum Vater als nur durch mich."

87 Friseur Nepomuk Meier (15)

Thema: Wer glaubt und getauft wird …;
Bibeltext: Mk 16,16; Mt 12,30

Friseur: Wenn's Ihnen recht ist, feuchte ich die Haare etwas an. Ich kann sie sonst schlecht bändigen. Sie haben da so 'nen Wirbel. Nur etwas Wasser, ganz wenig. So. Getauft waren Sie ja schon. Hahaha! Nehme ich mal an, sind ja fast alle. Ich jedenfalls. Kann mich zwar nicht mehr dran erinnern, was da mit mir passiert ist. Sie haben mir nur immer erzählt, ich hätte ziemlich laut geschrien, sodass die Gäste der Tauffeier sich gar nicht auf die Predigt konzentrieren konnten. Ja, ich hatte schon immer ein flottes Mundwerk und wusste mir Gehör zu verschaffen. Deswegen rede ich auch immer so viel mit den Kunden. Wenn es Ihnen auf den Wecker geht, müssen Sie es sagen, dann höre ich auf. Oder ich versuche es wenigstens. Ja, die Taufe. Sie hat nicht viele Spuren hinterlassen. Aber was soll's! Hauptsache, ich bin getauft. Das muss ja nicht heißen, dass ich nun dauernd in die Kirche rennen müsste. Wenn einer nicht immer so fromme Sprüche im Mund führt und betet und so – das finde ich nicht so schlimm. Aber wenn einer nicht getauft ist – da fehlt was. Finde ich. Ich meine, es gehört einfach dazu, dass man … na, also so ein gewisses Mindestmaß an Religiosität ist sicher nützlich, wenn mal unsre letzte Stunde kommt. Aber davon wollen wir mal jetzt nicht reden. Zumal jetzt auch die Frisur fertig ist. Ich bedanke mich bei Ihnen. So, und an der Kasse wird Ihnen unser Azubi zu Diensten sein. Auf Wiedersehen.

Azubi: Das macht dann 12 Euro 50, der Herr. Ich bedanke mich. Wie wär's mit einem Kärtchen zum Abschied? Mit einem Jesuszitat drauf: Wer glaubt und getauft wird, der wird selig werden. Wer aber nicht glaubt, der wird verdammt werden.

Friseur: So, da hätten wir wieder einen prächtigen, wenn auch traditionellen Fassonschnitt. Steht Ihnen gut. Fasson – das Wort kennt man sonst kaum noch in der Alltagssprache. Nur noch beim Haarschnitt. Na ja, und wenn dieser Satz vom Alten Fritz zitiert wird, dem Preußenkönig. „Jeder soll nach seiner Fasson selig werden", soll er gesagt haben. Die hatten damals noch viele französische Wörter in ihrer Sprache. „Jeder nach seiner Fasson." Aber er hatte schon Recht, der Friedrich. Er wollte den Untertanen nicht vorschreiben, was sie glauben sollten, wie das sonst damals noch üblich war. Finde ich auch vernünftig. Heute ließe sich sowieso niemand mehr seinen Glauben vorschreiben. Ist ja auch gut so. Ich sage immer: Man muss tolerant sein. Wenn sie mich in die Kirche einladen – also ich bin natürlich auch manchmal da, zu Weihnachten oder so, bei besonderen Anlässen oder wenn der Männerchor singt – aber wenn sie mich drängen, ich sollte doch öfter kommen, dann sage ich: Jeder nach seiner Fasson! Der eine ist eben eifriger Kirchgänger, der andere hält sich da mehr zurück, der Dritte geht überhaupt nicht oder ist sogar ganz dagegen. Ich hab da so ein gutes Mittelmaß. Man soll nichts übertreiben, finde ich. Wenn ich nicht so wahnsinnig engagiert bin, muss das ja noch lange nicht heißen, dass ich ein Heide wäre. So, das war's. Ist's in Ordnung so? Ja, danke. Das sind dann 12,50. Ines kassiert, unser Azubi. So, der Nächste bitte!

Azubi: Sie haben's passend, danke. Und noch ein Spruchkärtchen, wenn Sie möchten. Jesus hat gesagt: „Wer nicht mit mir ist, der ist gegen mich; und wer nicht mit mir sammelt, der zerstreut."

88 Friseur Nepomuk Meier (16)

Thema: Gottes Willen tun; Bibeltext: Mt 26,39; Mt 7,21

Friseur: Ach, jetzt weiß ich's wieder, woher ich Sie kenne! Sie waren mit auf dem Seminar, nicht? Mit dem Motivationstrainer. Ich hab dauernd überlegt: Woher kennst du denn den Herrn? Jetzt ist es mir wieder eingefallen. Ja, es war schon interessant damals. Der Mann hat mich ungeheuer fasziniert. Man muss sich Ziele setzen! Wer kein Ziel hat, erreicht es auch nicht! Und glauben muss man, dass man es kann! Ach was, glauben – sicher sein! Jawohl, ich kann Erfolg haben! Und ich will Erfolg haben! Wer nichts will, erreicht auch nichts! Mit aller Kraft muss man dem gesteckten Ziel zustreben. Nichts ist unmöglich, das ich wirklich will. Das ist wahrhaft positives Denken. Das mobilisiert ungeahnte Kräfte. Ich denke noch gerne an das Seminar zurück. Äh … da fällt mir auf … äh … dass die Erinnerung ja eigentlich nicht ausreicht. *Jetzt* sollte ich wollen! Wenn ich zurückschaue, wird der Blick schon vom angestrebten Ziel abgelenkt. Das weicht die Motivation auf. Geht es Ihnen auch so? Da muss ich mich neu … Ja, ich will wieder wollen! Ich will! Und dann wird es auch gelingen! Alles kann ich erreichen, wenn ich nur wirklich will. So, hier hinten hab ich die Wille … äh, die Wolle ein bisschen gelichtet. Gefällt es Ihnen? Damit sind wir dann wieder fertig und haben unser Ziel erreicht. Unser Azubi kassiert. Ines! Kasse! Nicht vergessen, der Herr: Man muss nur wollen!

Azubi: Das macht 12,50. Und wenn Sie wollen, noch ein Spruchkärtchen. Jesus sagte: „Vater, nicht wie ich will, sondern wie du willst."

Friseur: Und der Karl, der kriegt das hohe A auch nicht mehr richtig. Ich sage dir, Otto, wir müssen uns im Männergesangverein um Nachwuchs bemühen. Apropos Nachwuchs, du solltest öfter kommen, Otto, hier hinten war schon sehr viel nachgewachsen. Ich hab jetzt mal ordentlich ... da lagen die Haare schon auf dem Jackenkragen. Du nimmst es mir doch nicht übel, wenn ich das sage? Einem alten Sangesbruder! Wo war ich stehengeblieben? Ach ja, Nachwuchs für den ersten Tenor. Es hört sich einfach zu dünn an, wenn wir singen „Die Himmel rühmen ...", und die Melodiestimme geht fast unter. Damit wird der Herr nicht gerühmt, und schon gar nicht wir, der Chor. Was sagen dann die Leute! Und wir haben einen Ruf zu verlieren, Otto! Womit ich natürlich nicht bestreiten will, Sie der Dirigent neulich sagte, dass wir in erster Linie zur Ehre des Herrn singen. Besonders wenn wir am Volkstrauertag am Ehrenmahl ... und Totensonntag in der Kirche. Da erst recht! Emil hat ja extra drei Lieder zur Ehre des Herrn rausgesucht. So, Otto, jetzt siehst du wieder ordentlich aus. Da kannst du wieder im zweiten Bass ... Obwohl man dich ja da hinten in der dritten Reihe kaum sieht. Aber es geht ja nicht nur um unser Publikum, wir singen ja zur Ehre des Herrn. Ines! Kassier mal bei meinem alten Freund Otto! Einem großen Sänger vor dem Herrn. Mach's gut, Otto, dem Herrn befohlen!

Azubi: Macht 12 Euro 50. Danke. Und hier noch ein Kärtchen mit einem Wort von Jesus: „Es werden nicht alle, die zu mir sagen: Herr, Herr! In das Himmelreich kommen, sondern die den Willen tun meines Vaters im Himmel."

89 Friseur Nepomuk Meier (17)

Thema: Beweise?; Bibeltext: Lk 16,30; Joh 3,16

Friseur: Schönes dichtes Haar haben Sie noch! Erstaunlich, wo Sie ja nun auch nicht mehr der Jüngste sind. Mein Vater – Gott hab ihn selig – der hatte auch solches Haar und … Na, „Gott hab ihn selig" – das sagt man halt so. Ob Gott ihn wirklich selig hat oder haben könnte, wenn er entsprechend gelebt hätte, darüber kann man unterschiedlicher Meinung sein. Sie verstehen, manchmal sitzen sehr fromme Leute hier und manchmal überzeugte Atheisten. Man will ja keine Streitgespräche führen mit seinen Kunden, und darum halte ich mich bei solchen Themen manchmal etwas zurück. Aber bei Ihnen weiß ich ja, dass Sie auch nicht – na, sagen wir mal – zu den allertreusten Kirchgängern gehören. Darum weiß ich, dass ich Ihnen nicht auf die Zehen trete, wenn ich das so sage: Ich kann mir nicht vorstellen, dass Gott da im Jenseits auf uns wartet und dann unsre guten und schlechten Taten auf die Waage legt, um uns entweder seligzusprechen oder in der Hölle schmoren zu lassen. Na gut, das habe ich jetzt ein bisschen despektierlich gesagt. Vielleicht auch nicht ganz richtig. Ines, unser Azubi, sagt immer, das stände so gar nicht in der Bibel. Danach würde einer selig, wenn er im Buch des Lebens eingetragen ist. Wie auch immer – auch das muss man glauben, denn beweisen kann es niemand. Es ist schließlich noch keiner zurückgekommen. Ja, wenn das mal passieren würde, dass ein glaubwürdiger Augenzeuge berichten könnte, wie es im Jenseits aussieht, und überhaupt – das wäre dann schon was anderes. Dann würde ich mich auch überzeugen lassen. So, Herr Kübler, das hätten wir mal wieder. Schönen Dank und auf Wiedersehen!

Azubi: So, Herr Kübler – 15, 20, 50. Vielen Dank! Und noch etwas zum Mitnehmen, ein Spruchkärtchen. Da steht: „Hören sie Mose und die Propheten nicht, so werden sie sich auch nicht überzeugen lassen, wenn jemand von den Toten aufstünde."

Friseur: Ist doch schön, Achim, dass deine Mutter wieder gesund aus dem Krankenhaus nach Hause gekommen ist. Damit war ja nicht unbedingt zu rechnen, nachdem sie so lange krank gewesen war. Und so viele verschiedene Krankheiten hatte. Sie war ja schon wieder einkaufen, deine Mutter. Gestern habe ich sie beim Bäcker getroffen. Ich gratuliere Ihnen, Frau Nebeling, habe ich gesagt, da haben Sie aber Glück gehabt, dass das so gut gegangen ist. Aber sie hat protestiert. Das wäre kein Glück, sondern da hätte ihr der liebe Gott geholfen. Na, du kennst sie ja. Ich hab natürlich nicht widersprochen. Ich will ihr ja ihre Überzeugung lassen und freue mich auch ehrlich mit ihr. Aber – weißt du, das mit dem lieben Gott, das ist mir doch ein bisschen fraglich. Wenn man mal ganz nüchtern überlegt: Wenn Gott wirklich lieb zu ihr wäre, hätte er doch machen können, dass sie gar nicht erst krank wird! Und was sie schon alles hat erleiden müssen! Nein, nein, von Gottes Liebe kann ich da nichts erkennen. Ich meine, man kann doch nicht, wenn es einem gut geht, sagen, da sieht man, wie Gott einen lieb hat. Aber wenn es einem schlecht geht – ja, da sagt man gar nichts. Wo man doch dann sagen müsste, da war Gott böse zu mir. Das ist doch unlogisch. So, das war mal wieder ein Haarschnitt, da hast du wieder für 'ne Weile Ruhe. Macht dann 12,50, Ines kassiert. Und grüß schön zu Hause! Nimm's mir nicht übel, was ich eben über den lieben Gott gesagt habe! Ich meine nur: Wenn man vom lieben Gott spricht, muss man doch auch mal drüber nachdenken: Wo sehe ich denn was von seiner Liebe?

Azubi: Hallo, Achim! 12,50 macht es. Danke! Und grüß zu Hause! Ach, und noch ein Kärtchen. Da steht: „So sehr hat Gott die Welt geliebt, dass er seinen eingeborenen Sohn gab, damit alle,

die an ihn glauben, nicht verloren werden, sondern das ewige
Leben haben."

90 Friseur Nepomuk Meier (18)

Thema: Die enge Pforte; Bibeltext: Mt 7,14; Mt 19,26

Friseur: So, Herr Pfarrer, das hätten wir fast. Da können Sie doch wieder ordentlich gepflegt auf der Kanzel stehen. Ich weiß, ein Pfarrer soll nicht eitel sein. Aber ein gewisses Mindestmaß ... Heben Sie bitte mal das Kinn kurz an? Jawohl, danke. Nett, dass Sie mich besuchen, Herr Pfarrer, obwohl ich Sie ja nicht so oft besuche, in der Kirche, meine ich. Nun ja, Sie besuchen mich ungefähr einmal im Monat und ich Sie – na, vielleicht alle drei Monate einmal. Also, so groß ist der Unterschied gar nicht. Vorsicht, dass keine Haare in den Kragen fallen! So, alles weg. Wissen Sie, Herr Pfarrer, ich finde das mit der Frömmigkeit bei einigen Ihrer Schäfchen ein bisschen eng. Sie nehmen es mir doch nicht übel, wenn ich das so geradeheraus sage? Man soll ja offen und ehrlich sein. Steht das nicht auch irgendwo in der Bibel? Also, ich bin kein Freund von Enge, ich hab gern meine Freiheit, und ich bin ziemlich sicher, der Herrgott nimmt mir das nicht krumm. Wir leben nun mal in einer Zeit, wo jeder sich den Weg zur Seligkeit selber sucht, gewissermaßen. Sollen alle die vielen, die die Dinge anders sehen, die Angehörigen anderer Religionen oder Weltanschauungen, verdammt werden? Undenkbar! Jeder nach seiner Fasson, wie der Alte Fritz gesagt hat. Apropos Fasson – sollen wir nicht mal einen etwas anderen Schnitt probieren? Jetzt nicht natürlich, aber ich kann mir ja bis zum nächsten Besuch mal was überlegen. Ines! Ein Fassonschnitt beim Herrn Pfarrer! Und du brauchst ihm keinen Jesusspruch zu geben, der kennt die schon alle. Noch mal, Herr Pfarrer, nehmen Sie's mir nicht übel, was ich über die Enge gesagt habe.

Azubi: 12 Euro 50, Herr Pfarrer. Aber ein Spruchkärtchen kriegen Sie auch. „Wie eng ist die Pforte und wie schmal ist der Weg, der zum Leben führt. Und wenige sind's, die ihn finden."

Friseur: Wir nähern uns dem Ende des Haarschnitts, erfolgreich natürlich, wie man es vom Friseurmeister Nepomuk Meier nicht anders erwartet. ... Moment, da will ich mal eben die Brille aufsetzen. Manchmal brauche ich sie. Neulich wollte ich meiner Frau helfen, ein Fädchen durch die Nadel zu ziehen. Weder sie noch ich haben es ohne Brille ... Na ja, die Augen sind nicht mehr wie früher. Hauptsache, wir kommen in den Himmel, nicht wahr? Hahaha! Jetzt gucken Sie verdutzt und fragen sich, wie ich darauf komme. Das will ich Ihnen sagen: Ich dachte gerade an einen Spruch von Jesus, den Ines, mein Azubi, neulich zitiert hat: Eher geht ein Kamel durch ein Nadelöhr als ein Reicher ins Reich Gottes. Ha, da kann ich ja froh sein, dass ich nicht reich bin. Da wird es dann nicht so schwierig sein, in den Himmel ... Obwohl, arm bin ich ja eigentlich auch nicht. Wenn man's genau nimmt, bin ich sogar, nun, sagen wir mal, nicht unvermögend. Und wenn ich mich vergleiche mit manchen Hungernden in der Dritten Welt, bin ich sogar reich, genau genommen. Hm, das ist bedenklich. Heißt das am Ende, dass mir das Tor zum Himmel so etwas wird wie das Nadelöhr für ein Kamel? Aber andrerseits – wenn das stimmt, und wenn der Durchschnittsverdiener hierzulande schon reich ist – wer käme dann überhaupt in den Himmel? Nur ein paar seltene Asketen? Das kann doch wohl nicht sein! Gefällt's Ihnen? Ich meine den Haarschnitt. Prima, nicht? So, ich bin zwar nicht gerade arm, aber auf den Lohn meiner Mühe lege ich doch wert. Bitte an der Kasse. Auf Wiedersehen!

Azubi: Ein Haarschnitt macht 12,50, der Herr. Danke. Und hier noch ein Satz von Jesus, gedruckt auf einem Kärtchen: „Bei den Menschen ist's unmöglich, selig zu werden, aber bei Gott sind alle Dinge möglich."

91 Friseur Nepomuk Meier (19)

Thema: Gott erkennen; Bibeltext: Mt 5,8; Joh 7,17

Friseur: So, wollen Sie sich mal im Spiegel ... zufrieden? Klar, wenn Nepomuk Meier frisiert, wer könnte da unzufrieden sein! Aber halt! Die Augenbrauen! Da will ich, wenn's Ihnen recht ist ... Sie haben einen starken Wuchs, fast wie früher der Herr Finanzminister Waigel. Wenn ich da nicht ein bisschen ... stillhalten, bitte! ... dann wird am Ende Ihr Gesichtsfeld immer mehr verengt und Sie sehen immer weniger! Hahaha! Na ja, so schlimm wird's wohl nicht – war natürlich nur ein Scherz. So verengt sich der Blick des Menschen selten, da sind meist andere Dinge, die ihn hindern, die ganze Wahrheit zu sehen. Vorurteile zum Beispiel. Traditionen. Die Unfähigkeit, von alten Denkgewohnheiten Abschied zu nehmen, wenn neue Erkenntnisse ... Ich spreche mal ein bisschen leiser, damit Ines mich nicht hört, mein Azubi. Ich will sie ja nicht ärgern. Sie ist ja auch wirklich nett. Aber sie hat ihren Tick mit der Frömmigkeit. Gibt zum Beispiel jedem Kunden ein Kärtchen, zusammen mit dem Wechselgeld, wo ein Satz von Jesus draufsteht. Sie lässt sich nicht abbringen von ihrer ... na, von ihrem verengten Blick eben, nicht durch zu stark gewachsene Augenbrauen, aber durch ... was weiß ich. Na ja, vielleicht hab ich ja auch einen verengten Blick, dass ich Gott nicht sehe. Hahaha! So, fertig. – Ines! Kasse! Danke, der Herr, und beehren Sie uns wieder!

Azubi: Macht 12 Euro 50, bitte. Danke, und dazu ein Spruchkärtchen. „Selig sind, die reinen Herzens sind, denn sie werden Gott schauen."

Friseur: Ich würde mich riesig freuen, Herbert, wenn du mal in den Männerchor kommen würdest. Es würde dir ganz bestimmt Spaß machen. Und das Argument, du könntest nicht singen, lasse ich nicht gelten. In der Schule hast du damals auch gesungen. Ich weiß noch, dass du neben mir gestanden hast, und soweit ich mich erinnere, war es immer richtig, was du gesungen hast. Also, da habe ich keine Sorge. Wir singen natürlich nicht nur immer, wir sitzen auch gemütlich beim Bier zusammen. Aber wenn geübt wird, dann konzentriert, da legt unser Dirigent Wert drauf. Zweimal im Jahr geben wir ein Konzert in der Stadthalle. Leider war in den letzten Jahren der Besuch nicht so gut. Und dann singen wir dreimal in der Kirche: am zweiten Weihnachtstag, zu Ostern und am Erntedanktag, manchmal auch am Volkstrauertag. Keine Sorge, wir sind deshalb kein christlicher Chor. Du musst das nicht unterschreiben, was in den Liedern gesagt wird, die wir dafür auswählen. Ich glaube es ja auch – äh – eigentlich nicht so. Erst gestern hab' ich mich noch mit einem Kunden unterhalten und gesagt: Ich sehe ja nichts von Gott. Ich denke, man kann ohne schlechtes Gewissen singen: „Die Himmel rühmen des Mächtigen Ehre", ohne überzeugt zu sein, dass der ganze Himmel von Gott gemacht wurde. Nach dem, was man heute so liest, kann man an den Sternen und an Pflanzen und Tieren nicht sehen, ob sie von Gott gemacht wurden. Aber wo kann man sonst was von Gott sehen? Jetzt bin ich vom Thema abgekommen. Also probier doch mal mitzusingen, wenigstens zwei oder drei Übungsstunden. Du wirst sehen – wenn du dich drauf einlässt, erkennst du, wie gut das ist. Das ist wie beim Schwimmen, sag ich immer. Wer nur am Ufer steht und überlegt, ob das Wasser ihn trägt, erfährt es nie. Na, gib dir mal 'nen Ruck! So, Ines kassiert die 12,50. Danke, Herbert, bis hoffentlich bald!

Azubi: Danke schön, stimmt genau. Ich erlaube mir, Ihnen noch so eine kleine Karte zu schenken, mit einem Spruch. Jesus hat gesagt: „Wenn jemand Gottes Willen tut, wird er erkennen, ob meine Lehre von Gott ist, oder ob ich von mir selbst rede."

92 Detektiv Agur (1)

Thema: Suche nach Gerechtigkeit; Bibeltext: Hiob

*Auch in dieser Serie, von der hier der Länge wegen nur drei Beispiele aus-
gewählt wurden, sind biblische Geschichten die Grundlage. Sie wurden aber
stark verfremdet – hier u. a. dadurch, dass ein erfundener Detektiv beauftragt
wird, Probleme zu lösen.*

*Der erste Teil des Stückes kann als Rätsel verstanden werden. Das Publikum
soll den Täter oder eine andere Einzelheit wissen oder raten, ehe im zweiten
Teil die Frage beantwortet wird. Natürlich können auch beide Teile einfach
hintereinander gespielt werden, oder ein Prediger greift Gedanken aus dem
ersten Teil auf und führt zum zweiten hin.*

Erster Teil

Detektiv: Sie haben mich rufen lassen? Ich bin Agur, der Detektiv.

Elifas: Ah, kommen Sie herein, Herr Agur! Ich freue mich, dass Sie
Zeit gefunden haben. Nehmen Sie etwas Wein?

Detektiv: Gern. Danke.

Elifas: Ich bin immer gern geradeheraus, wenn ich mit jemandem
rede – sonst könnte ich nicht so ein erfolgreicher Gutsbesitzer
sein. Aber es gibt Situationen, wo man sich für ein Gespräch
Zeit nehmen muss. Wie etwa, wenn ich bei meinem leiden-
den Freund sitze und … aber dazu später mehr. Worauf ich
hinauswill: Ich möchte Sie gern mit Nachforschungen beauf-
tragen. Aber ich muss etwas weiter ausholen, um Ihnen zu
erklären, warum ich wissen will, was Sie herauskriegen sollen.

Sonst denken Sie, ich wolle nur meine Neugier befriedigen oder aus anderen verwerflichen Gründen im Leben von Menschen herumschnüffeln lassen, die mir doch vertrauen.

Detektiv: Verzeihung, der Gedankengang war etwas kompliziert ...

Elifas: Natürlich – entschuldigen Sie!

Detektiv: Berichten Sie doch einfach von Anfang an. Ich verspreche, dass ich Ihnen keine unlauteren Motive unterstelle. Wissen Sie, ich habe in meiner langen Laufbahn schon die merkwürdigsten Dinge erlebt, sodass ich mich über nichts mehr wundere.

Elifas: So? Ja, das kann man sich denken. Also es geht um Folgendes. Ich weiß nicht, ob Sie sich im Lande Uz auskennen.

Detektiv: Nicht genauer. Aber ich habe davon gehört. Waren da nicht kürzlich Überfälle der Chaldäer?

Elifas: Nicht nur das! Aber ich will chronologisch berichten. Es lebt dort ein reicher Viehzüchter, mit dem ich befreundet bin. Wir sind eigentlich vier, wenn man so will sogar fünf Freunde. Natürlich sehen wir uns nicht so oft, weil die Entfernungen doch groß sind, und jeder hat vielerlei Verpflichtungen. Aber wenn wir uns treffen, nehmen wir uns Zeit, um uns in Ruhe auszutauschen. Auch über geistliche Fragen, denn unser Freund, der Viehzüchter, ist ein frommer Mann. Er hält sich streng an die Regeln der Moral, ist gottesfürchtig, betet und opfert viel. Er opfert sogar, wenn einer seiner sieben Söhne ein Fest gegeben und die sechs Brüder und drei Schwestern dazu eingeladen hat.

Detektiv: Warum? Hält er es für Sünde, ein Fest zu feiern? Ich finde im Gegenteil, es ist schön, wenn die Geschwister sich vertragen.

Elifas: Das sieht er wohl nicht anders. Aber er denkt, es könnte doch sein, dass eins seiner Kinder im Übermut festlicher Stimmung oder gar im Rausch sich gegen Gott versündigt hat. Diese vielleicht geschehene Sünde möchte mein Freund mit seinem Opfer ausgleichen.

Detektiv: Oh – so viel Frömmigkeit findet man selten.

Elifas: Nicht wahr? Gott hat ihn dafür aber auch reich gesegnet.

Detektiv: Allerdings! Zehn Kinder! Und dann muss er wohl auch an Vieh reich sein, nicht?

Elifas: Siebentausend Schafe, dreitausend Kamele, fünfhundert Joch Rinder, fünfhundert Eselinnen …

Detektiv: Hören Sie auf! Da kann man ja neidisch werden! Wenn ich bedenke, dass mein einziges Kamel schon ziemlich alt ist …

Elifas: Kein Grund zum Neid, Agur, denn nun muss ich von einer Folge schrecklicher Ereignisse berichten. Eines Tages, es war gerade mal wieder eins jener fröhlichen Feste im Gange, da kam ein Staub bedeckter Bote atemlos hereingestürzt und sagte, die räuberischen Nomaden aus Saba hätten die Knechte überfallen, die im Süden Rinder und Esel weiden und die Äcker bestellen. Alle Knechte außer ihm, dem Boten, wurden erschlagen und alles Vieh geraubt.

Detektiv: Wie furchtbar!

Elifas: Das war erst der Anfang. Kurz darauf kam ein anderer und berichtete von einem Steppenbrand, durch Blitzschlag ausgelöst, dem die gesamte Schafherde zum Opfer fiel, samt den Hirten.

Detektiv: Außer dem einen.

Elifas: Und nicht genug damit! Auch die kostbaren Kamele gingen verloren. Durch den Überfall der Chaldäer, von dem Sie gehört haben.

Detektiv: Entsetzlich! Da hatte er ja fast gar nichts mehr! Von einem Tag auf den anderen.

Elifas: Noch hatte er seine Familie, die ihm immer so viel Grund zur Freude gegeben hatte. Aber auch das nicht mehr lange. Ein schrecklicher Unfall …

Detektiv: Nein!

Elifas: Manchmal trifft es Menschen hart. Aber dass es jemanden so hart trifft wie meinen Freund, habe ich noch nie gehört.

Detektiv: Erzählen Sie!

Elifas: Durch einen ungewöhnlich starken Sturm stürzte das Haus ein, in dem alle Geschwister zu ihrem Fest versammelt waren. Das Dach fiel auf sie … Entschuldigen Sie, ich kann kaum weitersprechen.

Detektiv: Sie wurden erschlagen?

Elifas: Alle.

Detektiv: Da kann auch der Frömmste an der Güte Gottes zweifeln.

Elifas: Der Güte? Darum geht es nicht. Beim heiligen Gott geht es um Gerechtigkeit.

Detektiv: Auch daran kann man zweifeln in so einer Situation.

Elifas: Darf man aber nicht!

Detektiv: Nein, darf man nicht. Aber es ist verständlich, wenn ...

Elifas: Gottes Gerechtigkeit ist unumstößlich! Er kann niemandem
            Unrecht tun! Er kann niemanden strafen, der es nicht ver-
            dient hat.

Detektiv: Äh – meinen Sie?

Elifas: Allerdings! Es kann nicht anders sein! Wenn auf die Gerech-
            tigkeit des Allmächtigen kein Verlass wäre, woran sollte man
            sich dann halten?

Detektiv: Nun ja, so gesehen ... Und was haben Sie nun mir für eine
            Aufgabe zugedacht? Soll ich Untersuchungen über die Raub-
            züge der Sabäer und der Chaldäer anstellen? Soll ich prü-
            fen, ob jemand die tragenden Balken angesägt hat, ob der
            schreckliche Unfall nicht vielleicht eine schreckliche Mordtat
            war?

Elifas: Nein, nein! Warten Sie, ich bin noch nicht fertig mit der Auf-
            zählung des Elends, das meinen Freund getroffen hat.

Detektiv: Was – es kam noch schlimmer?

Elifas: Er wurde krank. Eitrige Geschwüre bildeten sich am gan-
            zen Körper, vom Scheitel bis zu den Fußsohlen. Jetzt sitzt
            er außerhalb seines Anwesens, um niemanden anzustecken,
            in der Asche und kratzt sich mit einer Scherbe. Ein Bild des
            Jammers! Es tut einem in der Seele weh!

Detektiv: Sie haben ihn besucht?

Elifas: Ja, mit den anderen Freunden zusammen.

Detektiv: Da bleiben einem die Trostworte im Hals stecken, kann ich mir denken.

Elifas: Buchstäblich! Sieben Tage haben wir bei ihm gesessen und kein Wort rausgekriegt.

Detektiv: Aber seine Frau lebt noch und ist gesund?

Elifas: Sie lebt noch, ja. Gesund ist sie wohl auch körperlich. Seelisch scheint sie zerbrochen zu sein. Sie sagte zu meinem Freund: „Was hältst du noch fest an deiner Frömmigkeit? Sage Gott ab und stirb!"

Detektiv: Das hat sie gesagt? Wie kann sie so etwas Hartes und Grausames sagen, statt ihn zu trösten und aufzurichten!

Elifas: Man muss das verstehen. Sie ist selbst zerbrochen. Es ist wohl die Bitterkeit, die aus ihr spricht. Sie hadert mit Gott. Oder hadert vielleicht schon nicht mehr, sondern hat sich völlig von ihm abgewandt.

Detektiv: Ihr Freund aber nicht?

Elifas: Nein, er hat Gott nicht abgesagt. Jedenfalls, soweit man das sehen kann.

Detektiv: Natürlich kann man nie sehen, was in einem Menschen vorgeht. Oder wollen Sie mehr andeuten mit dieser Bemerkung? Zweifeln Sie an seiner Treue zu Gott?

Elifas: *(Pause)* Ich sage so etwas nicht gern. Aber ich zweifle wirklich, ob in seiner Vergangenheit immer … Verstehen Sie, wenn wir daran festhalten wollen, dass Gott gerecht ist, dann kann doch solch ein furchtbares Elend nur die Folge von Sünde sein. Ich sehe keine andere Möglichkeit, das zu erklären.

Detektiv: Nicht alles im Zusammenhang mit Gott können wir erklären.

Elifas: Noch nicht. Und darum sollen Sie mir helfen.

Detektiv: Ich? Ihnen helfen, Gottes Gerechtigkeit zu erklären?

Elifas: Die will ich nicht erklären. Die ist einfach da. Aber ich möchte erklären, weshalb Gottes Gerechtigkeit sich bei meinem Freund in so einem furchtbaren Gericht zeigt. Es muss in seiner Vergangenheit dunkle Punkte geben. Die sollen Sie suchen.

Detektiv: Sie wollen die dunklen Punkte in der Vergangenheit ihres Freundes suchen? Ist Ihnen klar, dass Sie damit Ihre Freundschaft aufs Spiel setzen?

Elifas: Gerade um unsrer Freundschaft willen tue ich es!

Detektiv: Das verstehe ich nicht.

Elifas: Er sieht es nicht ein! Wir haben lange mit ihm geredet. Aber er behauptet nach wie vor, er habe sich nichts Schwerwiegendes zuschulden kommen lassen. So aber kann ihm nicht geholfen werden. Er muss seine verborgenen Fehler erkennen und vor Gott bekennen. Ich will ihm gern zugestehen, dass er sie selbst nicht sieht. Vielleicht hat er sie verdrängt, vielleicht weigert er sich in seinem Schmerz, da einen Zusammenhang zu sehen.

Detektiv: So was gibt es.

Elifas: Eben. Und darum denke ich: Wenn ich ihm seine Verfehlungen konkret nennen kann, muss er einsichtig werden.

Detektiv: Und dann kann Gott ihm gnädig sein.

Elifas: Gnädig? Unsinn! Nein, aber er kann sich bessern und dann hat der Allmächtige vielleicht Grund, das Leid meines Freundes zu wenden.

Detektiv: Ach, so meinen Sie ...

Elifas: Nehmen Sie den Auftrag an?

Detektiv: Nun ja, Skrupel kann ich mir nicht leisten.

Elifas: Gut. Alle Einzelheiten, die Sie wissen müssen, hat Ihnen mein Schreiber auf diese Tontafel geritzt.

Zweiter Teil

Detektiv: Es tut mir leid, Elifas von Teman, dass ich nichts gefunden habe ...

Elifas: Der Detektiv! Ich hatte schon fast vergessen, dass Sie in meinem Auftrag unterwegs waren.

Detektiv: Ja, es hat lange gedauert. Ich wollte gründlich arbeiten. Ich hatte mir fast Ihre Meinung zu eigen gemacht: Es muss doch etwas geben! Er muss Dreck am Stecken haben! Aber so sorgfältig ich auch gesucht habe, ich habe nichts gefunden. Kleine Verfehlungen mal, Jugendsünden, die eher Unreife waren, Temperamentsausbrüche, hier und da mal ein Streit, oder Umgang mit dem Personal, der nicht ganz den höchsten moralischen Ansprüchen genügen mochte. Aber nichts, was auch nur annähernd das Gewicht hätte, dass eine so furchtbare Strafe angemessen erscheint.

263

Elifas: Es ist gut, Herr ... wie war noch gleich Ihr Name?

Detektiv: Agur.

Elifas: Herr Agur, ja, setzen Sie sich und trinken Sie etwas Wein. Sie
            sind auch herzlich eingeladen, nachher mit uns zu speisen.
            Ich gehe nur schnell zu meinem Verwalter und kläre das mit
            Ihrem Honorar.

Detektiv: Aber ...

Elifas: Ja? Stimmt was nicht?

Detektiv: Ich dachte, offen gestanden, Sie wären viel enttäuschter, dass
            ich nichts gefunden habe.

Elifas: Nein, nein, die Sache hat sich erledigt.

Detektiv: Erledigt?

Elifas: Ja, es geht meinem Freund Hiob wieder gut. Sein Reichtum
            wächst wieder erstaunlich schnell. Und er hat sogar schon
            wieder zwei kleine Kinder. Und es ist nicht abzusehen, wie
            viele es noch werden.

Detektiv: Ich habe bemerkt – im Zuge meiner Ermittlungen – dass es
            wieder aufwärtsgeht, steil sogar. Aber ... nun, das macht doch
            eigentlich die Suche nach einer Erklärung nicht überflüssig.

Elifas: Das nicht, genau genommen. Aber etwas anderes.

Detektiv: Können Sie mir das etwas erläutern? Verstehen Sie, ich habe
            viel Zeit und Mühe investiert, und nun interessiert das Er-
            gebnis niemanden ...

Elifas: Ich kann zwar versuchen, das zu erklären, aber ich zweifle, ob
            mir das gelingt. Wohlgemerkt, ich bezweifle nicht Ihre Fä-
            higkeit, schwierige Sachverhalte zu verstehen. Aber hier geht
            es um etwas, das mit dem Verstand, mit unserer Erfahrung,
            mit unserer Vorstellung von Falsch und Richtig nicht zu be-
            greifen ist.

Detektiv: Das sagen Sie? Wo Sie doch so genau zu wissen meinten, was
            richtig ist und wie Gott handeln muss!

Elifas: Ich war auf dem Holzweg. Es hilft nichts, ich muss es zuge-
            ben.

Detektiv: Und wie sind Sie zu dieser Erkenntnis gekommen, wenn ich
            das fragen darf?

Elifas: Gott hat geredet.

Detektiv: Geredet? Gott?

Elifas: Ja. Erst zu Hiob. Der hat uns dann davon berichtet.

Detektiv: Was hat er gesagt? Hat er erklärt, warum …

Elifas: Muss Gott sich rechtfertigen? – Genau das hat er auch zu
            Hiob gesagt. Er hat ihm in ungezählten Beispielen aus seiner
            wunderbaren Welt seine Schöpfermacht, seine Größe, klar-
            gemacht. Und die Winzigkeit des Menschen.

Detektiv: Er hat Hiob Respekt eingeflößt? Sodass er erkannte: Ich darf
            nicht mit dem Allmächtigen rechten?

Elifas: Nein. Ja, doch, das auch. Aber viel mehr: Er ist ihm vor Au-
            gen getreten, sozusagen. Er ist ihm begegnet, verstehen Sie?

Detektiv: Nein.

Elifas: Es ist auch schwer zu verstehen. Weil wir so was normalerweise nicht erleben. Weil wir es gewohnt sind, alles mit dem Denken zu ergründen und erst dann für wahr zu halten, wenn es sich ergründen lässt. Wenn es in unsere Vorstellungen und Denkschemata passt. Aber wenn dann Gott selbst sich zeigt, wenn er redet, dann ist alles anders. Muss es ja auch sein! Wenn Gott in unsre Denkmodelle passte, wäre er nicht Gott. Viel größer ist er, als wir denken können, viel heiliger – in jeder Hinsicht ganz anders.

Detektiv: Das ... Hm ... Das mag wohl so sein. Sie sprechen davon, als wäre er nicht nur Hiob begegnet sondern auch Ihnen.

Elifas: Ist er auch. Wohl nicht in der Weise wie Hiob. Aber auch zu mir hat er geredet.

Detektiv: Was denn? Verzeihung, wenn ich indiskret bin. Mein Beruf ...

Elifas: Er sei zornig über mich und die anderen, sagte er. Wohl weil wir eben den Fehler begangen haben, ihn in unser Denkschema einpassen zu wollen. Hiob habe recht gehabt, sagte er, wir nicht.

Detektiv: Oh – peinlich! Ich meine, Gottes Zorn ist schließlich keine Kleinigkeit.

Elifas: Wir könnten ihn aber abwenden, sagte er, wenn wir ein Opfer bringen und Hiob bitten, für uns zum Herrn zu beten.

Detektiv: Beschämend, dass er für Sie ... Nun ja. Und das haben Sie getan?

Elifas: Na, was denken Sie denn!

Detektiv: Und Ihr Freund hat bei Gott ein gutes Wort für Sie einge-
          legt.

Elifas: Ja. Unsere Freundschaft hat auf der Kippe gestanden. Aber es
          ist wieder alles in Ordnung zwischen uns.

Detektiv: Sie meinen zwischen Ihnen und Hiob?

Elifas: Zwischen mir und Gott auch.

Detektiv: Was kann man sich Schöneres wünschen!

Elifas: Da haben Sie recht, Herr Agur.

93 Detektiv Agur (2)

Thema: Das verschwiegene Opfer; Bibeltext: 1. Mose 22

Erster Teil

Sara: Weg sind sie, einfach weg! Und mein Mann hat mir nichts gesagt! Geht einfach weg und nimmt mein Kind mit!

Detektiv: Beruhigen Sie sich doch, gnädige Frau! Wenn ich Ihnen helfen soll, müssen Sie mir alle Einzelheiten schildern, klar und verständlich.

Sara: Ja. Ja, danke, dass Sie mir helfen wollen. Als ich nicht ein noch aus wusste, hat eine meiner Mägde gesagt, sie kenne einen Detektiv, der vielleicht rauskriegen könnte, was los ist. Darum habe ich einen der Knechte auf dem schnellsten Kamel gesandt, um Sie herzubitten.

Detektiv: Und da bin ich nun. Also – berichten Sie der Reihe nach, von vorn!

Sara: Da ist nicht viel zu berichten. Ich bin heute Morgen aufgewacht und wunderte mich, dass mein Mann nicht da war. Nun gut, dachte ich, er wird aufgestanden sein, um nach dem Vieh zu sehen. Vielleicht konnte er nicht schlafen. Das kommt schon mal vor in seinem Alter. Oder er hat Geräusche gehört. Vielleicht hat ein Raubtier gebrüllt oder die Schafe haben ängstlich geblökt. Jedenfalls habe ich mir nichts weiter dabei gedacht, mich umgedreht und weitergeschlafen. Es war noch stockdunkel.

Detektiv: Dass Ihr Kind weg war, haben Sie da noch nichts bemerkt?

Sara: Nein. Das habe ich erst festgestellt, als ich bei Tagesanbruch wach wurde. Mein Sohn war nicht auf seinem Lager, als ich ihn wecken wollte. Seine Kleider und die Sandalen waren nicht da, also hatte er sich richtig angezogen. Nun, auch das hat mich zwar zunächst gewundert, aber nicht beunruhigt. Angst bekam ich erst, als ich draußen nachsah und auch die Mägde fragte, die beim Feuer machen, Wasser holen und Melken waren. Weder mein Mann noch mein Sohn waren da, und niemand hatte sie gesehen.

Detektiv: Können sie zur Jagd gegangen sein?

Sara: Natürlich ist so was denkbar. Aber doch nicht ohne mir Bescheid zu sagen! Sie müssen doch wissen, dass ich mir Sorgen mache!

Detektiv: Ziemlich rücksichtslos, wenn sie das einfach vergessen haben sollten. Aber trotzdem ist es doch möglich, dass Ihrem Mann in der Nacht plötzlich der Gedanke kam … Was haben wir denn eigentlich jetzt für eine Jagdsaison?

Sara: Nein, nein, Herr … Herr …

Detektiv: Agur.

Sara: Herr Agur, so kann es nicht sein. Ich bin noch nicht fertig mit meinem Bericht.

Detektiv: Ach so.

Sara: Als ich beunruhigt weiter herumfragte, auch bei den Knechten, stellte sich heraus, dass auch zwei Knechte fehlten. Sie sind also zu viert gegangen.

Detektiv: Ist sicher, dass die vier zusammen waren? Es kann doch auch sein, dass die Knechte weggelaufen sind, weil sie – nun, weil sie der Arbeit überdrüssig waren, weil sie hofften, es anderswo besser zu haben …

Sara: Nein, nein, die beiden gehörten zu den treusten Knechten, die wir haben. Sie sind schon sehr lange bei uns. Und wo sollten sie denn auch hin?

Detektiv: Fehlt nichts? Ich meine, wenn wertvolle Dinge fehlen sollten, wäre das ein Hinweis darauf, dass die zwei sich heimlich davongemacht haben und etwas mitgehen ließen …

Sara: Unmöglich, Herr Agur! Das ist die falsche Spur, die Sie da in Ihren Gedanken verfolgen. Es fehlten auch nur ein Esel und der Feuertopf.

Detektiv: Der Feuertopf?

Sara: Ja, auch das beunruhigt mich sehr. Der Topf, in dem wir die Glut tragen, wenn wir unsere Zelte abbrechen und anderswo hinziehen. Verstehen Sie, das ist einfacher so, als das Feuer an dem neuen Lagerplatz wieder neu zu entzünden.

Detektiv: Den hat er mitgenommen? Mit Glut?

Sara: Ja.

Detektiv: Und das beunruhigt Sie darum, weil Sie daraus schließen, dass er länger wegbleiben will? Über Nacht, vielleicht sogar über mehrere Nächte?

Sara: Ja. Und … und … Ach, lassen wir das!

Detektiv: Sie müssen mir alles sagen, was Ihnen in diesem Zusammenhang in den Sinn kommt. Jede Kleinigkeit kann eine Spur sein, auch wenn es Ihnen nicht so scheint.

Sara: Nun, es ist mir aufgefallen, dass dies die Ausrüstung ist, wie wenn mein Mann ein Opfer bringen wollte. Er hat ja schon mehrere Altäre an verschiedenen Stellen dieses Landes aus Steinen errichtet und dort angebetet und ein junges Lamm aus unserer Herde geopfert. Dazu braucht er Feuer und Holz. Es scheint auch tatsächlich Brennholz aus unserem Vorrat zu fehlen, aber da sind wir nicht ganz sicher.

Detektiv: Das wäre doch eine Erklärung! Er ist zu einem weiter entfernt liegenden Opferaltar aufgebrochen und hat deshalb die beiden Knechte und den Esel mitgenommen.

Sara: Das wäre eine Erklärung, wenn er auch ein Lamm mitgenommen hätte.

Detektiv: Hat er nicht?

Sara: Nein. Die Knechte sind gerade dabei, noch ein zweites Mal durchzuzählen. Bei mehreren tausend Tieren ist das nicht ganz einfach. Aber das Ergebnis des ersten Zählens, nur unter den Jungtieren, ist, dass keins fehlt.

Detektiv: Hm. Merkwürdig.

Sara: Allerdings! Verstehen Sie, dass ich mir Sorgen mache?

Detektiv: Sie meinen doch nicht etwa … Nein, unmöglich!

Sara: Ich verstehe jetzt nicht, was Sie meinen, Herr Agur.

Detektiv: Ach, ist nicht wichtig. War nur mal so ein abwegiger Gedanke.

Sara: Eben haben Sie mich gedrängt, alles zu sagen. Sagen Sie nun auch alles!

Detektiv: Ach, mir kam nur grade in den Sinn, dass die Völker weiter nördlich an der Küste manchmal ihre Kinder opfern. Ihr Gott Moloch verlangt das angeblich. Eine aberwitzige Vorstellung! Verstehen Sie, ich dachte nicht, Ihr Mann wollte das tun, ich dachte nur, Sie dächten vielleicht, er wollte das tun.

Sara: Das ... das ... nein, das ist unmöglich! Nicht er! Nicht unsern geliebten, lang ersehnten Sohn!

Detektiv: Er ist wohl noch sehr jung, Ihr Sohn?

Sara: Ja, ein Knabe noch.

Detektiv: Obwohl Sie beide – verzeihen Sie – nicht mehr die Jüngsten sind ...

Sara: Nicht mehr die Jüngsten? Das ist sehr schmeichelhaft ausgedrückt. Uralt sind wir. Es ist wahrhaftig ein Wunder, dass wir doch noch Nachwuchs bekommen haben. Ich hatte die Hoffnung längst aufgegeben. Mein Mann wohl nicht ganz. Aber zu ihm hat ja auch Gott gesprochen. Er hat ihm eine Nachkommenschaft versprochen, zahlreich wie der Sand am Meer und wie die Sterne am Himmel.

Detektiv: Das hat Gott ihm ... obwohl er doch schon um die hundert gewesen sein muss!

Sara: Ja. Und mein Mann ... nun, er war auch manchmal traurig. Und in schweren Stunden hat er gezweifelt. Aber im Grunde seines Herzens hat er immer gewusst, dass Gott sein Versprechen wahr macht.

Detektiv: Erstaunlich! Und zu Ihnen hat Gott nicht geredet?

Sara: Einmal. Da waren Fremde zu Gast. Es stellte sich später heraus, dass es wohl Boten Gottes waren, Engel, oder Gott selber ... ich weiß es nicht. Jedenfalls wiederholte einer meinem Mann gegenüber dieses Versprechen, dass seine Nachkommen ein großes Volk werden sollten. Ich hörte das im Zelt und lachte. Es war aber auch zu lächerlich! Da wurde ich wegen meines Lachens und wegen meines Unglaubens getadelt. Und tatsächlich – bald darauf war ich schwanger.

Detektiv: Kaum zu glauben!

Sara: Aber wahr! Ich habe es ja auch selbst vorher nicht geglaubt. Und wie habe ich meinen Mann leiden sehen! So, dass ich schließlich vorschlug, meine ägyptische Magd sollte ihm ein Kind gebären. Unter den umliegenden Völkern gilt so ein Kind unter bestimmten Bedingungen als rechtmäßiger Nachkomme. Dieser erste Sohn meines Mannes ist jetzt schon erwachsen. Aber vor Gott galt das nicht, er hatte anderes vor. Es hat auch leider später viel Ärger gegeben in unserem Zelt wegen dieser Sache, Neid und ... Aber lassen wir das! Das gehört nicht hierher. Wir sollten auch jetzt nicht mehr lange reden. Machen Sie sich auf die Suche!

Detektiv: Ja. Wie sind wir überhaupt auf das Thema gekommen? Es hat ja nichts mit dem aktuellen Problem zu tun.

Sara: Ich wollte nur mit alledem deutlich machen, wie sehr mein Mann unseren gemeinsamen Sohn liebt. Er ist der, den Gott versprochen hat und auf den er so lange warten musste. Es ist völlig undenkbar, dass er ihn ... dass er ihn opfert! Unmöglich! Das könnte Abraham nie tun, nie! Und das würde auch Gott nicht von ihm verlangen.

Detektiv: Gut, dann können wir ja wenigstens in der Hinsicht beruhigt sein.

Sara: Aber sonst bin ich natürlich überhaupt nicht beruhigt.

Detektiv: Dann werde ich mich mal auf die Suche begeben.

Zweiter Teil

Abraham: Kommen Sie endlich hinter dem Gebüsch hervor, Fremder!

Detektiv: Oh – Sie haben mich gesehen?

Abraham: Allerdings! Sie beobachten uns schon seit einiger Zeit. Was wollen Sie? Sind Sie ein Wegelagerer? Dann sind wir in der Überzahl, Sie haben keine Chance.

Detektiv: Verzeihen Sie, wenn ich Sie beunruhigt habe! Ich musste mich vergewissern, ob Sie wirklich Abraham sind, wie ich vermutete, und was Sie vorhatten.

Abraham: Ich bin tatsächlich Abraham. Aber was geht Sie das an?

Detektiv: Berufliches Interesse sozusagen. Ich bin Detektiv. Ihre Frau hat mich beauftragt, nach Ihnen zu suchen.

Abraham: Was?

Detektiv: Sie hat sich große Sorgen gemacht, als Sie eines Morgens plötzlich verschwunden waren, mit Ihrem Sohn und den zwei Knechten. Ist ja auch nicht gerade die kultivierte Art, muss ich sagen.

Abraham: Hm, ich kann sie in ihrer Angst verstehen. Ich hatte selbst noch mehr Angst. Aber ich musste so handeln! Ich konnte ihr unmöglich sagen, was ich … Aber das werde ich mit ihr persönlich besprechen, wenn ich zurückkomme. Setzen Sie sich zu uns! Sie müssen ja nicht die ganze Zeit hinter uns herschleichen! Ihr Auftrag ist ja sicher nun auch beendet, wo Sie uns gefunden haben und wir auf dem Heimweg sind.

Detektiv: Danke! Dürfte ich wohl einen Schluck von Ihrem Wasser …

Abraham: Natürlich! Wir haben noch den halben Schlauch voll und werden vor Sonnenuntergang an den nächsten Bach kommen.

Detektiv: Vielen Dank!

Abraham: Jetzt verraten Sie mir auch, wie lange Sie uns schon beobachten!

Detektiv: Ich hatte mich durchgefragt, wo Ihre Vierergruppe entlanggekommen war. Dann sah ich von Weitem auf der Spitze des Berges, der bei der einheimischen Bevölkerung Morija heißt, eine Rauchfahne aufsteigen. Ich eilte hin, weil ich annahm, dass Sie dort ein Opfer bringen. Damit hatte ich dann ja auch recht. Aber als ich hinkam, waren Sie schon fertig und schritten mit Ihrem Sohn wieder den Berg hinab.

Abraham: Na, dann ist ja Ihre berufliche Neugier befriedigt.

Detektiv: Nicht ganz.

Abraham: So?

Detektiv: Ihre Frau hat feststellen lassen, ob ein Lamm fehlte, als Sie weg waren. Es fehlte keins.

Abraham: So? Schön, dann ist unsre Herde mal wieder vor Löwen, Bären und Wölfen bewahrt geblieben.

Detektiv: Ja, aber das wirft natürlich die Frage auf, was Sie auf dem Berg Morija geopfert haben.

Abraham: Einen Schafbock. Er hatte sich mit den Hörnern im Gestrüpp verfangen.

Detektiv: Was für ein glücklicher Zufall!

Abraham: Es war kein Zufall. Gott hat das Tier dort hingeführt.

Detektiv: Das konnten Sie aber vorher noch nicht wissen.

Abraham: Nein, woher hätte ich ... Ich meine, ich hatte meinem Sohn schon auf dem Hinweg gesagt: Gott wird sich schon ein Opfertier ausgesucht haben.

Detektiv: Und das hat Isaak geglaubt? Wo Sie es doch selbst wahrscheinlich kaum geglaubt haben.

Abraham: Woher wollen Sie das wissen?

Detektiv: Angenommen, es wäre kein Schaf da gewesen – dann hätten Sie ja die weite Reise umsonst gemacht. Oder was hätten Sie dann geopfert?

Abraham: Hören Sie mal! Sie fragen und fragen, und bohren in Sachen herum, die Sie nichts angehen! Worauf wollen Sie eigentlich hinaus?

Detektiv: Ich wollte nur bestätigt haben, was ich vermutete. Was Ihre Frau allerdings für unmöglich hielt.

Abraham: Das gehört aber nicht mehr zu Ihrem Auftrag, nicht wahr?

Detektiv: Nein, genau genommen sollte ich Sie nur suchen.

Abraham: Dann lassen wir's doch dabei, dass Sie mich gefunden haben!

Detektiv: An der Küste weiter nördlich bringen manche Völker ihren Göttern Kinder zum Opfer.

Abraham: Diese Götter sind grausame Vorstellungen der Menschen. Der wahre, lebendige Gott, der Himmel und Erde geschaffen hat, will, dass seine Menschen leben.

Detektiv: Richtig. So richtig, wie eben Glaubenssätze sind. Klar und fest, wie in Stein gemeißelt. Und wenn dann mal etwas ganz anders kommt, stürzt der Glaubende in eine tiefe Krise.

Abraham: *(leise)* Die er nur durchsteht, wenn er sich ganz, ganz fest an seinen Gott klammert.

Detektiv: Danke, das war's, was ich wissen wollte. Wir müssen das nicht vertiefen. Ich will Ihren Schmerz nicht unnötig vergrößern.

Abraham: Der Schmerz ist nun vorbei. Es ist, wie wenn nach der finsteren Nacht die Sonne aufgeht. Es ist wie ... Ach, es gibt kein angemessenes Bild dafür.

Detektiv: Das verstehe ich.

Abraham: Fremder, wir wissen beide, wovon wir reden, und trauen uns nicht, das Furchtbare auszusprechen. Nachdem das aber klar ist, möchte ich doch gern mehr dazu sagen.

Detektiv: Bitte! Ich wollte nur Rücksicht nehmen. Aber wenn Sie selbst ...

Abraham: Sie werden mir vielleicht glauben, wenn ich sage: Lieber hätte ich das Messer in meinen eigenen Hals gestoßen, als ... als diesem Befehl zu gehorchen. Aber ich hatte nicht diese Wahl. Wenn Gott spricht, haben wir keine Wahl. Wir müssen es tun.

Detektiv: Aber wir haben auch zu prüfen, ob der Befehl zu dem passt, was wir sonst von Gott wissen. Um sicherzugehen, dass wir uns nicht verhört haben. Oder dass wir uns sein Gebot nicht nur einbilden.

Abraham: Da haben Sie grundsätzlich recht, Fremder. Aber in meinem Fall war es völlig klar. Die Anweisung Gottes war so deutlich und präzise, dass Ungehorsam schwere Sünde gewesen wäre. Entweder ich verlor meinen Sohn und damit meine Zukunft und alle Hoffnung und alles Glück – oder ich verlor Gott ... und damit dies alles auch ... und noch viel mehr.

Detektiv: Aber Sie durften beides behalten.

Abraham: Welch ein guter Gott! Jetzt erst weiß ich es wirklich.

Detektiv: Ich verstehe Sie, Abraham.

Abraham: Nicht wirklich, Fremder! Sie glauben, mich zu verstehen. Aber was ich erlebt habe, und was ich dabei erkannt und gewonnen habe, das wird niemand verstehen, der nicht Ähnliches selbst erlebt.

Detektiv: Da will ich Ihnen nicht widersprechen, Abraham.

94 Detektiv Agur (3)

Thema: Schuldig oder unschuldig?; Bibeltext: 1. Mose 39

Erster Teil

Potifar: Ich muss mich auf Ihre Verschwiegenheit absolut verlassen können, Herr Agur!

Detektiv: Das können Sie.

Potifar: Zu niemandem ein Wort! Weder von dem, was ich Ihnen erzähle, noch von dem, was Sie herausbekommen!

Detektiv: Ich erstatte nur Ihnen Bericht, und dann vergesse ich alles wieder.

Potifar: Wenn nur eine Ahnung davon entstünde und aus der Ahnung zwangsläufig ein Gerücht, dass ich einen Detektiv beauftrage, die Wahrheit der Worte meiner Frau zu prüfen – ich wäre untragbar am Königshof!

Detektiv: Sie sind Schatzmeister, nicht wahr?

Potifar: Und Oberkommandierender der Leibwache der Pharaos. Eine Vertrauensstellung. Aber das ist jetzt unwichtig. Sie geben mir also die Zusage absoluter Verschwiegenheit?

Detektiv: Ich schwöre, wenn Sie es wünschen.

Potifar: Wahrscheinlich werden Sie ja hier im Haus nachforschen. Sie werden das sehr diskret tun!

Detektiv: Selbstverständlich! Lieber verzichte ich auf eine Auskunft, als dass ich die Gefahr eingehe, der Gefragte könnte erraten, was hinter meiner Frage steckt.

Potifar: Gut. Sehr gut. Am besten lasse ich Sie als Knecht hier einführen, als Schreiber oder so etwas. Damit niemand Verdacht schöpft. Können Sie schreiben?

Detektiv: Das Ägyptische beherrsche ich leider nur unvollkommen.

Potifar: Nun, dann werden wir uns etwas anderes einfallen lassen. Aber ich will Ihnen zunächst schildern, worum es geht. Ich habe vor einigen Jahren einen jungen Sklaven gekauft. Er kam aus der Gegend, wo Sie wohl auch zu Hause sind.

Detektiv: Ah – ja. Das schöne Land Kanaan.

Potifar: Er war wohl Viehhirte gewesen, aber er verstand von allem etwas: von Viehzucht, von Gartenbau, vom Hausbau, von der Verwaltung, vom Umgang mit Geld.

Detektiv: Erstaunlich!

Potifar: Ja, zumal er erst siebzehn war. Es ist vielleicht nicht ganz korrekt, wenn ich sage, er verstand etwas von all dem. Zunächst wusste er nichts. Aber er hat es sich verblüffend schnell angeeignet. Ich habe noch nie einen Menschen mit so einer raschen Auffassungsgabe getroffen. Dazu hatte er ein erstaunliches handwerkliches Geschick und eine gute Art im Umgang mit dem übrigen Personal. Also habe ich ihm immer verantwortungsvollere Aufgaben gegeben. Zunächst verwaltete er die Ställe, dann die Gärten zusätzlich, schließlich die Küche, das ganze Haus und die Kasse. In allen Bereichen bewährte er sich und er hatte eine glückliche Hand im Umgang mit den Knechten, die ihm unterstellt waren.

Detektiv: Trotz seiner Jugend?

Potifar: Trotz seiner Jugend. Ich bin ja selten da, wegen meiner Pflichten bei Hofe, darum konnte ich mich nicht richtig um alles kümmern und es war eine ziemliche Schlamperei eingerissen. Nachdem aber er die Verwaltung übernommen hatte, blühte alles auf. Ich kann Ihnen gar nicht sagen, wie glücklich ich war, ihn zu haben. Andere Herrschaften beneideten mich schon.

Detektiv: Aber dann – ich rate mal – fehlte plötzlich Geld.

Potifar: Nein! Überhaupt nicht! Im Gegenteil, mein Vermögen mehrte sich auf erstaunliche, ich möchte fast sagen: auf wunderbare Weise. Nein, ein ganz anderes Problem tauchte auf. Als ich eines Tages von Theben nach Hause kam, fand ich alles in heller Aufregung. Meine Frau wechselweise in Tränen aufgelöst und zornentbrannt, wie ich sie gar nicht kannte. Fast … fast ein bisschen zu aufgeregt, fand ich. Die Dienerschaft teils ebenfalls aufgeregt, teils betreten. Was war passiert? Meine Frau erzählte mir, der junge Sklave habe seine Pflicht im Haus erfüllt, und als er gemerkt habe, dass sonst niemand vom Personal da war, habe er sich ihr auf unsittliche Weise genähert. Ach was, das ist viel zu harmlos ausgedrückt. Er hätte sie vergewaltigt, wenn sie nicht laut um Hilfe geschrien hätte. Daraufhin habe der Sklave es mit der Angst zu tun gekriegt und sei geflohen, habe aber in der Eile sein Obergewand dagelassen. Als andere Bedienstete herbeigeeilt kamen, zeigte meine Frau ihnen das Beweisstück und sie nahmen den jungen Mann fest und sperrten ihn in einen Keller.

Detektiv: Das ist ja eine Unverschämtheit! Die Vertrauensstellung so auszunutzen!

Potifar: Allerdings! Und eine Beleidigung für mich, einen der höchsten Würdenträger dieses Landes! Und er ein Sklave!

Detektiv: Falls es wirklich alles so war.

Potifar: Wie … Warum sagen Sie das jetzt?

Detektiv: Sie haben doch selber Zweifel, nicht wahr? Sie sind sich nicht sicher, ob sich alles so zugetragen hat, oder ob es nicht gerade umgekehrt … Nun, ich rate nur. Eben habe ich allerdings auch schon mal falsch geraten, also kann es auch …

Potifar: Nein, nein, es ist schon so. Ich habe Zweifel an der Version der Geschichte, die meine Frau erzählt hat.

Detektiv: Gibt es dafür … Entschuldigen Sie meine indiskreten Fragen, aber ich muss das wissen, wenn ich aufklären soll. Gibt es Gründe, weshalb Sie Ihrer Frau zutrauen, die Initiative könnte von ihr ausgegangen sein?

Potifar: Nun ja, schon, irgendwie … Ich habe manchmal festgestellt, mit welchen Blicken sie andere Männer beobachtet. Wir haben nie darüber gesprochen, wissen Sie. Ich hätte auch gar nicht gewusst, was ich hätte antworten sollen, wenn sie ihre Unschuld beteuert hätte. Ein Mann in meiner Position macht sich nicht gern lächerlich. Es ist ja auch so, dass ich oft Wochen oder gar Monate nicht zu Hause bin. Wer weiß, was da in Frauen so vorgeht – wenn Sie wissen, was ich meine.

Detektiv: Durchaus. Und jener Sklave … äh … ich meine, wäre es glaubhaft, dass Ihre Frau ein Auge auf ihn geworfen haben könnte?

Potifar: O ja! Er ist ein ansehnlicher Mann, im Vollsinn des Wortes, in Gesicht und Gestalt. Das muss ich neidlos feststellen. Dazu jung, intelligent, mit würdevoll ernstem Auftreten, obwohl er nur ein Sklave ist.

Detektiv: Und – was sagt er?

Potifar: Wie „was sagt er"?

Detektiv: Na – zu seiner Verteidigung.

Potifar: Nichts natürlich. Dazu hatte er keine Gelegenheit.

Detektiv: Haben Sie ihn denn nicht befragt? Haben Sie ihn nicht aufgefordert, den Vorfall aus seiner Sicht zu schildern?

Potifar: Wo denken Sie hin! Wenn das bekannt geworden wäre! Ich kann doch nicht einen Sklaven befragen, um das Wort meiner Frau infrage zu stellen!

Detektiv: Ach so.

Potifar: Warum auch? Es hätte gar nichts genützt. Angenommen, er hätte die Dinge anders dargestellt – hätte ich denn ihm glauben und damit meine Frau Lügen strafen können? Niemals!

Detektiv: Hm, da haben Sie wohl recht.

Potifar: Er hätte sich sicher auch gehütet zu erzählen, dass meine Frau sich an ihn herangemacht hätte – mal angenommen, es war so. Die Frau seines Herrn beschuldigen in so einer furchtbaren Sache – das hätte für ihn alles nur noch viel schlimmer gemacht.

Detektiv: Das ist wohl wahr. Da bleibt Ihnen, wenn Sie die Wahrheit herauskriegen wollen, nur der Weg, einen diskreten Detektiv darauf anzusetzen.

Potifar: Daran, dass ich Sie beauftrage, sehen Sie, wie viel mir daran liegt, Klarheit zu schaffen. Ich muss dieses nagende Gefühl der Eifersucht in mir loswerden. Aber auch das beunruhigte Gewissen, ich könnte den guten Mann zu unrecht in den Kerker geworfen haben.

Detektiv: Er tut Ihnen nicht nur leid, weil er ein guter Verwalter war, sondern auch, weil Sie ihn menschlich schätzen?

Potifar: Er war in letzter Zeit so etwas wie ein Sohn für mich. Verstehen Sie, man sagt so etwas nicht über einen billig gekauften Sklaven, aber es ist wirklich etwas Wahres dran. Ein junger Mann, wie ihn sich jeder Vater als Sohn wünscht.

Detektiv: Er hat aber nicht Ihre Religion angenommen?

Potifar: Nein, und das habe ich auch nicht von ihm verlangt. Ganz bewusst nicht. Er war nämlich mit der Ernsthaftigkeit seines Glaubens ein Vorbild, auch wenn uns seine religiösen Vorstellungen fremd sind. Er hat ja noch nicht mal einen Gott, den man sehen kann. Er führt das Gelingen all seiner Arbeiten auf den Segen seines Gottes zurück. Ob das nun stimmt oder nicht, kann ich nicht beurteilen. Übrigens ist sein Glaube ein weiterer Grund, weshalb ich ihm die Schandtat, die meine Frau ihm vorwirft, eigentlich nicht zutraue. Er sprach manchmal davon, dass er vor Gott steht. Das soll wohl heißen, dass er sich mit allem Handeln vor ihm verantwortlich weiß. Und sein Gott scheint strenge Maßstäbe an das Verhalten seiner Anhänger anzulegen.

Detektiv: Hm, gut, dass Sie das noch hinzugefügt haben. Es könnte helfen, sich ein Bild von seiner Persönlichkeit zu machen. Wo ist er denn jetzt?

Potifar: Im offiziellen Staatsgefängnis.

Detektiv: Sie haben ihn also nicht gleich hinrichten lassen. Das wäre doch rechtlich auch möglich gewesen, nicht?

Potifar: Es ist sogar in solchen Fällen üblich. Aber ich war einfach zu unsicher. Auch ein Offizier wie ich vergießt nicht gern unschuldiges Blut. Besonders wenn … nun ja, ich muss mich nicht wiederholen. Es war schwierig genug, meiner Frau zu erklären, weshalb der junge Mann nicht gleich geköpft wurde.

Detektiv: Angenommen, ich finde heraus, dass er unschuldig ist – was werden Sie dann tun?

Potifar: Ich weiß es noch nicht, Herr Agur, ich weiß es wirklich nicht. Vielleicht bereue ich dann sogar, Sie beauftragt zu haben. Es gibt wohl Dinge, die man besser gar nicht wissen sollte. Aber trotzdem – forschen Sie!

Detektiv: Ich werde mir Mühe geben.

Zweiter Teil

Potifar: Sagen Sie nichts, Herr Agur! Ich weiß es schon.

Detektiv: Das mit Ihrem ehemaligen Sklaven Josef?

Potifar: Ja, ich habe ihn gesehen. Am Hof! Der Pharao hat mit ihm gesprochen wie mit einem Freund! Ich wäre vor Scham und Entsetzen am liebsten im Boden versunken. Fast bin ich das auch – ich habe mich schnell versteckt.

Detektiv: Irgendwann werden Sie ihm gegenübertreten und mit ihm reden müssen. Er soll nämlich ein wichtiger Mann im Reich werden, ein Kanzler, ein Vertreter des Pharaos in fast allen Regierungsangelegenheiten. Da kann wohl der Schatzmeister und Oberste der Leibwache ihm nicht auf Dauer aus dem Weg gehen.

Potifar: Das ist mir klar, Herr Agur. Aber ich muss mich erst wappnen für diese erste Begegnung.

Detektiv: Wo er nun im vollen Glanz des Pharaos steht, da ist wohl die Frage, wer damals im Recht war, unwichtig geworden?

Potifar: Für mich nicht. Sicher, er ist jetzt unantastbar. Selbst wenn er ein vielfacher Ehebrecher und Mörder wäre, läge fest, wie ich mich ihm gegenüber zu verhalten habe. Aber ich will es für mich wissen. Über ihn und natürlich auch über meine Frau muss ich Klarheit haben.

Detektiv: Um es kurz zu sagen: Ihre Zweifel waren berechtigt. Nicht Josef hat sich an Ihre Frau herangemacht, sondern umgekehrt. Er wollte fliehen, sie hielt ihn am Ärmel fest und er konnte nur weg, indem er aus dem Umhang schlüpfte und ihr das angebliche Beweisstück ließ.

Potifar: Ich hab's geahnt! Ich hab's geahnt!

Detektiv: Ich muss zugeben, dass es dafür keine eindeutigen Beweise gibt, aber es spricht doch sehr viel dafür. Kleine Widersprüche in den Berichten Ihrer Gattin, wenn ich möglichst unbefangen mit ihr sprach. Die Berichte, die Josef seinen Mitgefangenen gab – was hätte er für ein Interesse haben können, sich denen gegenüber als unschuldig hinzustellen!

Potifar: Meinen Sie, er wird sich rächen für das Unrecht, das ich ihm zugefügt habe?

Detektiv: Ich weiß es nicht mit Sicherheit, aber ich kann es mir schwer vorstellen. Es würde nicht zu seiner Persönlichkeit passen.

Potifar: Da mögen Sie recht haben. Aber sicher kann ich wohl nicht sein.

Detektiv: Außerdem gibt es noch einen anderen Grund: Er überlässt die Sache seinem Gott. Der schafft Gerechtigkeit für seine Leute, die ihm vertrauen – das ist sein Glaubensgrundsatz.

Potifar: Womit er ja nicht ganz unrecht haben kann, wie sein eigenes Schicksal belegt. Er hat sich auf seinen Gott verlassen und sprach davon, der werde alles richtig machen. Nach dieser jüngsten Entwicklung kann man ja nun wirklich nicht sagen, er habe den Mund zu voll genommen.

Detektiv: Wohl wahr. Und wenn wir zur Überzeugung kommen, Josefs Gott sei lebendig – welche Konsequenz hat das für uns?

Potifar: Sie meinen für Sie und mich?

Detektiv: Ja. In einer Ehekrise kann ein gehörnter Ehemann vielleicht gut daran tun, gewisse Erkenntnisse zu ignorieren. Aber wo es um Gott geht ...?

Potifar: Darüber muss ich nachdenken. In Ruhe.

Detektiv: Tun Sie das.

Potifar: Noch mal zurück zu meinem Skla... zu meinem ehemaligen Sklaven Josef. Wissen Sie, wie er aus dem Gefängnis freikam? Und was ihn zum Freund und Vertrauten des Pharaos gemacht hat?

Detektiv: Offenbar hat er die Gabe, Träume anderer zu verstehen und zu erkennen, ob sie eine Botschaft aus dem Jenseits enthalten, und wenn ja, welche.

Potifar: Noch eins seiner vielen Talente.

Detektiv: Zwei königliche Beamte wurden eines Tages ins Gefängnis gebracht, der Hofbäcker und der Mundschenk.

Potifar: Ach ja, ich erinnere mich an den Skandal. Man warf ihnen Korruption vor, nicht wahr?

Detektiv: Das weiß ich nicht.

Potifar: Der Mundschenk wurde wieder in sein Amt eingesetzt, der Bäcker wurde gehängt. Ob wirklich Schuld und Unschuld bewiesen waren, weiß ich nicht. Das ist auch am Königshof nicht so wichtig. Wie auch bei Josefs Geschichte in meinem Haus Schuld oder Unschuld nebensächlich waren.

Detektiv: Josef hat den beiden Beamten ihr Schicksal richtig vorausgesagt, anhand der Träume, die sie beide hatten. Später – leider viel später – erinnerte sich der rehabilitierte Mundschenk daran, als der Pharao einen Traum hatte, den niemand deuten konnte.

Potifar: Man holte Josef und er konnte es.

Detektiv: Genau. Danach soll es sieben Jahre mit überreichen Ernten geben, anschließend sieben Dürrejahre. Und Josef schlug auch gleich vor, was da zu tun sei: sammeln, riesige Vorratshäuser bauen, anhäufen noch und noch. Damit ließen sich dann die mageren Jahre überstehen.

Potifar: Das hätte ich auch vorgeschlagen.

Detektiv: Sicher, aber Sie hätten nicht gewusst, was kommt.

Potifar: Gut, dass es nicht andersherum kommt: erst Dürre, und wenn die meisten verhungert sind, die Fülle.

Detektiv: Der Pharao hat nun Josef beauftragt, das alles zu organisieren.

Potifar: Ein Glücksgriff! Er hätte keinen Besseren finden können.

Detektiv: Wenn ich Ihnen einen Rat geben darf: Sprechen Sie sich mit ihm aus! Es könnte wichtig sein für Sie und Ihre Frau. Mit der sollten Sie übrigens auch ein offenes Wort reden.

95 Reisebekanntschaft

Thema: Schuld zwischen Menschen

Zwei nicht mehr junge Paare sitzen sich im Bahnabteil gegenüber und spielen Karten, die Frauen am Fenster. Die Männer müssen sich immer vorbeugen, um ihre Karten auf dem kleinen Klapptisch unter dem Fenster abzulegen. Es ist eine fröhliche Stimmung. Natürlich kann das Bühnenbild mit einfachen Mitteln nur angedeutet werden.

Mann B: Ich kann nicht. Tut mir furchtbar leid.

Frau B: Guck noch mal genau! Eben hast du auch …

Mann B: Ach doch! Ich kann ja! *(legt Karte, seine Frau auch)*

Mann A: Ach du grüne Neune!

Frau A: *(legt ab, dann er)* Erst die grüne Acht.

Mann B: Wie schön, wenn die Frau einem den Weg ebnet! Bei uns ist es immer umgekehrt. *(Gelächter)*

Frau B: Wir können ja mal die Plätze tauschen. Aber meist muss ich dir immer erst auf die Sprünge helfen!

Mann A: Leg doch mal einer die rote Vierzehn! Ich warte sehnlich darauf! *(es wird gelegt)* Wer hat bloß die rote Vierzehn!

Frau A: *(guckt nach oben, trommelt mit den Fingern und singt, als wollte sie ablenken)*
Lalala …

Mann A: Du wohl?

Mann B: *(lachend)* Ich denke, sie bereitet Ihnen immer den Weg!

Mann A: Immer, ja. Aber manchmal den Weg ins Verderben.
(alle lachen)

Schaffner: *(kommt rein)* Jemand zugestiegen?
(sie reichen die Karten und er knipst sie)
Scheint ja eine fröhliche Runde zu sein.

Mann A: Setzen Sie sich zu uns und spielen Sie mit!

Schaffner: Würde ich gern tun. Aber die Pflicht ruft.

Mann A: Na, dann viel Vergnügen dabei! Wir haben jedenfalls unser Vergnügen. Wenn man so nette Mitfahrer hat ... ein wahrer Glücksfall für diese lange Strecke.

Frau A: Und nicht nur für die lange Strecke. Ich finde, wenn Sie auch in Hamburg zu Hause sind, sollten wir uns unbedingt mal besuchen.

Alle: Aber ja! Unbedingt! Fest im Kalender eintragen!

Schaffner: Ach – Sie kannten sich noch gar nicht?

Mann A: Nein, wir haben uns erst hier im Abteil getroffen und festgestellt, dass wir das gleiche Ziel haben und die gleichen Vorstellungen, wie wir bis dahin die Langeweile vertreiben können.

Mann B: Genau.

Schaffner: Na, dann noch viel Spaß bis Hamburg-Hauptbahnhof!

Alle:	Danke! Wiedersehen! *(Schaffner geht)*
Frau B:	Aber das ist wirklich eine gute Idee, dass wir uns mal besuchen. Wir laden Sie mal zu uns ein. Wie wäre es am Sonntag in vierzehn Tagen?
Mann A:	Apropos vierzehn – wer hat bloß die rote? *(Lachen)*
Frau A:	Mach keine dummen Witze, Schatz, zück deinen Kalender! Ich finde es wichtig, dass wir gleich einen Termin festmachen. Sonst sagt man immer nur: Kommt doch mal – und es wird doch nie was.
Mann A:	*(schaut in den Kalender)* Das ginge, Sonntag in vierzehn Tagen. Ich trag's fest ein.
Mann B:	Prima. Ich auch.
Frau B:	Dann kommen Sie zum Kaffeetrinken, nicht wahr? So gegen drei?
Mann A:	Was heißt hier „Sie"! Ich bin Karl.
Mann B:	Und ich Friedhelm.
Frau B:	Ulla.
Frau A:	Und ich bin die Mona.
Mann B:	*(während alle sich die Hände schütteln)* Mensch, jetzt müssten wir nur noch einen edlen Tropfen haben, um das alles zu besiegeln.
Mann A:	Wenn's weiter nichts ist – das Problem lässt sich lösen. *(er nimmt seine Reisetasche aus dem Gepäcknetz, stellt sie auf den*

Sitz und holt unter allgemeinem Hallo eine Flasche heraus) Aber
nur gegen die rote Vierzehn!

*(man schenkt in Becher ein und trinkt unter Gelächter und Prost-
Rufen)*

Frau B: *(legt die Karten verkehrt herum auf das Tischchen)* Muss erst
mal ablegen, wenn wir jetzt 'ne Pause machen. Ich krieg
schon 'nen Krampf in den Daumen.

Frau A: Sagt mal – wart ihr im Urlaub? Fahrt ihr da immer mit der
Bahn? Für uns ist das eigentlich neu. Wir fahren sonst immer mit dem Auto. Nur diesmal …

Mann B: Erinnere mich nicht daran! Ich hatte es grad so schön vergessen.

Frau B: Wir waren auch mit dem Auto, aber wir hatten einen Unfall.

Mann B: Was heißt hier Unfall! So eine blöde Ziege hat das verschul-
det. Fährt da einfach quer über meine Fahrbahn, ohne zu gucken. Ich natürlich gebremst wie 'n Irrer. Das war auch noch
in 'ner Kurve, Linkskurve. Im Nu stand ich quer und musste
gegensteuern. Es ging auch erst und ich dachte, ich krieg den
Wagen unter Kontrolle. Aber dann wurde die Kurve enger
und enger. Ich schlug hinten gegen die Leitplanke. Dann
war eine Lücke in der Leitplanke, wo ein Feldweg mündete.
Da hat's mich durchgeschleudert. Abhang runter und aufs
Dach gelegt.

Frau A: Schrecklich! Und? Wart ihr verletzt?

Frau B: Glücklicherweise nicht. Aber das Auto total hinüber! Wir
hatten natürlich ein paar blaue Flecken und so, aber sonst
nichts Ernsthaftes. Nur haben wir noch lange neben unserm
Auto gesessen und gezittert wie Espenlaub. Niemand hat

uns da gesehen, es war etwas abseits. Mein Mann ist dann zu einem Haus in der Nähe gegangen zum Telefonieren.

Mann B: Die Polizei hat natürlich gesagt, ich wäre zu schnell gefahren. Ich wäre ganz allein schuld. Wie sollte ich beweisen, dass ein andrer dran schuld war, da ich erst ins Schleudern kam und der Unfall dann etwas weiter ... Wenn ich den erwischen würde!

Mann A: Wirklich, es gibt dermaßen rücksichtslose Fahrer!

Frau A: Wir hatten nämlich auch einen Unfall. Das heißt, ich. Aber mit dem Fahrrad. Da ist auch so ein Rücksichtsloser dermaßen dicht an mir vorbeigerast, dass er mich fast überfahren hätte. Ich hab scharf gebremst und das Rad rumgerissen, aber dabei bin ich natürlich gestürzt.

Mann A: Ich fuhr grad hinter ihr und hab alles gesehen. Sie fiel hin und war ohnmächtig. Wahrscheinlich mit dem Kopf aufgeschlagen. Sie hatte auch verschiedene Abschürfungen, aber das war dann nicht so schlimm.

Frau A: Jemand hat dann gleich den Krankenwagen gerufen, jemand aus dem Haus gegenüber.

Mann A: Der kam dann schnell. Ich hab nur die Räder an die Seite gelegt und bin mitgefahren ins Krankenhaus. Einige Tage Bettruhe – na ja, der Urlaub war versaut. Und genauso wie bei euch konnte ich den Kerl noch nicht mal erwischen. Der war über alle Berge. Was meint ihr, was ich den schon verflucht habe! Aber – es nützt ja nichts.

Mann B: Wann war das denn?

Frau A: Morgen sind es zwei Wochen.
           (Mann B und Frau B sehen sich an)

Mann A: Und ihr? Habt ihr denn nicht die Nummer von dem, der
           euch da …

Mann B: Nummer? Das war doch kein Auto! Ein Radfahrer war das.
           Genauer gesagt, eine Radfahrerin.
           (Mann B und Frau B sehen zu Frau A)

Mann B: Und wo war euer Unfall genau?

Mann A: Ach, so 'n kleines Nest auf dem Weg von Augsburg … Mo-
           ment – Obersbronn hieß es, glaube ich.

Mann B: *(springt auf)* Sie waren das! Sie waren die blöde Ziege, die
           mit ihrem Rad einfach auf die Straße …

Frau B: Ihretwegen hatten wir den Unfall!

Mann B: Ich werde Schadenersatz fordern!

Mann A: *(springt auch auf)* Das heißt also, dass Sie meine Frau umge-
           fahren haben!

Frau A: Komm, Karl, wir suchen uns ein anderes Abteil! Bei diesen
           Leuten will ich nicht länger …

Mann A: Moment! Ich haue hier nicht einfach ab! Die Sache muss
           geklärt werden!

Schaffner: *(kommt rein)* Aber, meine Herrschaften! Was ist los? Eben
           waren Sie doch noch ein Herz und eine Seele! Haben Sie
           etwa um Geld gespielt?

Mann B: Eben habe ich diese Leute ja auch noch nicht richtig ge-
            kannt!

Frau B: Seit wir wissen, dass die uns ins Unglück gestürzt haben,
            können wir ja nicht mehr mit ihnen Karten spielen!

Schaffner: Ins Unglück gestürzt? Aber um Gottes willen – was ist denn
            passiert?

Mann A: Das können wir Ihnen jetzt nicht alles erzählen. Hier ist je-
            denfalls nichts passiert, das war vor zwei Wochen.

Schaffner: Ich dachte, Sie hätten sich erst im Zug kennengelernt.

Mann B: Haben wir ja auch. Hier haben wir uns erst richtig kennen-
            gelernt.

Schaffner: Ach so. Und bei diesem Kennenlernen haben Sie nun festge-
            stellt, dass Sie sich doch gut verstehen, obwohl Sie vorher …
            kompliziert! Aber na ja, ich sage ja immer: Man muss reden
            mit dem andern, Zeit für ihn haben, dann erst weiß man,
            wer er wirklich ist.

Mann B: Ja, ja, reden schon, aber das allein reicht nicht …

Schaffner: Da haben Sie recht. Der Mensch sieht, was vor Augen ist,
            aber Gott sieht das Herz an – oder so ähnlich, heißt es, glau-
            be ich, mal in der Bibel. Wer weiß schon wirklich, wie der
            andere ist. Wir sind oft so schnell fertig mit unserem Urteil.
            (dreht sich an der Tür noch einmal um)
            Warum hatten Sie sich denn aber nun gestritten, wenn Sie
            sich doch jetzt besser kennengelernt haben?
            (Mann B winkt wortlos ab. Schaffner geht achselzuckend.
            Alle vier setzen sich und gucken sich teils wütend, teils betreten
            an.)

Mann A: *(stiert auf den Tisch und murmelt nach einer Weile)*
Ach, du hattest die rote Vierzehn!

96 Notlügen – Lügennot

Thema: Lügen

Herr Müller und Frau Schmidt sitzen gemeinsam in einem Büro, jeder an einem Schreibtisch mit Telefon.

Schmidt: *(Telefon klingelt)* Schmidt … Ja … Ja.
(leise, mit der Hand auf der Muschel)
Herr Müller, der Meister von der Schleiferei ist dran. Sie müssen jetzt mit der neuen Sorte Schleifscheiben anfangen. Wo denn die Papiere wären.

Müller: Was fragen Sie mich? Das müssen Sie doch wissen!

Schmidt: Aber Herr Müller, Sie haben doch immer die Papiere durchgesehen!

Müller: Ich habe sie aber nicht.

Schmidt: Hallo, sind Sie noch dran? Wir müssen eben mal nachsehen … Ja, ja, wir beeilen uns. *(legt auf)*

Müller: Was wollte er?

Schmidt: Er müsste die Papiere unbedingt haben, und zwar bald. Sie könnten sonst nicht weiterarbeiten.

Müller: Meinetwegen suchen Sie. Aber erst müssen Sie die Lieferscheine fertig machen, das eilt.

Schmidt: Aber das mit den Schleifscheiben eilt doch auch!

Müller: Ist mir egal. Ich lasse mich von der Werkstatt nicht hetzen.
            Die sollen warten.
            (wählt am Telefon)
            Ja, Müller. Herr Kohlmeier, haben Sie die neuen Unfallver-
            hütungsvorschriften ausgehängt? Nicht? Dann aber schnell!
            Ich hab' dem Chef heute Morgen gesagt, sie hingen schon!
            Wenn der nun zufällig am Schwarzen Brett vorbeikommt!
            Der denkt ja, ich hätte ihn belogen! – Ja, sofort! *(legt auf)*

Schmidt: *(ihr Telefon klingelt)* Schmidt. – Moment mal!
            (leise) Der Meister ist wieder dran wegen der Papiere.

Müller: Soll sich gedulden! Wir haben jetzt keine Zeit zu suchen.

Schmidt: Wenn Sie vielleicht noch ein paar Minuten warten können?
            Herr Müller sucht grade. – Ja, wird gemacht. *(legt auf)*

Müller: Was erzählen Sie denn da? „Sucht grade". Der denkt ja, bei
            uns wäre wer weiß was für 'ne Unordnung!

Schmidt: Aber was sollte ich denn sonst sagen?

Müller: Ist mir egal. Denken Sie sich was aus!
            (ihr Telefon klingelt) Ich bin nicht da.

Schmidt: Schmidt. Nein, Herr Müller ist im Moment leider nicht da. –
            Ja, werde ich ausrichten. *(legt auf)*
            Herr Müller, Sie sollen mal die Versandabteilung anrufen, so-
            bald Sie wieder hier sind.

Müller: Sicher wegen der Lieferscheine. Beeilen Sie sich!

Schmidt: Ich finde, wir sollten jetzt doch erst mal nach den Papieren
            suchen, die der Meister …

Müller: Erst die Lieferscheine! Sie wissen doch, das hat oberste Priorität.

Schmidt: Die letzten hatten wir auch nicht zum vorgeschriebenen Termin fertig. Da haben Sie einfach gesagt, die Unterlagen wären noch nicht vollständig.

Müller: Ich kann doch nicht schon wieder den gleichen Trick anwenden. *(ihr Telefon klingelt)*
Bin nicht da.

Schmidt: Schmidt. – Nein, Herr Direktor, Herr Müller ist leider im Moment nicht da.
(Müller winkt heftig und zeigt auf sich und das Telefon)
Ach, Moment bitte, Herr Direktor, Herr Müller kommt grade zur Tür rein.

Müller: *(nimmt das Gespräch an seinem Apparat an)* Müller. –
Ja, Herr Direktor, die Bestellungen sind raus.

Schmidt: *(leise)* Die sind doch noch gar nicht geschrieben!

Müller: Umdisponieren? – Ja, ja, ich will es versuchen, Herr Direktor.
(legt auf) Mist! Hätte ich doch … Was mache ich jetzt?

Schmidt: Was ist?

Müller: Er wollte weniger bestellen.

Schmidt: Dann bestellen Sie eben weniger!

Müller: Unsinn! Ich habe doch gesagt, der Brief wäre schon raus. Ich dachte, er wollte nur kontrollieren, ob wir auch schnell genug … *(ihr Telefon klingelt)*

Schmidt: Schmidt. *(leise)* Der Meister. Soll ich sagen, wir hätten die Papiere noch nicht gefunden?

Müller: Unsinn! Was denken die denn von uns! Sagen Sie, wir hätten sie hier und schickten sie gleich runter.

Schmidt: Hallo! Ja, wir haben sie hier liegen und schicken sie gleich runter. – Ja.
(leise) Wie lange das noch dauern könnte.

Müller: Wir müssen sie doch erst suchen. Zwanzig Minuten vielleicht.

Schmidt: Zwanzig Minuten etwa. Nein, schneller geht es nicht. Äh ... also ... die Firma hat kein Doppel mitgeschickt, und da müssen wir erst eine Fotokopie machen. – Ja. *(leise)*
Herr Müller, dann sollen wir ihm wenigstens sagen, welche Drehzahl für die Scheiben zugelassen wäre. Das stünde da drauf.

Müller: Das weiß ich doch nicht!

Schmidt: Aber wir haben ihm gesagt, wir hätten die Papiere hier liegen. Jetzt müssen wir ihm auch eine Antwort geben, sonst glaubt er, wir hätten ihm etwas vorgemacht.

Müller: Zu blöd! Jetzt können wir nicht mehr ... Äh, geben Sie mal her! *(sie reicht ihm den Hörer)* Hallo? Was wollen Sie wissen? Ja. – Na, so wie die andern auch, die wir vorher hatten. Ja, ja, 8000 Umdrehungen. Was heißt hier neue Sorte – äh – es steht aber hier drauf. 8000 Umdrehungen pro Minute. Ja, auf Wiederhören. *(legt auf)* So, jetzt schreiben Sie schnell die Bestellungen, weil ich dem Chef gesagt habe, sie wären schon raus. Und schreiben Sie das Datum von gestern. Dann schreiben Sie gleich hinterher, ob wir die Bestellung rückgängig machen könnten. Ich diktiere das gleich. Und dann schicken Sie das erste per Eilboten und das zweite normal. Jetzt muss ich erst mal die Papiere für die Schleifscheiben suchen. *(Telefon)* Schon wieder das verrückte Telefon! Ich bin in einer Konferenz.

Schmidt: Schmidt. – Herr Müller ist in einer Konferenz. – Äh ... mit dem Betriebsrat. Wie? Ach, Sie sind selbst Betriebsratsmitglied? Äh, ja, dann muss ich mich wohl verhört haben. Ja, gern. *(legt auf)*

Müller: Ach, hier sind die Papiere für die neuen Schleifscheiben. Ich werde ... *(Telefon)*

Schmidt: Schmidt. – Wie? – Oh, wie furchtbar! *(Pause)* Ja, wie kann denn ...? Ja, ich sag's ihm. *(legt auf)*

Müller: Was ist denn?

Schmidt: Die neuen Scheiben. Einem Arbeiter sind die Stücke um die Ohren geflogen. Schwere Verletzungen am Kopf!

Müller: Wie kann denn so was ... Moment mal, steht hier was von Höchstdrehzahlen?

Schmidt: *(guckt mit in die Papiere)* Ja, hier. 4500 Umdrehungen pro Minute. *(entsetztes Schweigen)* Was jetzt?

Müller: *(leise)* Und ich hab 8000 gesagt! *(Pause)*
Frau Schmidt, Sie wissen doch noch genau, was ich dem Meister am Telefon gesagt habe, nicht wahr?

Schmidt: Natürlich! Viereinhalbtausend haben Sie gesagt.

Müller: Na, also ... Zwei gegen einen, da kann ja nichts passieren. *(nimmt sein Telefon und wählt)* Herr Kohlmeier, hier noch einmal Müller. Machen Sie doch noch einen Aushang ans Schwarze Brett, zu den Unfallverhütungsvorschriften. Notieren Sie: Durch den traurigen Unfall eines unsrer Kollegen sieht sich die Betriebsleitung veranlasst, erneut darauf hinzuweisen, dass alle Sicherheitsvorschriften genauestens beachtet werden müssen. Insbesondere sind beim Umgang mit Schleifwerkzeugen die zugelassenen Höchstdrehzahlen unbedingt einzuhalten! Und darunter: Die Betriebsleitung. Haben Sie das? Und möglichst sofort! *(legt auf).*

97 Nachtgespräch

Thema: Angst, Mittragen

Ein Ehepaar im Bett. Es sollte dämmrig sein, sodass man nur gelegentliche Bewegungen erkennen kann.

Sie: Liebling, schläfst du schon?

Er: Hm.

Sie: Was sagst du?

Er: Hm.

Sie: Ich fragte dich: Schläfst du schon?

Er: Jetzt nicht mehr.

Sie: Hast du das gehört?

Er: Was?

Sie: Na, das Geräusch.

Er: Nein.

Sie: Wie – nein?

Er: Ich habe es nicht gehört.

Sie: Ich aber!

Er: Aha.

Sie: Ja. Ich finde das unheimlich. – Da ist es wieder!

Er: Hm.

Sie: So 'n Kratzen, oder so.

Er: Hm.

Sie: Vielleicht ist es ein Einbrecher.

Er: Unwahrscheinlich.

Sie: Was soll's denn sonst sein?

Er: Keine Ahnung.

Sie: Aber irgendwoher muss es doch kommen, dieses Kratzen und Klopfen.

Er: Vielleicht die Heinzelmännchen, die deine Küche putzen. Oder der Nikolaus stopft uns was in die Stiefel.

Sie: Du nimmst mich nicht ernst!

Er: Nein, deine unbegründeten Ängste nehme ich nicht allzu ernst.

Sie: Unbegründet? Ist das etwa unbegründet, wenn ich mich frage, wo das merkwürdige Geräusch herkommt?

Er: Natürlich kannst du dir Gedanken machen, was da kratzt und poltert! So viel du willst. Aber warum musst du immer gleich eine Katastrophe nahen sehen, wenn vielleicht nur der Wind einen Ast an die Dachrinne drückt oder sich zwei Katzen balgen!

Sie: Und neulich hast du gelacht! Richtig gelacht über mich!

Er: Lachen ist doch nichts Schlimmes.

Sie: Ausgelacht hast du mich! Weil ich diesen komischen Brief nicht aufmachen wollte. Und die Polizei holen.

Er: Ach, Liebling! Das war ein ganz normaler, nur etwas dickerer Werbebrief, wie sie leider viel zu oft …

Sie: Aber das konnte man vorher nicht wissen! Niemand konnte das wissen, du auch nicht! Aber du hast nur gelacht!

Er: Wer sollte denn uns eine Briefbombe ins Haus schicken, oder Milzbranderreger oder so was!

Sie: Ich weiß es nicht. Aber die, denen welche geschickt wurden, haben es sich auch nicht vorstellen können, und doch war es so.

Er: Die Wahrscheinlichkeit ist eins zu zigmillionen, dass ausgerechnet wir …

Sie: Du mit deinen Rechenspielen! Darum geht es gar nicht!

Er: Sondern?

Sie: Um die Angst, die ich habe, und die du nicht ernst nimmst! *(Pause)*

Er: Jetzt höre ich aber kein Geräusch.

Sie: Da bist du aber froh, dass du nicht aufstehen und nachsehen musst, wie?

Er: Jetzt bin ich richtig wach, da würde es mir nicht mehr viel ausmachen.

Sie: Soll das ein Vorwurf sein, dass ich dich geweckt habe?

Er: Nein, eine Feststellung. *(Pause)* Gerade jetzt brauche ich nämlich meinen Schlaf.

Sie: Ich auch.

Er: Wo im Betrieb alles Spitz auf Knopf steht. Wenn ich da nicht hellwach bin ... voll da ... werde ich schnell überflügelt von den jungen Leuten. Und wenn dann jemand entlassen wird ...

Sie: Entlassen?

Er: Entlassen. Dann bin ich der Erste, der infrage kommt. Das Alter ... dazu der Herzfehler ...

Sie: Du? Entlassen? Davon hast du ja nie etwas gesagt!

Er: Dann sage ich's jetzt.

Sie: Aber warum hast du nie davon gesprochen?

Er: Wolltest du's denn hören?

Sie: So 'ne Frage! Ob ich's hören wollte!

Er: Warum hast du nie gefragt? Du weißt doch, wie das mit meinem Herzen ist, und was der Arzt gesagt hat. Und dass die Firma nicht gut dasteht und wenig Aufträge hat, weißt du auch. Das hat schon in der Zeitung gestanden.

Sie: Ja, sicher, aber ...

Er: Aber dass mich das betreffen könnte, der Gedanke kam dir nicht. Es hat dich nicht interessiert.

Sie: Aber Liebling! Das kannst du doch nicht sagen!

Er: Ich sage auch nichts mehr. Es fiel mir nur gerade ein, als du sagtest, ich nähme deine Ängste nicht ernst.

Sie: Sollte das also 'ne Retourkutsche sein? *(Pause)*

Er: Wenn ich mich jetzt mit dir streite, schlafe ich erst recht nicht mehr ein. *(Pause)*

Sie: Du meinst ... du meinst, ich habe deine Angst nicht ernst genommen?

Er: Jedenfalls ist meine Angst, verglichen mit deiner ... ach nein, ich lasse es lieber mit den Wahrscheinlichkeitsrechnungen. *(Pause)*

Sie: Aber Liebling, warum ... ich meine ... gut, ich hätte fragen können. Aber warum hast du nichts gesagt?

Er: Weil ich fürchtete, dann müsste ich dich trösten und aufrichten, statt du mich. Und dafür habe ich keine Kraft mehr übrig.

Sie: Aber ... aber ...

Er: Außerdem wollte ich dir gestern davon erzählen. Von der Krisensitzung.

Sie: Ja und?

Er: Da hast du dich aufgeregt, dass ich vergessen hatte, dir die braune Wolle aus dem Handarbeitsgeschäft mitzubringen. Daraufhin habe ich die Lust verloren, dir von meinen Sorgen zu erzählen.

Sie: Ach, Liebling ... *(Pause)*

Er: Gute Nacht. *(Pause)*

Sie: Spürst du denn jetzt was? Ich meine mit deinem Herzen.

Er: Nicht schlimm. *(Pause)*

Sie: Die braune Wolle ... die war ja gar nicht so wichtig. Ich hab nur ... ich dachte nur: Wieder ein Zeichen, dass meine Angelegenheiten ihn nicht interessieren. Deshalb ... Ich wusste ja nicht, was dich bedrückt.

Er: Vielleicht wissen wir beide zu wenig, was den anderen bedrückt.

Sie: Ja.

Er: Vielleicht ist das auch mit ein Grund für die Ängste.

Sie: Wie meinst du das?

Er: Na ja, oder ... ach, lassen wir das jetzt. *(Pause)*

Sie: Ich weiß, Liebling, du musst schlafen. Aber andrerseits ... Also, ich fände es schade, wenn wir das Gespräch hier abbrechen würden, wo wir nun mal ... ich meine, wir haben in letzter Zeit wenig über so was geredet.

Er: Gar nicht.

Sie: Eben. Und darum ...

Er: Das meine ich. Wenn wir mehr voneinander wüssten und jeder den anderen mehr ... ja, verstehen würde, oder unterstützen, oder so ... na, du weißt schon ...

Sie: Dann?

Er: Dann wäre sicher auch die Angst kleiner.

Sie: Ja. Oder wir könnten sie besser tragen. Zusammen. *(Pause)*

Er: Es war eigentlich nicht lächerlich, das mit dem Brief. Im Betrieb war auch so was. Eine verdächtige Paketsendung. War 'ne ziemliche Aufregung.

Sie: Man hört und liest eben so viel in letzter Zeit.

Er: Es passiert auch manches in letzter Zeit. Es ist nicht so, dass es keinen Grund zur Sorge gäbe.

Sie: Erzählst du mir morgen von der Situation bei euch im Betrieb? Jetzt nicht, jetzt ist es sicher besser, du schläfst.

Er: Wir müssen ja nicht alles durchkauen, wie die Psychotante im Betrieb. Es reicht schon, wenn ich weiß … na ja, ich bin mit all dem nicht alleine. Du trägst mit dran.

Sie: Ja, und umgekehrt.

Er: Und umgekehrt.

Sie: Schlaf gut!

Er: Du auch! *(Pause)* Jetzt poltert's wieder! Hast du gehört?

Sie: Lass es poltern!

98 Das Mahl

Thema: Brüderliche Liebe

Ein Gemeinderaum. An der Wand hängt sehr groß das bekannte Abendmahlsbild von Leonardo da Vinci. Es gibt das Bild als Wandteppich, es kann auch auf die Rückwand des Veranstaltungsraums projiziert werden. Davor ein langer Tisch, hinter dem zwölf Männer sitzen, in der gleichen Haltung wie die zwölf auf dem Bild. Der Stuhl, der dem Sitz Jesu entspricht, ist frei. Für einige Augenblicke verharren sie in dieser Stellung, dann bewegen sie sich. Die Männer sind im Folgenden von links nach rechts durchnummeriert.

12: Ich begrüße euch zur heutigen Gemeinde-Mitarbeiterbesprechung. Angesichts der umfangreichen Tagesordnung wollen wir zügig beginnen. Ich bitte Jakob um das geistliche Wort zum Anfang.

8: In der heutigen Losung heißt es: „Siehe, wie fein und lieblich ist es, wenn Brüder einträchtig beieinander wohnen." Hier werden wir also ermahnt zum brüderlichen Miteinander ...

3: Zum geschwisterlichen Miteinander!

8: Wie?

3: So wollen wir doch besser sagen. Das gehört sich heute so. Sollen etwa nur die Männer miteinander auskommen?

8: Natürlich nicht! Aber hier ist nun mal von Brüdern die Rede. Und wer sind wir, dass wir die Heilige Schrift verändern dürften!

3: Es mag ja sein, dass da nur was von Brüdern steht, aber in der Gemeinde sind bekanntlich auch Schwestern.

6: Streitet doch nicht, ihr Lieben!

10: Soll dieses feministische Gerede nun auch bei uns Einzug halten? Die Jünger waren schließlich durchweg Männer.

3: Unerhört! Willst du etwa bestreiten, dass es Frauen sind, die die meiste Arbeit in der Gemeinde machen? Im Grunde seid ihr nicht biblisch, sondern machohaft!

6: Streitet euch doch nicht!

12: Ruhe! Ich rufe zur Ordnung! Wir danken Jakob für seine einleitende Andacht und kommen zum Tagesordnungspunkt „Finanzen".

4: Ich muss leider noch mal eindringlich darauf hinweisen, dass wir unser Konto deutlich überzogen haben. Schon seit Monaten übersteigen die Ausgaben die Einnahmen …

11: Das kann doch gar nicht sein!

4: Ist aber so.

11: Ich verlange eine Offenlegung aller Einnahmen und Ausgaben mit entsprechenden Belegen, damit wir die Finanzen kontrollieren können …

4: Traust du mir etwa nicht?

11: Vertrauen ist gut, Kontrolle ist besser.

9: Schämst du dich nicht, dich in diesem Kreis ausgerechnet auf ein Wort von Lenin zu berufen?

6: Streitet euch doch nicht schon wieder!

4: Ich will eine klare Antwort: Traust du mir, oder nicht?

11: Wenn du es so willst: Nein! *(Tumult)*

6: Seid doch friedlich, Brüder! Und Schwestern.

12: Ruhe! Ruhe, bitte!

11: Ich stelle den Antrag ...

4: Ihr wolltet doch unbedingt einen Videobeamer für die Jugendarbeit haben! Und neue Liederbücher! Und die Orgel sollte gestimmt werden. Oder war's das Klavier?

11: ... den Antrag, dass allen ein schriftlicher Finanzbericht vorgelegt wird!

12: Wer ist dafür? *(die meisten heben die Hand)*
Dagegen? *(der Finanzmann mit dem Beutel hebt die Hand)*
Enthaltungen? *(Zwei oder drei heben die Hand)*
Gut, das ist also beschlossen. Wir kommen zum nächsten Tagesordnungspunkt: Kinderstunde. Philipp, du hast das Wort.

9: Leider muss ich berichten, dass der Besuch im Kindergottesdienst stark abnimmt. Andrerseits ist das aber auch gut, denn wir haben sowieso nicht genug Mitarbeiter, nachdem zwei aus beruflichen Gründen umgezogen sind und zwei weitere aus anderen Gründen nicht mehr mitmachen wollen.

12: Warum nicht?

9: Das weiß ich nicht ...

1: Ich aber! Weil Philipp ihnen keine Spielraum lässt und immer alles genau vorschreibt. Es müssen immer alle nach seiner Pfeife tanzen. Klar, dass die Mitarbeiter da die Lust verlieren.

9: Eine unerhörte Anschuldigung! Da rackert man sich ab und opfert seit Jahren seine ganze Freizeit, und dann kriegt man so was zu hören! Aber das sagst du nur, weil ich deiner Schwester neulich gesagt habe, sie soll sich kurzfassen, und da war sie beleidigt ...

6: Ach, Brüder, seid doch lieb zueinander!

9: Aber wenn's euch nicht passt, dann macht doch euren Kram alleine!

8: Aber, aber – wer wird denn gleich eingeschnappt sein!

9: So, eingeschnappt nennst du das? Ich soll mir also die gröbsten Beleidigungen, die zudem noch völlig aus der Luft gegriffen sind, an den Kopf werfen lassen? Wer bin ich denn, dass ich ... *(Tumult)*

12: Ruhe! Haltet doch Ruhe! Lasst uns doch vernünftig miteinander reden!

6: Muss es denn immer so laut sein!

11: Du willst wohl wieder alles unter den Teppich kehren, wie? Konflikte müssen ausgetragen werden, sonst schwelen sie im Untergrund weiter.

6: Aber die Liebe deckt der Sünde Menge!

11: Papperlapapp!

12: Ich schlage vor, dass wir dieses Thema am Schluss unter „Verschiedenes" behandeln, aber vorher erst unsere Tagesordnung durchgehen.

11: Und von wegen „Liebe". Wo warst du denn, Johnny, als neulich im Gelände ums Gemeindehaus Unkraut gejätet werden sollte?

6: Ich konnte nicht. Wir hatten einen Geburtstag in der Familie.

11: Und deswegen drückst du dich? *(Tumult)*

12: Ruhe, sage ich! Bringt doch nicht immer die Tagesordnung durcheinander! Wir können ja unter „Verschiedenes" ...

9: Du immer mit deiner Tagesordnung!

3: Ja, lass uns doch mal eine Diskussion zu Ende führen!

12: Zu Ende? Es kommt ja doch nichts Vernünftiges dabei heraus!

6: Das stimmt. Haben wir überhaupt heute schon etwas Gutes beschlossen? Nur Gerede, Gerede, Gerede. Und Streit.

12: Apropos beschlossen – sind wir überhaupt beschlussfähig? Da ist doch noch ein Stuhl frei. Da fehlt doch einer! Wer fehlt denn da? *(alle sehen auf den leeren Stuhl und drehen sich dann um und richten den Blick auf Jesus auf dem Bild.)*

6: Vielleicht klappt es darum nicht mit unsrer Besprechung.

99 Detektivarbeit

Thema: Umkehr, neues Leben, Liebe

Szene 1

Ein Detektiv mit allen klischeehaften Insignien seines Standes sitzt in seinem Büro mit chaotischem Durcheinander, schaukelt auf den hinteren Beinen seines Stuhls und hat die Füße auf den Tisch gelegt. Er stopft seine Pfeife oder spielt mit der Trommel seines Revolvers. Es klopft.

Detektiv: Tür ist offen!

Junger Mann: *(kommt zaghaft herein)* Guten Tag. Bin ich richtig bei Herrn Detektiv Schnüffelnase?

Detektiv: Überwachung, Recherchen, Begleitschutz. Steht doch an der Tür.

Junger Mann: Ja, steht da. Äh … Sie übernehmen solche Aufträge?

Detektiv: 250 Euro Tagessatz plus Spesen.

Junger Mann: Ja, gut. *(Der Detektiv zeigt wortlos auf einen Stuhl, aber der junge Mann bleibt stehen.)* Es geht um Folgendes: Also meine Verlobte … ich habe sie sehr gern und wir haben schon den Hochzeitstermin geplant.

Detektiv: Schön für Sie.

Junger Mann: Ja, aber nun ist die Sache … Also, ich weiß nicht mehr, ob … Es ist schrecklich!

Detektiv: Junger Mann, wie wäre es, wenn Sie mir einfach sagen würden, was Sie wollen?

Junger Mann: Natürlich. Äh – ich muss etwas weiter ausholen. Meine Verlobte war auf einer Freizeit – was immer das sein mag. Ich meine, sie hat doch hier genug Freizeit, wozu muss sie da wegfahren, und auch noch ohne mich! Jedenfalls kam sie wieder und ... und war ganz anders.

Detektiv: Anders?

Junger Mann: Nicht äußerlich, mehr so im Wesen. Ich hatte gleich einen Verdacht, und als sie dann von ihrem neuen Freund sprach, wurde meine schreckliche Ahnung zur Gewissheit.

Detektiv: Also Sie wollen von mir eindeutige Fotos, mit denen Sie sie zur Rede stellen können. Und auch sich selbst Gewissheit verschaffen.

Junger Mann: Ja. Woher wissen Sie ...

Detektiv: Das ist mein Job, junger Mann. Reine Routine. Schreiben Sie! *(Er schiebt ihm einen Zettel hin.)*

Junger Mann: Was?

Detektiv: Namen und Adresse Ihrer Verlobten. Und wenn Sie haben, auch Namen und Adresse von ihrem neuen Freund.

Junger Mann: *(schreibt)* Von dem Kerl weiß ich nur den Vornamen, den hat sie mehrmals genannt. Jesus heißt er. Ich hatte mal einen Kollegen, einen Spanier, der hieß auch so. Das ist da anscheinend ein gebräuchlicher Name. Kann ich mir auch gut vorstellen, dass sie auf einen Spanier reinfällt.

Ich meine, man weiß doch, wie die sind, stolz und heiß-blütig. *(Er will dem Detektiv den Zettel reichen. Als der ihn ansieht, legt er ihn auf den Tisch.)* Also, wenn's geht, beweiskräftige Fotos … Sie sagen ja nichts! Das geht doch klar, oder?

Detektiv: Nein, junger Mann. Vergessen Sie's!

Junger Mann: Aber … aber warum denn?

Detektiv: Von dem gibt's keine Fotos.

Junger Mann: Ich kann Sie bezahlen! Auch mit Vorschuss. Sie können doch …

Detektiv: Sie können erst mal Ihre Hausaufgaben machen, junger Mann! Reden Sie mal mit Ihrer Verlobten!

Junger Mann: *(geht beleidigt ab)* Ich dachte, ich gehe zu einem Detektiv, und nicht zur Eheberatung!

Szene 2

Evtl. durch Abreißen eines Kalenderblattes kann deutlich gemacht werden, dass ein Tag vergangen ist. Es klopft.

Detektiv: Tür ist offen.

Junger Mann: Guten Tag. Äh – ich war schon mal hier. Ich weiß nicht, ob Sie sich erinnern …

Detektiv: Ich vergesse nie ein Gesicht.

Junger Mann: Ah – so, ja. Also, dieser Kerl da, den meine Verlobte sich angelacht hat … sie redet nur von ihm! Ich kann Ihnen sagen, ich habe eine Wut im Bauch! Ich könnte ihn erwürgen!
(Schweigen)
Das heißt, genau genommen könnte ich das nicht. Ihn erwürgen, meine ich. Theoretisch schon, aber nicht praktisch. Wenn Sie verstehen, was ich meine.
(Schweigen)
Aber es gibt ja Leute, die können so was. Erwürgen, erstechen, erschießen. Oder wenigstens andere so zurichten, dass die nie wieder … Leute, die so was gegen Bezahlung machen. Habe ich gehört.
(Schweigen)
Äh – die Schwierigkeit ist, die inserieren ja nicht, um ihre Dienste anzubieten. Man findet sie auch nicht auf den gelben Seiten, verstehen Sie?
(Schweigen)
Sie haben ja durch Ihre berufliche Tätigkeit sicher manche Kontakte zu diesem Milieu …

Detektiv: Junger Mann, ich gebe Ihnen einen guten Rat. Kostenlos!: Reden Sie nicht weiter! Ich will nicht hören, was Sie im Begriff sind auszusprechen!

Junger Mann: Entschuldigung, ich … ich wollte nicht … äh, Sie nicht verärgern.

Detektiv: Verschwinden Sie!

Junger Mann: Das ist sicher nur ein Missverständnis, ich … Ja, ja, ich gehe schon. *(geht zur Tür)*

Detektiv: He! *(Der junge Mann bleibt stehen, dreht sich um und sieht ihn unsicher an.)* Es ist gar nicht nötig.

Junger Mann: Was?

Detektiv: Sie haben ihn schon … *(fährt mit der Handkante an seiner Gurgel entlang)*

Junger Mann: Nein, Sie müssen sich irren! Meine Verlobte spricht dauernd von ihm, und es klingt, als wäre er noch lebendig.

Detektiv: Ist er ja auch. Nicht „noch", sondern „wieder".

Junger Mann: *(Sieht den Detektiv einige Augenblicke verwirrt an, dreht sich um und geht, während er murmelt:)* Veräppeln kann ich mich selber!

Einige Kalenderblatt-Tage später.

Szene 3

Es klopft.

Detektiv: Tür ist offen.

Junger Mann: Guten Tag, Herr Schnüffelnase. Ich hatte Sie neulich aufgesucht wegen … Ach, Sie vergessen ja nie ein Gesicht. Zweimal habe ich Sie aufgesucht, weil meine Verlobte einen neuen Freund …

Detektiv: Einmal.

Junger Mann: Wie?

Detektiv: Einmal haben Sie mich aufgesucht. Sollten Sie wirklich ein zweites Mal hier gewesen sein, so habe ich das vergessen.

Junger Mann: Äh … ach so, ja, stimmt, einmal war ich hier. Aber wir sind da zu keinem Ergebnis gekommen. Nun wird die Sache aber immer schlimmer. Meine Verlobte ist ja dermaßen begeistert von diesem … na, Sie wissen schon. Ich wüsste zu gerne, warum! Was hat der, was ich nicht habe? Wer ist das überhaupt? Könnten Sie das nicht für mich rauskriegen? Es brauchen ja keine Fotos zu sein, wenn das schwierig ist. Nur Infos, verstehen Sie? Ich zahle Ihnen auch schon mal einen Vorschuss.

Detektiv: Ich habe nichts dagegen, etwas zu verdienen, junger Mann. Aber ich ziehe meine Klienten nicht über den Tisch. Dazu gehört auch, dass ich ihnen nicht Informationen verkaufe, die sie sich einfacher und billiger selbst beschaffen können.

Junger Mann: Wollen Sie sagen, dass ich … Ja, gut, Sie haben mir schon mal geraten, ich sollte mit meiner Verlobten darüber reden. Aber unser Verhältnis ist zurzeit etwas … wie soll ich sagen … schwierig, kompliziert, belastet. Und da dachte ich, Sie könnten …

Detektiv: Das können Sie auch. *(Er greift hinter sich und zieht eine Bibel aus dem Regal. Die wirft er vor dem jungen Mann auf den Tisch.)*
Da – recherchieren Sie selbst!
(Der junge Mann nimmt zögernd das Buch und geht, blickt sich vor dem Hinausgehen noch einmal um, aber der Detektiv beachtet ihn schon nicht mehr.)

Szene 4

Wieder einige Tage später. Es klopft.

Detektiv: Tür ist offen.

Junger Mann: Guten Tag. Ich bin's wieder. Ich wollte Ihnen nur Ihr Buch zurückbringen. Vielen Dank! Es hat mir sehr geholfen. Sie hatten tatsächlich recht: Er lebt. Ich habe ihn auch kennengelernt. Als Freund. Ich brauche nicht eifersüchtig zu sein.

Detektiv: Und mit Ihrer Verlobten – alles klar?

Junger Mann: Alles im Lot! Was bin ich Ihnen schuldig?

Detektiv: *(winkt ab)* Hab mich ja noch nicht mal vom Stuhl erhoben.

Junger Mann: Na dann – vielen Dank! Und auf Wiedersehen.
                      (Er geht. Dann klopft er aber wieder.)

Detektiv: Tür ist offen.

Junger Mann: Ich bin's noch mal. Wollte nur Sagen: Sie haben recht! Die Tür ist offen.

100 **Der Präsident**

Thema: Gebet

Vor einem Tor in einen Hof gehen zwei bewaffnete Wachen auf und ab. Ein kleines Wachhäuschen an der Seite. Ein Junge, etwa zehn bis zwölf Jahre alt, schlendert unbefangen auf das Tor zu und will zwischen den beiden durchgehen.

1. Wache: Halt! Hier ist kein Durchgang.

Junge: Kein Durchgang? Wieso nicht? Man kann doch da durchgehen!

1. Wache: Man kann, aber man darf nicht.

Junge: Aber wie soll man denn sonst da reinkommen?

1. Wache: Wo willst du denn hin?

Junge: Zum Präsidenten.

1. Wache: Zum ... Hahaha! Hast du gehört, Jens? Das Knäblein will zum Präsidenten! *(beide Wachen lachen laut)*

2. Wache: Darf man denn mal fragen, was du beim Präsidenten willst, junger Mann?

Junge: Besuchen will ich ihn.

2. Wache: Ach so! Besuchen zu einem kleinen Plauderstündchen. Wie nett!

Junge: Das geht außerdem nur mich und den Präsidenten was an, was ich da will.

1. Wache: Irrtum, Kleiner! Das geht uns auch etwas an. Weil wir nämlich entscheiden müssen, wen wir hier reinlassen. Und dich lassen wir bestimmt nicht rein.

Junge: Aber ich habe doch was Wichtiges mit ihm zu besprechen!

1. Wache: Ha, da könnte ja jeder kommen!

Junge: Ich bin aber nicht jeder. Ich bin sein Patenkind!

2. Wache: Das Patenkind vom Präsidenten? Kannst du das beweisen?

1. Wache: Patenkind bedeutet überhaupt nichts! Man weiß doch, wie so was geht. Wenn eine Familie schon elf Kinder hat, übernimmt der Präsident die Patenschaft für das zwölfte.

2. Wache: Ja, oder wenn eine Familie arm und unverschuldet in Not geraten ist, kann sie einen Antrag stellen, dass der Präsident …

1. Wache: Da gibt es keinerlei persönliche Beziehungen. Da gibt es Hunderte, vielleicht Tausende von Patenkindern. Sein Büro hat da so einen Fonds, aus dem immer …

2. Wache: Stimmt, das muss man nicht ernst nehmen.

Junge: Nicht ernst nehmen? Na, hören Sie mal! Der Präsident hat mir geschrieben! Hier. *(er blättert in Briefen und zeigt ihm eine Stelle)*
           Kommt her zu mir alle! Und da: Lesen Sie mal, das geht Sie an! – da steht: Lasst die Kinder zu mir kommen!

2. Wache: Steht das wirklich da?

1. Wache: Ja, aber das heißt überhaupt nichts. Das ist so eine Floskel. Mir hat auch schon mancher gesagt: Ich bin immer für dich da, wenn du mich brauchst. Aber wenn's drauf ankommt, stehe ich doch alleine da.

Junge: Wollen Sie damit sagen, man darf das Wort des Präsidenten nicht so genau nehmen?

1. Wache: Das hat er auch gar nicht selbst geschrieben. Irgendein untergeordneter Sekretär macht so was.

Junge: Aber auf Befehl vom Präsidenten! Und darum ist es genauso gültig, als wenn er es mit eigener Hand geschrieben hätte. Darauf verlasse ich mich und darum gehe ich jetzt zu ihm. *(geht schnell durchs Tor. 2. Wache ist aber schneller, packt ihn und zieht ihn zurück)*

2. Wache: Schön hiergeblieben, Kleiner!

1. Wache: Bist du denn noch zu retten? Rennt einfach da rein!

Junge: Retten – ja, davon hat er mir auch geschrieben. Hier: Rufe mich an in der Not, so will ich dich erretten! Sie haben doch da drin ein Telefon – kann ich ihn mal anrufen?

1. Wache: Du bist verrückt, Junge! Dreihundert Meter die Straße runter ist eine Telefonzelle. Da kannst du dein Glück versuchen. Und jetzt hau ab!
(ein Mädchen, etwa acht bis zehn Jahre alt, kommt heran und will auch durchs Tor gehen.)

2. Wache: Halt! Wohin, schönes Fräulein?

Mädchen: Zum Präsidenten.

2. Wache: Das entwickelt sich ja zu einer Epidemie!

1. Wache: Du bist wohl auch sein Patenkind, wie?

Mädchen: Ja. Und er hat mir geschrieben, ich kann mich jederzeit an ihn wenden, wenn ich ein Problem habe.

1. Wache: Ah – ja. Und – hast du ein Problem?

Mädchen: Na ja, ich komme in der Schule nicht klar. Besonders im Rechnen.

1. Wache: Und da soll der Präsident dir bei den Hausaufgaben helfen? *(beide Wachen lachen)*

Mädchen: Was gibt's denn da zu lachen? Wenn er mir doch geschrieben hat, dass er mir helfen will!

2. Wache: Zwei übergeschnappte Kinder an einem Tag! Habt ihr euch abgestimmt?

Mädchen: Wieso? *(zum Jungen)* Willst du auch zu ihm?

Junge: Ja, aber sie lassen mich nicht rein.

Mädchen: Hier im Brief steht: Wenn zwei unter euch eins werden, sollen sie bekommen, worum sie bitten. Sind wir uns einig? Was willst du denn von ihm?

Junge: Na ja, ich möchte ihn einfach mal richtig kennenlernen.

Mädchen: Ich auch. Aber ich will ihm auch sagen, was mir Sorgen macht.

Junge: Ich eigentlich auch.

Mädchen: Na prima! Dann sind wir uns einig. Und Sie müssen uns reinlassen!

Junge: Jawohl! Wenn Sie sich nicht trauen, dann rufen Sie ihn doch an und fragen Sie ihn!

1. Wache: Anrufen? Wer bin ich denn, dass ich den Präsidenten anrufen dürfte!

Junge: Stimmt! Wer sind Sie schon! Nur eine Wache. Aber wir sind seine Patenkinder!

2. Wache: Na, dann ruf doch mal im Vorzimmer des Präsidenten an, damit wir das kleine Gemüse endlich loswerden!

1. Wache: Wenn du meinst ... *(geht in sein Häuschen und telefoniert)*

2. Wache: Aber macht euch keine Hoffnung! Die Assistenten und Sekretäre sind darauf getrimmt, Störungen vom Präsidenten fernzuhalten.

Junge: Das da oben ist sein Fenster, nicht wahr?

2. Wache: Ja, hinter der großen Scheibe ist das Allerheiligste, sozusagen. Was suchst du denn?

Junge: *(geht gebückt umher)* Kleine Steine.

Mädchen: Da fällt mir noch was ein, was er mir geschrieben hat: Welcher Vater wird seinem Kind, das ihn um Brot bittet, einen Stein geben? Also wird er erst recht ...

2. Wache: He, was machst du denn da?

Junge: *(wirft Steinchen nach dem Fenster des Präsidenten)* Wenn Sie uns nicht reinlassen und wir noch nicht mal telefonieren dürfen, müssen wir uns eben so bemerkbar machen.

2. Wache: Hör sofort auf damit!

1. Wache: *(kommt aus dem Häuschen)* Ich hab mich richtig geschämt, dem Sekretär die Sache zu erklären. Er hat mich ziemlich runtergeputzt. Keine Chance, beim Präsidenten einen Termin zu kriegen.

Junge: *(ruft nach oben)* Hallo! Herr Präsident! Ich bin's, Philipp, dein Patenkind!

Mädchen: Und ich auch, die Anna!

Junge: Können wir dich mal besuchen?

Mädchen: Du hast doch geschrieben, dass wir uns immer an dich wenden können. *(das Telefon im Wachhäuschen klingelt)*

Junge: *(während die 1. Wache ihn packen und ihm den Mund zuhalten will)* Ihr Telefon klingelt!

1. Wache: *(geht zum Telefon und hebt ab)* Ja ... Jawohl, Herr Präsident! *(steht stramm und ist bleich geworden)* Selbstverständlich, Herr Präsident ... Junge, für dich! Der Präsident. *(Er reicht dem Jungen den Hörer.)*

Junge: Ja, hier ist Phillipp ... Ja ... Da freue ich mich. *(hält die Muschel zu und sagt zu dem Mädchen)* Er kommt uns entgegen. *(wieder ins Telefon)* Ja, gut ... Bis gleich! *(reicht das Telefon der 1. Wache)* Er will noch mit Ihnen sprechen.

1. Wache: Jawohl, Herr Präsident. Wird gemacht, Herr Präsident. Alles
klar, Herr Präsident. *(legt auf)*
Er kommt runter und trifft euch in der Cafeteria. Ich soll
euch beschreiben, wir ihr hinkommt. Da rechts und dann
gleich um die Ecke. Es steht dran. Lesen könnt ihr doch,
oder?

Junge: Na, hören Sie mal!

Mädchen: *(im Weggehen)* Wir haben Ihnen doch seine Briefe vorge-
lesen!

Themen- und Bibelstellenregister

Eckart zur Nieden

Der Fiesling im Riesling

Biblische Balladen

144 Seiten, Taschenbuch,
mit vielen Illustrationen
ISBN 978-3-7655-3767-7

Leseprobe:
Ja, Daniel, so ist es leider:
Wer den Erfolg hat, hat auch Neider.
Nun, die Erfahrung macht wohl jeder.
Bei König Darius, dem Meder,
warst du – trotz fortgeschritt'nem Alter –
der höchste Generalverwalter.
Doch andre suchten, Neid im Herzen,
dich nun beim König anzuschwärzen.
Sie suchten lang zu diesen Zwecken.
Es hat doch jeder Dreck am Stecken!
Es gibt doch keinen ohne Sünden!
Wer gründlich sucht, wird auch was finden …

Eckart zur Nieden plaudert mit 30 biblischen Zeitgenossen: mit miesen Typen und Glaubenshelden, zwielichtigen Mädchen und starken frommen Frauen – und er tut es auf unnachahmliche Art und Weise. Seine biblischen Geschichten in Versform bringen das Besondere einer jeden Person auf den Punkt: ihre Stärken und Schwächen, ihre Leidenschaften und vor allem ihre Geschichte mit Gott.

BRUNNEN VERLAG GIESSEN
www.brunnen-verlag.de

Eckart zur Nieden

Der Strolch im Lolch

Neue biblische Balladen

128 Seiten, Taschenbuch,
ISBN 978-3-7655-3772-1

Lolch? Was ist denn das? Nie gehört! Doch, das gibt's wirklich. Lassen Sie sich überraschen. – Wenn Eckart zur Nieden biblische Geschichten in Versform nacherzählt, horcht jeder plötzlich auf. Spritzig, übermütig, aber manchmal auch ganz poetisch … So stellt er 20 Gleichnisse aus dem Neuen Testament vor. Und selbst der gewiefte Bibelkenner staunt, wie lebendig die vertrauten Geschichten plötzlich klingen.

Leseprobe:
Er zählt und zählt – und er erschrickt.
Hat noch genauer hingeblickt …
„Bleibt doch mal stehn! Denn euer Hirt
wird ja beim Zählen ganz verwirrt!"
Er zählt noch mal und denkt verwundert:
„Heut morgen waren es noch hundert!
Ich komm' auf neunundneunzig nur.
Nein, diese dumme Kreatur!
Muss von der Herde, meiner ganzen,
stets eines aus der Reihe tanzen?

BRUNNEN VERLAG GIESSEN
www.brunnen-verlag.de

Eckart zur Nieden

Leuchtfisch oder Salzhering

Rüdigers kurzweilige Betrachtungen
über Gott und seine Welt

144 Seiten, Taschenbuch,
ISBN 978-3-7655-3978-7

Rüdiger ist ein pflichtbewusster Familienvater, hilfsbereiter Nachbar
und zudem aktives Gemeindemitglied. Dabei gerät er immer wieder
in brenzlige Situationen. Etwa beim hochnotpeinlichen Straßeneinsatz
mit jämmerlichem Chorgesang. Oder im Straßenverkehr, als er seinen
bibelfesten Glaubensbruder dazu bringen muss, freundlicherweise doch
am fremden Joch zu schieben … Geschichten voller Situationskomik
und entwaffnender Ehrlichkeit.

BRUNNEN VERLAG GIESSEN
www.brunnen-verlag.de